大数据环境下的信息管理技术与服务创新

基于内容的多语言信息组织与检索

Multilingual Information Organization and Retrieval Based on Content

司　莉　庄晓喆　贾　欢　史雅莉　李月婷　辛娟娟
李　鑫　陈雨雪　封　洁　潘秋玉　张孝天　何　依　著

图书在版编目(CIP)数据

基于内容的多语言信息组织与检索/司莉等著.—武汉：武汉大学出版社,2023.3
大数据环境下的信息管理技术与服务创新
ISBN 978-7-307-21577-1

Ⅰ.基…　Ⅱ.司…　Ⅲ.①信息组织　②信息检索　Ⅳ.G254

中国版本图书馆 CIP 数据核字(2020)第 097959 号

责任编辑:陈　豪　　　责任校对:李孟潇　　　版式设计:韩闻锦

出版发行：**武汉大学出版社**　（430072　武昌　珞珈山）
（电子邮箱：cbs22@ whu.edu.cn　网址：www.wdp. com.cn）
印刷:武汉市金港彩印有限公司
开本:720×1000　1/16　印张:20.5　字数:303 千字　插页:3
版次:2023 年 3 月第 1 版　　2023 年 3 月第 1 次印刷
ISBN 978-7-307-21577-1　　定价:82.00 元

作者简介

司莉

司莉，武汉大学珞珈特聘教授，博士生导师，图书情报专业硕士学位项目负责人，国家级线上一流课程“信息组织原理与利用”负责人。兼任《中国大百科全书》第三版图书馆学卷信息组织分支主编，《中国图书馆分类法》编委，中国科学技术情报学会知识组织专业委员会副主任，中国图书馆学会学术委员会信息组织专业组副主任等。主要研究领域为信息组织、知识组织与知识管理、KOS、科学数据管理、嵌入式服务、图书馆营销与服务等。主持与承担多项国家重大、国家社科自科与省部级科研项目，出版著作16部，发表论文200余篇。

前　言

进入21世纪以来，计算机技术与互联网的发展与普及促使网络信息资源以惊人的速度激增。网络用户分布的国际化和网络信息的多语种化两大趋势日渐凸显。信息资源多语言的特征和用户所掌握的语言的差异性与有限性导致多语种信息的自由获取愈加困难。不同语种信息间的交流与传播越来越频繁，如何突破语言壁垒，实现无障碍交流，成为人类共同面临的紧要问题。目前学界还缺乏对多语言资源内容的深度揭示以及对关联关系的深度挖掘与组织，资源的加工、组织和管理仍然停留在较大粒度的文献、文件或网页层面，难以满足用户基于内容（语义）的信息需求。这需要我们将不同语言的信息资源中具有一定意义和价值的概念、图表和数据等较小粒度的知识单元挖掘出来，采用一定的方法和手段加以科学组织，帮助用户从多样的语言与粗粒度的信息中发现、获取和利用相关信息资源。为了消除信息资源利用中的语言障碍问题，多语言信息组织与检索技术应运而生。基于内容的多语言信息组织与检索已成为多学科交叉的热点研究领域。

本书在梳理国内外多语言信息组织与检索研究现状的基础上，深入分析了多语言信息组织与检索的具体需求，采用有声思维、观察实验等多种方法对用户多语言信息检索行为进行了深入研究，提出了实现多语言知识组织系统互操作的方法，对跨语言信息检索中的语义关联与语料库构建进行探讨，构建了多语言领域本体以及基于多语言本体的跨语言信息检索技术与模型，总结归纳了跨语言信息检索查询翻译消歧方法与技术，提出了基于语义的多语言信息组织模式，构建了基于多语言领域本体的知识挖掘框架，并利用基于规则的语义推理方法对该框架进行实现。本研究拓展了多语言语义信息组织和检索新的领域，有助于深化与拓展信息组织与检索研究，丰富及完善信息组织与检索的理论和方法体系。同时，也有助于促进多语言信息环境下的知识检索与服务以及信息资源管理理论研究与实践的丰富与发展，从而为创建基于内容特定领域的多语言信息组织与检索平台提供理论与实践参考。

《基于内容的多语言信息组织与检索》是教育部人文社会科学重点研究基地重大项目（项目编号：14JJD870001）研究成果之一，得到国家出版基金资助。其主要内容包括：①国内外多语言信息组织与检索研究现状；②多语言信息组织与检索需求的调查分析；③多语言信息检索用户行为分析；④多语言知识组织系统的互操作及其实现；⑤跨语言信息检索中的语义关联与语料库的构建；⑥多语言领域本体的构建；⑦基于多语言本体的跨语言信息检索技术与模型实现；⑧跨语言信息检索查询翻译消歧方法与技术；⑨基于语义的多语言信息组织模式分析；⑩基于多语言领域本体的知识挖掘及应用。

本书共10章。全书由司莉组织编写、统稿、审稿并定稿。撰写者为司莉、庄晓喆、贾欢、封洁、潘秋玉、张孝天、史雅莉、何依、辛娟娟、陈雨雪、李月婷、李鑫。具体分工如下：第一章由司莉、庄晓喆、贾欢撰写；第二章由司莉、封洁、杨君正、邓铭一与潘秋玉撰写；第三章由司莉、潘秋玉与庄晓喆撰写；第四章由司莉与张孝天撰写；第五章由司莉、贾欢、何依与史雅莉撰写；第六章由司莉与辛娟娟撰写；第七章由司莉、史雅莉、潘秋玉与陈雨雪撰写；第八章由司莉与贾欢撰写；第九章由司莉与李月婷撰写；第十章由司莉与李鑫撰写。研究生郭财强、周璟、劳逸、唐婷芳、李舒芸做了大量的数据更新、核实与校对工作。

在本书编写过程中，笔者广泛吸取了国内外大量的相关研究成果，参考与引用了许多专家学者的著述，在此谨向作者致以诚挚谢意！武汉大学出版社编辑詹蜜、陈豪为本书的出版付出了辛勤劳动，在此特表衷心的感谢！

限于专业视野与学术水平，书中难免会存在错误与不足，恳请专家、同行和读者批评与指正。

司 莉

目　录

1　国内外多语言信息组织与检索研究现状

1.1　国外研究现状

网络信息的多语言化已成为阻碍网络信息资源在全球范围内广泛共享的主要因素。为消除这一障碍，多语言信息组织与检索方法、技术的研发成为紧要课题。跨语言、多语言信息组织与检索研究最早可追溯至20世纪60年代，但在最初的近30年内并不活跃。近年来，国外在该研究领域取得了显著进展。

以自身熟悉的语言构造查询请求，一站式获取其他语种的信息无疑是信息用户所乐见的。为实现这一愿景，学界就多语言信息组织与检索开展了长期探索。1969年，Salton利用基于英、德双语概念列表构建的SMART检索系统进行了首次多语言文本检索实验，开多语言信息检索研究之先河。① 从20世纪90年代起，信息检索迈入网络信息检索阶段。随着互联网的日益普及，网络用户的地域分布趋于广泛。截至2014年6月，亚、非各国的网络用户已占全球网络用户总数的55.5%，是欧洲、北美地区网络用户数的近两倍。② 与此同时，网络信息的语种分布亦呈现多元化趋势。2003年，72%的

① Oard D W, Dorr B J. A survey of multilingual text retrieval [EB/OL]. [2014-12-29]. http://drum.lib.umd.edu/bitstream/1903/807/2/CS-TR-3615.pdf.

② Internet users in the world [EB/OL]. [2014-12-31]. http://www.internetworldstats.com/stats.htm.

网站用英语表述站内信息,① 但 2014 年，这一比例已降至 55%。② 网络信息的多语种化与用户所掌握语言的差异性、有限性之间的矛盾进一步凸显。这不仅降低了信息检索的检全率、检准率，使置身信息海洋的人们更加难以捕获满足需求的信息，而且极大地制约了国家和地区间的信息交流与共享，阻碍数字鸿沟的弥合，也不利于小语种信息资源的挖掘与利用。

因此，多语言信息组织与检索愈加受到来自不同领域的研究者的关注。近 20 年来，相关研究项目层出不穷，如欧盟资助的欧洲多语言信息检索项目（European Multilingual Information Retrieval，EMIR）和 i2010 数字图书馆项目（Digital Libraries Initiative，DLI），以及美国资助的跨语言信息检测、抽取和总结项目（Translingual Information Detection, Extraction and Summarization，TIDES）等。美国的文本检索会议（Text Retrieval Conference，TREC）和情报检索专业组（Special Interest Group on Information Retrieval，SIGIR）、欧盟的跨语言评价论坛（Cross Language Evaluation Forum，CLEF）、日本的信息检索系统测试集会议（National Center for Science Information Systems Test Collections for Information Retrieval，NTCIR）、印度的信息检索评估论坛（Forum for Information Retrieval Evaluation，FIRE）等均聚焦于该领域研究。我们对 2005 年以来国外有关多语言信息组织与检索的研究进行总结、梳理，以期为国内研究者在该领域的探究与实践提供借鉴。

对于跨语言检索与多语言检索的概念，Peters 等指出，跨语言信息检索旨在以某一语种构建的查询条件从多语种信息集合中检出另一语种的信息，多语言信息检索则旨在以任意语种的查询条件从多语种信息集合中发现并获取任何语种的信息，前者是后者的组成部分，后者是前者的积累效应。③ 在

① Country and language statistics [EB/OL]. [2014-12-31]. http://www.oclc.org/research/activities/wcp/stats/intnl.html?urlm=159859.

② Usage of content languages for websites [EB/OL]. [2014-12-31]. http://w3techs.com/technologies/overview/content_language/all.

③ Peters C, Braschler M, Clough P. Multilingual information retrieval: from research to practice [M]. Berlin: Springer-Verlag, 2012: 5.

调研中将跨语言检索纳入研究范畴。

我们以 Web of Science 数据库为主要信息源，以 ACM、EBSCO、Emerald、Elsevier、IEEE/IET、ProQuest、Sage、Springer、Wiley 等全文数据库为其他信息源，选取"multilingual information retrieval" "crosslingual information retrieval" "cross language information retrieval" "bilingual information retrieval" "translingual information retrieval" "multilingual information access" "MLIR" "CLIR" "multilingual ontology" "multilingual interoperability" 等为关键词，在题名和关键词字段中执行检索，并将文献的发表时间限定为 2005 年以后。对检索结果进行去重并剔除无关结果后，共得到全文文献 1028 篇。检索截止时间为 2015 年 3 月 1 日。按其发表年份进行统计，结果如图 1-1 所示。

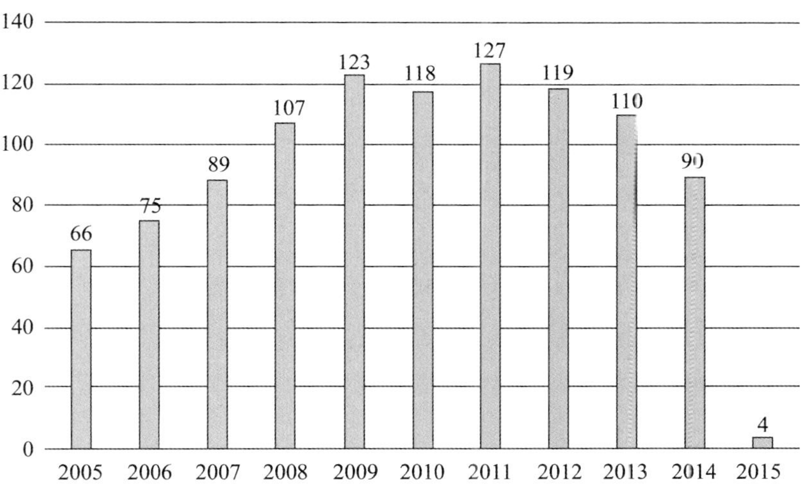

图 1-1　国外多语言信息组织与检索领域研究论文年度分布

由图 1-1 可见，2005—2011 年，国外多语言信息组织与检索领域的研究论文数总体呈现显著上升趋势，至 2011 年达到高峰值。2012 年以后发文量有所下降。2010 年前，相关研究主要集中于多语言本体的构建、多语言文本分类、多语言信息检索模型、多语言信息检索的方法与技术等方面。2010 年后，研究主题得到进一步拓展，关联数据应用、多语言文本聚类、多语言信息检索技术与系统评估、多语言信息检索在特定领域的应用、交互式多语言信息检索也成为研究热点。

1.1.1 多语言信息组织研究进展

多语言信息组织的研究与实践可追溯到多语种叙词表的编制。随着语义网、关联数据、互操作等技术工具被广泛应用于信息组织中，多语言信息的组织也正向语义化、集成化方向发展。

(1) 多语言本体的构建与协调

多语言本体以概念为基本构成单位，通过概念的属性、概念间的关系及相关约束表达概念的语义，有效缓解了语义的曲解问题。Dragoni 等探讨了有机农业领域多语言本体的演化，认为本体演化是由实体弃用（Entity Deprecation）、本体映射、本体扩充、实体特殊化、实体泛化和实体翻译等情境组成的工作流程，强调领域专家、知识工程专家、语言专家的密切协作。另外，他们还开发了多语言领域本体演化的支持工具 MoKi。[①] Salim 等指出多语言本体的价值在于可实现对多语言文本的语义标注，提出多语言本体的两种构建方法（基于对网页内容及概念间关系的抽取和基于对传统知识组织系统的复用），并将该本体应用于网络文本的标注，进而实现多语言门户网站的检索功能。[②]

本体协调（Ontology Alignment）核心是本体映射，可支持不同语言本体

---

① Dragoni M, Francescomarino C, Ghidini C, et al. Guiding the evolution of a multilingual ontology in a concrete setting [C] //The Semantic Web: Semantics and Big Data. Berlin: Springer-Verlag, 2013: 608-622.

② Salim J, Hashim S, Aris A. A framework for building multilingual ontologies for islamic portal [C] //Proceedings of 2010 International Symposium on Information Technology. New York: Institute of Electrical and Electronics Engineers, 2010 (3): 1302-1307.

间的互操作，以达成对多语种信息的语义描述。Trojahn 等提出了一个面向多语言描述型逻辑本体的映射框架。该框架由翻译代理模块（用于将源语言本体译为目标语言本体）、协调代理模块（用于交换不同代理产生的映射结果）、论证模块（用于计算合适的映射集）组成，可实现单一词型概念和复合词型概念的跨语言映射。他还通过从源本体（葡萄牙语）到目标本体（英语）的映射验证该框架的可行性。① Fu 等将机器翻译技术应用于英汉领域本体的映射，并根据实验结果分析了基于机器翻译技术的多语言本体映射的优势与不足，认为引入语义相似度计算方法可有效提升映射的准确度。②

（2）基于关联数据的多语言语义网建设

关联数据可用于标识、发布和连接各类数据、信息、知识。将其应用于多语言信息组织中，可建立不同语种概念间的关系，并指引用户访问资源，是建立多语言语义网的又一重要手段。Pérez 等认为 RDF 数据集的多语言性要求关联数据向多语言化方向发展，并就数据源的特征分析、URI 和 IRI 的设置、RDF 数据建模、RDF 数据集生成中的语言识别与编码、RDF 数据集的互联与发布等问题展开阐述。③ Gayo 等指出多语言关联开放数据的设计需要着重考虑实体命名、参引（Dereferencing）、资源标识、资源描述、资源链接（尤其是语言不同但内容相同的资源）、关联数据重用等问题，并分别提出了相应解决方案。④ Caracciolo 等探讨了多语言叙词表的关联数据化问题，他们将农业科学多语言叙词表 AGROVOC 改造为以 SKOS-XL 模型表示的概念

① Trojahn C, Quaresma P, Vieira R. A framework for multilingual ontology mapping [C] //Proceedings of the International Conference on Language Resources and Evaluation. Paris: The European Language Resources Association, 2008: 1034-1037.

② Fu B, Brennan R, O'Sullivan D. Cross-lingual ontology mapping-an investigation of the impact of machine translation [C] //The Semantic Web. Berlin: Springer-Verlag, 2009: 1-15.

③ Pérez A, Suero D, Ponsoda E, et al. Guidelines for multilingual linked data [EB/OL]. [2015-03-14]. http://oa.upm.es/29824/1/INVE_MEM_2013_167952.pdf.

④ Gayo J, Kontokostas D, Auer S. Multilingual linked open data patterns [EB/OL]. [2015-03-08]. http://www.semantic-web-journal.net/system/files/swj406.pdf.

框架，利用 SKOS 映射机制进行 AGROVOC 到 LCSH、Eurovoc、RAMEAU、DDC 以及 DBpedia 等同样以关联开放数据形式发布的外部资源的映射，以可参引的 URI 标识词表中的概念，通过 URI 链接建立这些概念与其他叙词表、分类法和知识库中概念间的关联。① Ehrmann 等尝试整合不同语种的语义知识库，建成"语言学领域的关联开放数据云"（Linguistic Linked Open Data Cloud）。该库使用词典模型 lemon 表述概念的含义，以 SKOS 的概念类表示同义词集合，再以关联数据形式发布于网络，集成了维基百科、Omegawiki、WordNet、Open Multilingual WordNet 等资源，可提供对涉及 50 余种语言的 930 多万个概念的详细说明，并揭示其间的词义关系。②

（3）跨语种语言资源与知识组织系统的互操作

互操作指两个及以上系统间相互使用已被交换的信息的能力。③ 跨语言知识组织系统的互操作是实现不同语种信息跨库检索的基础，也有助于充实概念间的语义关系。在跨语种语言资源的互操作方面，Witt 等提出实现跨语种语言资源互操作的两种途径：基于转换与基于中间语言的途径。前者以映射为手段，实现两种语言间的互译；后者通常选用相对泛化、抽象的描述语言或本体连接两者，更强调对语言结构的分析。④ Soria 等利用中间语言索引（Interlingual Index）实现分布式语义词库 ItalWordNet（意大利语）与 Sinica BOW（英语、汉语）的互操作，可实现扩充现有语义资源、验证语义关联、

① Caracciolo C, Stellato A, Rajbahndari S, et al. Thesaurus maintenance, alignment and publication as linked data: the AGROVOC use case [J]. International Journal of Metadata, Semantics and Ontologies, 2012 (1): 65-75.

② Ehrmann M, Cecconi F, Vannella D, et al. Representing multilingual data as linked data: the case of BabelNet 2.0 [C] //Proceedings of the Ninth International Conference on Language Resources and Evaluation. Reykjavik: The European Language Resources Association, 2014: 401-408.

③ IEEE Standards Board. IEEE standard glossary of software engineering terminology [M]. New York: Institute of Electrical and Electronics Engineers, 1990: 42.

④ Witt A, Heid U, Sasaki F, et al. Multilingual language resources and interoperability [J]. Language Resources and Evaluation, 2009 (1): 1-14.

创建新的语义资源等目标。①

在跨语言知识组织系统的互操作方面，Nicholson 和 McCulloch 回顾了英国高层叙词表项目 HILT 的第二阶段工作，探讨不同语种知识组织系统的互操作，以实现一站式检索服务。该项目以 DDC 为映射转换中心，将多部分类法、叙词表、标题词表与 DDC 类号建立映射关系。可将用户输入的关键词反馈为可能与其需求相关的 DDC 概念，再使用与概念相关联的 DDC 类号执行查询。Nicholson 还设计了基于 SRW 协议的互操作系统架构。② Ma 等通过补充对象属性、数据类型属性的方式扩展了 SKOS 模型，使用该模型完成了地质年代多语言叙词表的本体化描述，并将改造后的叙词表应用于在线地质图集成服务系统中，使用户可通过一种语言检索涉及 7 种语言的多语种地质图资源。③

（4）多语言文本分类与聚类

多语言文本分类旨在将不同语言的文本/文档自动归入事先建立的分类体系中。Gliozzo 与 Strapparava 提出了一种通过从可比语料库中获取多语言域模型（Multilingual Domain Model），即由多语种词汇组成的词串的集合来实现多语言文本分类的方法，该方法无需人工干预，也无需引入双语/多语词典等外部跨语种语言资源。④ Amine 与 Mimoun 利用在线语义词库 WordNet

---

① Soria C，Tesconi M，Marchetti A，et al. Towards agent-based cross-lingual interoperability of distributed lexical resources ［C］//Proceedings of the Workshop on Multilingual Language Resources and Interoperability. Sydney：Association for Computational Linguistics，2006：17-24.

② Nicholson D，McCulloch E. Investigating the feasibility of a distributed，mapping-based，approach to solving subject interoperability problems in a multi-scheme，cross-service，retrieval environment ［EB/OL］. ［2015-01-26］. https：//pure. strath. ac. uk/portal/files/176991/ strathprints002875. pdf.

③ Ma X，Carranza E，Wu C，et al. A SKOS-based multilingual thesaurus of geological time scale for interoperability of online geological maps ［J］. Computers & Geosciences，2011（10）：1602-1615.

④ Gliozzo A，Strapparava C. Cross language text categorization by acquiring multilingual domain models from comparable corpora ［C］//Proceedings of the ACL Workshop on Building and Using Parallel Texts. Ann Arbor：Association for Computational Linguistics，2005：9-16.

2.1 进行英语和西班牙语文献的文本分类，首先利用机器翻译将西班牙语文献译为英语，同时将 WordNet 改造为本体，再为 WordNet 中的概念构建同义词集合，并建立集合间的上下位关系，形成概念范畴体系，然后生成待分类文献的概念矢量并赋予权重，最后计算概念矢量与类目轮廓间的相似度。①

多语言文本聚类的目标是完成不同语言文本/文档的归类，但分类体系并非人工事先建立，而是自动形成。Kiran 等以维基百科作为外部多语言知识库开展多语言文献聚类，使用由关键词向量、类别向量、外链向量、信息框向量构成的向量空间模型描述不同语种文献的特征，并计算向量空间的相似度，最终实现多语言文本聚类。② Cobo 和 Rocha 设计了一种针对经济领域多语言文献的聚类算法，且测试了其对于英语和西班牙语研究论文聚类的有效性。该算法借鉴了蚂蚁算法的思想，使用 4 个向量表示文献特征，通过计算特征向量角间距的凸线性组合，得到文献的相似度，再辅以专有名词识别和词汇抽取技术完成多语言文本聚类。③

1.1.2 多语言信息检索研究进展

多语言信息检索研究虽然已历经 40 余年，但早期进展较为缓慢。网络环境下，语言隔阂取代空间距离成为信息交流与获取的首要障碍。受此驱动，该领域研究热度呈现不断上升的态势，相关成果较为丰硕。

(1) 多语言环境下的用户信息行为

了解不同用户群体的检索行为特点是开发多语言信息检索的前提。Ruiz

① Amine B, Mimoun M. WordNet based multilingual text categorization [C] // Proceedings of ACS/IEEE International Conference on Computer Systems and Applications. Amman: Arab Computing Society, 2007: 848-855.

② Kiran K N, Santosh GSK, Vasudeva V. Multilingual document clustering using wikipedia as external knowledge [C] //Multidisciplinary Information Retrieval. Berlin: Springer-Verlag, 2011: 108-117.

③ Cobo Á, Rocha R. Identification of related multilingual documents using ant clustering algorithms [J]. Revista Chilena de Ingeniería, 2011 (3): 351-358.

与 Chin 采用现场观察、访谈、网上调查等方法，探讨用户搜索以非母语语种标注的图像资源的行为，发现基于大众标注的图像检索系统由于缺乏对不同语种标签的规范机制，用户查找时困难较大。① Ghorab 等通过分析欧洲图书馆（The European Library，EL）检索系统的日志记录，探究拥有不同语言和文化背景的用户的检索行为特征。其得出的结论是，用户的检索行为因其语言和文化背景的区别而呈现较明显差异，提出应针对各国/地区用户设计、开展个性化的多语言信息检索服务。② Hong 通过问卷调查、访谈、检索实验等方式深入探究双语用户的网络信息搜索行为。她发现该类用户倾向于根据自身需求选择一种语言进行检索，但大多希望搜索引擎提供双语检索界面。③ Petrelli 与 Clough 分析了具有双语表达能力的高校师生进行跨语言图像检索时提交的查询请求，发现用户倾向于使用在线免费机器翻译工具，查询请求不合乎语法结构是制约机器翻译准确度的重要因素。④

（2）多语言信息检索模型

多语言信息检索模型是多语言信息检索系统的形式化表示。Lilleng 和 Tomassen 构建了基于特征向量的多语言信息检索模型。针对用户输入的检索词，通过预先建成的目标语言本体和对目标文档的语词统计分析构建特征向量空间，以丰富用户查询的语义信息。基于该模型的检索系统能较好地解决

① Ruiz M，Chin P. Users' image seeking behavior in a multilingual tag environment [C] //Multilingual Information Access Evaluation Ⅱ：Multimedia Experiments. Berlin：Springer-Verlag，2010：37-44.

② Ghorab M，Leveling J，Zhou D，et al. Identifying common user behaviour in multilingual search logs [C] //Multilingual Information Access Evaluation Ⅰ：Text Retrieval Experiments. Berlin：Springer-Verlag，2010：518-525.

③ Hong W. A descriptive user study of bilingual information seekers searching for online information to completefour tasks [D]. Pittsburgh：University of Pittsburgh，2011.

④ Petrelli D，Clough P. Analysing user's queries for cross-language image retrieval from digital library collections [J]. The Electronic Library，2012（2）：197-219.

用户查询的消歧问题，从而改善用户查询的翻译质量。① Ko 等提出基于独立预测模型和联合预测模型的两种跨语言问答系统输出结果的排序模型，并通过基于英—汉和英—日跨语言问答系统的实验进行验证，两种方法均可明显优化由语词组成的答案的排序结果。②

研究者还提出了一些专门面向多语言信息检索的模型。Ghorab 等设计了一套自适应多语言信息检索模型，该模型由流程控制器、查询适应与翻译模块、多语言信息检索模块、结果列表适应与翻译模块四部分组成，并应用了作者提出的用户兴趣建模算法以及检索结果合并、重排与翻译算法。实验表明，基于该模型的多语言信息检索系统具有较好的个性化检索功能。③ Jan 等提出了面向跨语言信息检索的统一音译检索模型（Unified Transliteration Retrieval Model），将音译相似度测量与相关度评分融为一体，同时提出了一种基于隐马尔科夫模型和统计机器翻译框架的新型音译相似度测量方法。④ Potthast 等构建了基于维基百科的多语言信息检索模型 CL-ESA。该模型充分利用维基百科中丰富的跨语言语义表示，并引入显式语义分析（Explicit Semantic Analysis）法，根据用户查询和目标文献中的语词在维基中出现的位置获取其语义信息，逐一为其添加概念向量，通过计算概念向量间的余弦相似度得到用户查询与文献主题的相似度，从而实现多语言信息检索结果的合理排序。⑤

---

① Lilleng J, Tomassen S. Cross-lingual information retrieval by feature vectors [C] // Natural Language Processing and Information Systems. Berlin: Springer-Verlag, 2007: 229-239.

② Ko J, Si L, Nyberg E, et al. Probabilistic models for answer-ranking in multilingual question-answering [J]. ACM Transactions on Information Systems, 2010 (3): 1-37.

③ Ghorab M, Leveling J, Lawless S, et al. Multilingual adaptive search for digital libraries [C] //Research and Advanced Technology for Digital Libraries. Berlin: Springer-Verlag, 2011: 244-251.

④ Jan E, Lin S, Chen B. Transliteration retrieval model for cross lingual information retrieval [C] //Information Retrieval Technology. Berlin: Springer-Verlag, 2010: 183-192.

⑤ Potthast M, Stein B, Anderka M. A wikipedia-based multilingual retrieval model [C] //Advances in Information Retrieval. Berlin: Springer-Verlag, 2008: 522-530.

(3) 多语言信息检索方法与技术

国外研究者围绕跨语言和多语言信息检索的方法与技术开展了大量研究，主要包括机器翻译、双语/多语语料库和词典、多语言词汇与信息抽取、命名实体识别、词义消歧、查询扩展等。

①机器翻译

机器翻译是较早运用于跨语言和多语言信息检索的技术之一，可分为基于规则的机器翻译与统计机器翻译两类。① Abu Shquier 等设计了一种基于规则的新型机器翻译方法，并应用于英语—阿拉伯语机器翻译系统中，此方法可更好地处理性数一致和词汇重排列问题，且可扩展性较强。② Riesa 提出了针对统计机器翻译的基于句法的词对齐模型，该模型将词对齐系统与基于句法的机器翻译解码器整合，依托分层翻译算法，使机器翻译系统能持续地自动习得翻译规则，他通过阿拉伯语—英语、汉语—英语信息互译实验，证实了该模型的可行性和可扩展性。③ 此外，Tufis 探讨了针对翻译资源不足的小语种信息的机器翻译策略，指出利用可比语料库的信息抽取技术可获取大量平行语句对，从而有效解决这一问题。④ Kumaran 论述了复合机器音译系统的设计方法，该系统将单个音译模块串行式或并行式地连接起来，翻译效率显著提高，且无需构建平行名称语料库即可使用。⑤

---

① Olive J, Christianson C, McCary J. Handbook of natural language processing and machine translation [M]. Berlin: Springer-Verlag, 2011: 133.

② Abu Shquier M, Al Nabhan M, Sembok T. Adopting new rules in rule-based machine translation [C] //Proceedings of the 12th International Conference on Computer Modelling and Simulation. Cambridge: Institute of Electrical and Electronics Engineers, 2010: 62-67.

③ Riesa J. Syntactic alignment models for large-scale statistical machine translation [D]. Los Angeles: University of South California, 2012: xiii.

④ Tufis D. Finding translation examples for under-resourced language pairs or for narrow domains: the case for machine translation [J]. Computer Science Journal of Moldova, 2012 (2): 227-245.

⑤ Kumaran A. Compositional machine transliteration [EB/OL]. [2015-01-24]. http://www.cse.iitb.ac.in/~pb/papers/TALIP-CompositionalTransliteration-CRC.pdf.

②双语/多语语料库和词典

双语/多语平行语料库和可比（对比）语料库因有利于改善翻译质量而被广泛应用于跨语言、多语言信息检索中。Talvensari 等建设了一个瑞典语/英语新闻信息语料库，并以该对齐可比语料库为基础开发基于用户查询翻译的跨语言检索系统。他们认为语料库实质上是跨语言的相似性叙词表，可支持用户查询扩展。① 研究者们还尝试将以维基百科为代表的开放式多语言网络百科当作可免费获取的语料库素材。Otero 和 López 选取考古学领域同时包含英语、西班牙语、葡萄牙语版本的维基百科词条，通过转换源文本为 XML 结构、篇章对齐、关键词抽取等步骤，把半结构化、分类体系的维基百科成功改造为 3 个特定领域的可比语料库。②

利用机读双语/多语词典，将用户查询请求翻译为目标语种后再执行检索是实现跨语言与多语言信息检索的又一策略。Levow 等指出，双语词典乃至双语词汇列表虽结构简单，但在跨语言信息检索中（尤其是在词汇抽取、用户查询翻译方面）却发挥着不可替代的作用。他们分别将权重映射（Weight Mapping）算法、证据映射（Evidence Mapping）算法、翻译后语词再分隔（Post-translation Resegmentation）方法、翻译后查询扩展（Post-Translation Expansion）方法运用于基于双语词典的查询翻译中。他们所进行的四项跨语言检索实验（英—德、英—法、英—汉、英—阿拉伯）表明，采用上述跨语言信息检索策略可进一步优化检索效果。③

③多语言词汇与信息抽取

多语言词汇与信息抽取有助于使多语言信息检索系统更准确地理解目标

---

① Talvensaari T, Laurikkala J, Järvelin K, et al. Creating and exploiting a comparable corpus in cross-language information retrieva [J]. ACM Transactions on Information Systems, 2007 (1): 1-47.

② Otero P, López I. Wikipedia as multilingual source of comparable corpora [C] // Proceedings of the 3rd Workshop on Building and Using Comparable Corpora. Malta: European Language Resources Association, 2010: 21-25.

③ Levow G, Oard D, Resnik P. Dictionary-based techniques for cross-language information retrieval [J]. Information Processing and Management, 2005 (3): 523-547.

语言文献的内容。Valderrábanos 等介绍了欧盟委员会资助的跨语言文本信息检索项目 LIQUID 实施中采用的自动化术语抽取方法：首先开发了词汇的术语抽取工具，该词汇能用于准确描述特定文献的内容主题，接着将抽取的术语与先行构建的领域本体中的概念建立语义连接关系。① Lefever 等讨论了如何从平行语料库中抽取双语词汇。他们设计了基于次句（Sub-Sentential，通常指短语）对齐系统的词汇抽取功能模块，并通过基于统计方法的过滤器对抽取的词汇进行精选。② Hecking 等采取浅层句法分析（Shallow Parsing）和深层、浅层句法分析相结合的方法进行多语言军事领域文献的文本分析与信息抽取，发现后者的效果优于前者，他们还据此开发了文献内容分析原型系统 ZENON，并为之增添基于语义等价表征的逻辑推理机，以进一步优化信息抽取的水平。③

④命名实体识别

命名实体识别（Named Entity Recognition）又称专名识别，是指识别文本中具有特定意义的实体。多语言环境下，命名实体识别的作用在于捕获不同语言中意义相对应的命名实体。Klementiev 和 Roth 提出了一种从双语可比语料库中自动发现命名实体的算法，基于该算法的命名实体识别省去了冗长的机器学习阶段，较为快捷，且适用于发现小语种文本中的命名实体。④

---

① Valderrábanos A, Belskis A, Moreno L. Multilingual terminology extraction and validation [EB/OL]. [2014-12-27]. http://www.bitext.com/prensa/ART_EN_LREC_camera_ready__Valderrabanos_Belskis_Iraola_amended.pdf.

② Lefever E, Macken L, Hoste V. Language-independent bilingual terminology extraction from a multilingual parallel corpus [C] //Proceedings of the 12th Conference of the European Chapter of the ACL. Athens: Association for Computational Linguistics, 2009: 496-504.

③ Hecking M, Wotzlaw A, Coote R. Multilingual content extraction extended with background knowledge for military intelligence [EB/OL]. [2015-02-02]. http://www.dodccrp.org/events/16th_iccrts_2011/papers/018.pdf.

④ Klementiev A, Roth D. Named entity transliteration and discovery from multilingual comparable corpora [C] //Proceedings of the Human Language Technology Conference of the North American Chapter of the ACL. New York: Association for Computational Linguistics, 2006: 82-88.

Richman 和 Schone 则构建了基于维基百科的多语言命名实体识别系统，他们将维基百科词条的文本视为已经过人工标引处理的多语语料库，以此作为多语言命名实体识别的机器学习训练集，通过维基百科自有的分类结构确定命名实体的类型，进而依托英文版词条与其他语种词条的语义连接查找英文命名实体在其他语言中对应的命名实体。①

⑤词义消歧

词义消歧是理解自然语言的必经步骤，可更好地理解用户的查询请求，同时提高检索精度。Pinto 等构想了一种基于朴素贝叶斯模型的跨语言词义消歧方法，他们使用双语统计词典计算源词汇可被翻译为目标词汇的概率，并在词义消歧过程中自动实现词汇的替换。② Guyot 等设计了 3 种词义消歧算法，其中两种为基于 WordNet 的消歧算法，另一种算法则始终以判别出的第一种含义为词汇的正确含义。作者将其应用于英语—西班牙语跨语言信息检索系统中，发现词义消歧算法仅在某些情况（如用户查询语句较短）下能提高用户检准率，而基于 WordNet 的算法效果较佳。③

⑥查询扩展

查询扩展即在用户输入初始的查询请求后，自动根据查询的语义增加新的查询语句，有利于更加完整、规范地反映用户的真实信息需求，使之获取更多相关信息。Jnedie 将查询扩展分为基于用户反馈的交互式查询扩展和自动查询扩展，并指出多语种叙词表和以 WordNet 为代表的语义词库均是多语言环境下用户查询扩展的重要工具。作者还介绍了词汇共现分析、基于上下

① Richman A, Schone P. Mining wiki resources for multilingual named entity recognition [C] //Proceedings of the 46th Annual Meeting of the Association for Computational Linguistics. Columbus: The Association for Computational Linguistics, 2008: 1-9.

② Pinto D, Vilariño D, Balderas C, et al. A naive bayes approach to cross-lingual word sense disambiguation and lexical substitution [C] //Advances in Pattern Recognition. Berlin: Springer-Verlag, 2010: 352-361.

③ Guyot J, Falquet G, Radhouani S, et al. UNIGE experiments on robust word sense disambiguation [EB/OL]. [2015-01-23]. http://clef.isti.cnr.it/2008/working_notes/guyot_paperCLEF2008.pdf.

文的词汇共现分析、局部上下文分析、用户日志挖掘等查询扩展技术。①Gavel 和 Andersson 利用 MeSH 叙词表实现了涵盖挪威、瑞典、芬兰三国的医学期刊书目数据库 SveMed+的用户查询自动化扩展，同时借鉴 PubMed 数据库的自动术语映射技术进行用户输入的自然语词与叙词的映射，以完成查询的翻译与规范化处理。②

（4）多语言信息检索系统开发及评估

①多语言信息检索系统开发

多语言信息检索系统是相关方法与技术的应用载体，是不同地区的用户查找、获取不同语种信息的必经渠道。Stanković等从多语言资源的整合、多语言元数据的创建、软件系统的选择与改造、多语言检索界面的设计等方面介绍了 Bibliša 的开发流程与要点，该系统可实现用户查询的语义扩展和语词形态扩展的多语言期刊论文全文检索。③ Brodeala 等构建了提供多语言检索功能的语义检索系统 SemanQuery，该系统以英语、西班牙语版本的 WordNet 为语义资源，建立两种语言中概念间的等级关系和等同关系，从而能根据用户的查询请求推断其关注领域，将跨语言的相关检索词和检索结果推荐给用户。④

---

① Jnedie R. Query expansion seminar cross lingual and multilingual text retrieval [EB/OL]. [2014-12-24]. http://wwwiti.cs.uni-magdeburg.de/~fahmed/Paper_Example__Query%20 Expansion1.pdf.

② Gavel Y, Andersson P. Multilingual query expansion in the SveMed+ bibliographic database: a case study [J]. Journal of Information Science, 2014 (3): 269-280.

③ Stanković R, Krstev C, Obradović I, et al. A tool for enhanced search of multilingual digital libraries of e-journals [C] //Proceedings of the Eighth Conference on Language Resources and Evaluation. Istanbul: European Language Resources Association, 2012: 1710-1717.

④ Brodeala L, Martin-Bautista M, Gil R. Combining semantic and multilingual search to databases with recommender systems [C] //Proceedings of the 22nd International Workshop on Database and Expert Systems Applications. Toulouse: Institute of Electrical and Electronics Engineers, 2011: 544-548.

跨语言问答系统（Cross-language Question Answering System）是跨语言信息检索技术在自动问答系统中的应用。Dolores 等通过实例调查，比较了语料库、自动翻译工具、维基、领域本体、多语词典作为多语言问答系统语言资源的优势与不足，认为多语言领域本体和维基是多语言问答系统语言资源的较好选择。[①] Ferrández 等将维基百科和多语言语义词库 EuroWordNet 嵌入跨语言问答系统 BRILIW 中，实验显示这一基于多语言本体的跨语言问答系统的检准率显著高于基于机器翻译的跨语言问答系统。[②] Cimiano 等设计了基于关联数据的跨语言问答系统模型。该模型选择以关联数据形式发布的多语言知识库本体 DBpedia 为内容资源，将用户查询转换为三元组形式并实例化，生成本体三元组，并构建相应的 SPAQUL 查询语句获取答案，同时辅以 WordNet、MaltParser 等工具进行语义知识的抽取和用户查询的处理。[③]

②多语言信息检索系统评估

多语言信息检索系统评估对于验证系统的绩效、比较相关方法和技术优劣、改进现有系统、开发新型系统等方面均有重大意义。Sujatha 总结了普通信息检索系统的各种评估方法，其中包括基于上下文相似度（Context Resemblance）的方法、基于概率相关反馈（Probabilistic Relevance Feedback）的方法、基于归一化折损累积增益（Normalized Discounted Cumulative Gain）的方法等，认为上述方法及评估指标大多适用于多语言信息检索系统的评估。[④] Chandra 等提出了一套多语言信息检索系统绩效的评

① Dolores M, Lobo O, Artacho J. Language resources used in multi-lingual question-answering systems [J]. Online Information Review, 2011 (4): 543-557.

② Ferrández S, Toral A, Ferrández Ó, et al. Exploiting Wikipedia and EuroWordNet to solve cross-lingual question answering [J]. Information Sciences, 2009 (20): 3473-3488.

③ Cimiano P, Lopez V, Unger C, et al. Multilingual question answering over linked data (QALD-3): lab overview [EB/OL]. [2015-03-13]. http://pub.uni-bielefeld.de/luur/download? func=downloadFile& recordOId=2685575&fileOId=2698020.

④ Sujatha P. A review on performance evaluation measures of multilingual information retrieval systems [J]. International Journal of Advanced Research in Computer Science and Software Engineering, 2012 (8): 440-446.

估指标体系，主要指标包括平均检准率、单个主题平均检准率、平均倒数排名（Average Mean Reciprocal Rank）、平均折损累积增益（Average Discounted Cumulative Gain）等，并对其设计的基于多语词典的多语言信息检索系统开展评估。① Petrelli 分析了在跨语言信息检索系统的各开发阶段开展用户评估的意义，指出须尤为注重用户评估在交互式跨语言信息检索系统建设中的应用。② Shiri 等组织来自加拿大阿尔伯塔大学的 15 名师生对基于叙词表的跨语言检索系统 Searchling 的界面进行评价，设计了 3 项检索任务，并使用录音和录像软件记录用户的检索行为，用户普遍认为系统能有效帮助其构建规范化的查询请求，同时建议在用户帮助中增加对叙词表的有关说明。③

（5）特定领域的多语言信息检索

由于生物医学、地球科学、法学等学科领域开放性较强，信息交流较为频繁，研究人员对多语种信息的需求较旺盛，相关研究成果较丰富。Hanbury 等开发了生物医学领域的多语言信息检索系统 KHRESMOI，该系统可查询图书、期刊、数据、图像、网站等多种类型的信息，且可通过移动设备访问。④ 跨语言评价论坛（Cross Language Evaluation Forum，CLEF）自 2005 年起连续多年举办 GeoCLEF 跨语言地理信息检索大会，聚焦地球科学领域的跨语言信息检索研究。Larson 和 Gey 设计了基于逻辑回归和盲相关反馈（Blind Relevance Feedback）算法以及基于隐含地名的地理信息标引方法，

① Chandra M，Sadanandam M，Raju K. Software metric framework for Multilingual Information Retrieval（MLIR）system performance assessment［J］. International Journal of Emerging Trends & Technology in Computer Science，2013（4）：38-46.

② Petrelli D. On the role of user-centred evaluation in the advancement of interactive information retrieval［J］. Information Processing & Management，2008（1）：22-38.

③ Shiri A，Ruecker S，Bouchard M，et al. User evaluation of searchling：a visual interface for bilingual digital libraries［J］. The Electronic Library，2011（1）：71-89.

④ Hanbury A，Boyer C，Gschwandtner M，et al. KHRESMOI：towards a multi-lingual search and access system for biomedical information［EB/OL］.［2015-01-26］. http：//publications. hevs. ch/index. php/attachments/single/321.

并将上述方法应用于英—德跨语言地理信息检索系统，实现了对用户查询地名关键词的自动扩展。① Peruginelli 和 Francesconi 则本着通过强化语义标引以实现有效的词义消歧的思路，设计多语种法律信息的检索系统模型，该模型运用了基于文本分类的自动化词义消歧策略，可实现多语种法律文献的元数据检索、关键词检索和分类浏览等功能。②

此外，多语言信息检索对象逐渐由文本扩展至多媒体信息。其中针对图像的多语言信息检索尤其受到关注。Ménard 先后以三种方式（同时使用英语、法语受控词汇和非受控词汇；只使用双语受控词汇；只使用双语非受控词汇）标引一个图片库中的每张图片，并随机抽取其中 30 张，将 60 名用户平均分为三组，要求其逐一浏览图片后在图片库中找出这些图片（图片的标引分别采取上述方式之一），研究认为构建基于受控词表的协作式大众标注机制是多语言图像信息检索的最佳策略。③ Tungkasthan 等介绍了 Yahoo 图像搜索引擎所使用的基于多线程控制的多语言检索框架，该框架由多语言翻译模块和多语言爬虫模块构成，前者用于处理、翻译用户查询请求，后者用来执行图像检索任务、合并检索结果并反馈给用户。④

（6）交互式多语言信息检索

交互式多语言信息检索关注用户在检索过程中产生的反馈信息，是一种通过建立用户与检索系统间的有机联系完成检索任务的新型多语言信息检索

---

① Larson R, Gey F. GeoCLEF text retrieval and manual expansion approaches [C] // Evaluation of Multilingual and Multi-modal Information Retrieval. Berlin: Springer-Verlag, 2007: 970-977.

② Peruginelli G, Francesconi E. Multilingual access modalities to legal resources based on semantic disambiguation [EB/OL]. [2014-12-17]. http: //ceur-ws. org/Vol-465/paper9. pdf.

③ Ménard E. Ordinary image retrieval in a multilingual context: a comparison of two indexing vocabularies [J]. Aslib Proceedings, 2010 (4/5): 428-437.

④ Tungkasthan A, Intarasema S, Premchaisawadi W. A multi-language search scheme using a multithread processing for Yahoo image search [C] //Proceedings of the Eighth International Symposium on Natural Language Processing. Bangkok: Institute of Electrical and Electronics Engineers, 2009: 30-34.

模式。Oard 等利用其开发的交互式跨语言信息检索系统 MIRACLE 开展了关于用户辅助查询翻译及用户辅助文档选择的研究，主要分析用户在系统的帮助下进行查询翻译和文档选择时表现出的行为特征。① Ahmed 和 Nurnberger 对 Mulinex、Keizai、UCLIR 等交互式跨语言检索系统进行评价，认为上述系统在用户查询的词义自动消歧、查询翻译与扩展过程以及检索结果的可视化呈现等方面存在不足，改善交互式跨语言信息检索系统应充分运用命名实体识别、信息检索可视化、转换生成翻译（Transitive Translation）等技术。② Zazo 等将免费的在线机器翻译工具 Google Linguistic Tools 与 Systran Online 分别嵌入英—西班牙和法—西班牙交互式跨语言问答系统中，用于完成用户查询请求与查询结果（答案）的翻译，查询结果的翻译效果与机器翻译工具的上下文语境分析能力有关。③ Ruecker 等讨论了交互式多语言信息检索系统中可视化用户界面的建设问题，他们总结了可视化用户界面在交互式多语言信息检索中的作用，包括协助用户选择检索词、保留用户已使用的检索策略、提供多样化的检索结果显示方式等，并以基于英—法双语叙词表的跨语言检索系统 Searchling 为例，介绍其用户界面的设计流程。④

1.1.3 总结及启示

(1) 总结

由上可见，近 10 年来国外在多语言信息组织与检索方面的研究呈现以

① Oard D W, He D, Wang J. User-assisted query translation for interactive cross-language information retrieval [J]. Information Processing and Management, 2008 (1): 181-211.

② Ahmed F, Nurnberger A. Literature review of interactive cross language information retrieval tools [J]. The International Arab Journal of Information and Technology, 2012 (5): 479-486.

③ Zazo A, Figuerola C, Berrocal J, et al. Use of free on-line machine translation for interactive cross-language question answering [C] //Accessing Multilingual Information Repositories. Berlin: Springer-Verlag, 2006: 263-272.

④ Ruecker S, Shiri A, Fiorentino C. Interactive visualization for multilingual search [J]. Bulletin of the American Society for Information Science and Technology, 2012 (4): 36-40.

下特点。

①研究主题广泛

研究涵盖多语言信息组织的技术手段、跨语言知识组织系统的互操作、多语言文本分类和聚类、用户的多语言信息检索行为、多语言信息检索模型、多语言信息检索方法与技术、多语言信息检索系统及其评估、特定领域的多语言信息检索等10多个领域。研究不但围绕全球主要语种的信息检索展开，而且逐步涉足不同小语种网络信息间的检索；不但针对文本信息的检索，还探讨图像等多媒体信息的检索；既运用已有的信息检索模型和技术，也积极开发新的多语言信息检索模型与技术；既面向单种方法与技术的应用，也注重分析多种技术、工具相结合的可行性，如综合运用领域本体、双语统计词典等工具改善词义消歧效果。

②注重实证研究方法

国外研究者始终关注多语言环境下的用户信息行为，并围绕该主题开展大量实验，了解用户在查找和获取多语言信息的过程中所表现的行为特征。此外，在多语言信息检索方法和技术、多语言信息检索系统的评估、交互式多语言信息检索等方面，国外研究者多根据研究目的精心设计用户参与的多语言信息检索任务，开展实验，用以评估和比较不同多语言信息组织与检索方法、技术及系统的效度，并依据实验结果确定后续研究方向和系统优化策略。如跨语言评价论坛（CLEF）自2001年起先后设立交互式跨语言检索（iCLEF）、跨语言检索日志分析（LogCLEF）等主题，鼓励使用检索日志分析、用户实验、现场观察、用户访谈等多种实证方法，开展用户参与的查询翻译与检索界面优化研究。

③关注面向特定学科领域的应用研究

多语言领域本体已成为不同领域的多语种信息组织与检索中不可或缺的工具。以实现医学、地球科学、法学等某一学科领域信息的跨语言获取为目标的跨语言与多语言信息检索系统不断问世。跨语言评价论坛近年来亦相继增设CLEF-IP、CLEF eHealth、LifeCLEF、PAN等议题，分别探索知识产权领域、电子健康学领域、生命科学领域、学术不端检测与作者识别领域的跨语言信息检索方法与工具的评估问题。① 以上研究显示国外多语言信息组织与检索研究呈现深化与细化的发展趋势，也从另一角度体现了国外研究者对实证研究的重视。

④语义化发展趋势明显

从海量多语言信息中获取真正契合用户需求的知识，无疑有赖于信息组织的语义化。旨在充分揭示概念间关联的多语言本体、关联数据等语义化信息组织工具已逐渐得到运用。潜式和显式语义分析、语义词库、维基百科等方法和工具已被广泛应用于多语言信息检索模型和检索系统的设计中，在文本分析、命名实体识别、词义消歧、用户查询扩展等方面取得系列成果。这使得多语言信息检索向精准化、智能化（如查询扩展、联想式检索）方向迈进，以适应用户更为专深化、动态化的信息需求。

（2）启示

多语言信息组织与检索的实现能消除信息查找过程中的语言屏障，更广泛地满足机构和个人的信息需求，促进国家、民族间的信息交流与共享，同时也是深度挖掘小语种信息资源的前提。国外研究对我国的启示主要体现在 4 个方面。

①加强实证研究方法的应用

国内该领域研究者应更加注重实证研究，尤其是在多语言环境下用户信息需求及行为研究方面。但国内相关研究很少，且研究对象局限于学术用户，目前仅有吴丹发表了两篇论文。首先，可以借鉴国外同类实证研究的流程和策略，积极探索多语言环境下不同用户群体对文本、图像、视频、语音等各类资源的信息需求及检索行为特征。其次，可结合问卷调查、用户信息行为测试、出声思考、深入访谈、人机交互以及用户日志分析等多种研究方法，剖析用户使用数字图书馆、搜索引擎、信息检索系统、专业数据库、电

---

① Ferro N. CLEF 15th birthday: past, present, and future [EB/OL]. [2015-03-21]. http://sigir.org/files/forum/2014D/p031.pdf.

子商务、专利查新、移动信息服务等工具和服务时的多语言信息需求与行为，使多语言信息组织与检索研究和上述领域研究有机融合。最后，多语言信息组织与检索平台的建设也应以用户为中心，深入了解用户对检索系统/平台的具体功能需求与使用偏好，为平台的设计提供支持。

②开发面向实用的多语言信息检索系统

国外非常重视多语言信息检索系统的设计与开发，既开发出众多的实验系统，也有一批系统已投入使用。如 2010 年 6 月正式上线的 WorldWideScience 平台支持用户使用英、汉、德、阿拉伯等 10 种语言，一站式检索来自 70 余个国家的 100 个数据库、机构库与门户网站的学术信息。① 而迄今为止，国内开发的多语言信息检索系统多为实验系统，可公开访问者非常鲜见。加紧研发可供公众使用的综合性、专业性检索系统，是实现多语种信息检索的迫切需求。

此外，系统设计者与真实用户之间存在知识和使用习惯等方面的差异，可能影响系统的可用性。因此，在开发过程中，应尤为重视系统的可用性评估，注重用户测评工作，将其作为多语言信息检索系统的主要评估手段。可将用户测试作为主要方法，辅以专家测试。测试前，应围绕系统界面的友好性及检索的有效性、效率性与满意度，根据评价的目的设计检索任务，既可将任务限定在特定领域，也可以将受试者感兴趣或正在研究的领域作为测试内容，或两者兼而有之。通过反复测试与评估，不断优化系统性能。

③注重基于语义的信息组织与检索研究

基于语义的多语言信息组织与检索是实现知识挖掘及聚合的关键。大数据环境下，实现基于语义的信息组织与检索更为迫切。国内研究者要以基于内容的信息组织与检索理论为指导，充分利用本体协调、关联数据、维基百科等技术与工具，改善词义消歧、查询扩展与知识挖掘的效果。在此基础上，通过开发和完善多语言信息检索系统的语义扩展检索、概念联想检索、

---

① WorldWideScience. org [EB/OL]. [2015-05-13]. http://worldwidescience. org/index. html.

资源智能推荐等功能，揭示知识元之间的联系和脉络，实现多语种、多类型信息检索过程的交互化以及检索结果的高度整合，从而进一步优化跨语言信息检索系统的性能，推动多语言信息检索迈入基于语义的知识检索阶段。

④拓展特定学科领域的多语言信息检索研究

目前国内对多语言信息组织与检索的研究较少针对特定领域。随着多语言信息组织与检索方法及技术的丰富与成熟，该领域研究应该深入各学科，解决具体问题。当前，随着全球化的发展和学术研究的细化，各学科领域的开放性、交叉性显著增强，研究人员的跨领域和跨地域交流与合作日趋紧密，对多语种信息的需求愈加迫切。现有的多语言信息组织与检索技术虽具有一定通用性，但由于各学科特点及各领域信息的特质不同，其在特定学科领域的应用模式并非千篇一律，往往需要加以适度改造。加速此方面研究，既有益于检验和完善多语言信息组织与检索理论、方法、技术，也有助于获取学科发展所需的多语种信息资源，从而推进各学科本身研究的发展。

国内相关研究应遵循“理论与模型的创新→技术和方法的一般应用→技术和方法的具体应用→检索工具的开发与应用（实际应用）”这一发展路径，以构建基于内容的多语言信息检索机制为导向，面向实际问题，不断细化现有研究领域，并更加注重研究成果的转化应用。

1.2　国内研究现状

随着全球信息化环境与数字科研 e-Science 环境的形成，多语言网络信息日益成为教学与研究、电子商务与国际贸易、政府部门与企业管理层决策等方面的主要信息来源之一。为我们了解各学科/领域的最新研究进展与成果，进行专利查新，获取世界范围内的商贸及产品信息，掌握国外有关机构的发展动向及其策略，以及搜集企业竞争情报等方面起到越来越重要的作用。然而，语言障碍问题已严重妨碍了用户对多语种信息的获取和利用，如何跨越语言鸿沟，让用户使用熟悉的语言就能检索出其他语种的相关信息，是信息组织与检索领域中的重要研究课题。为了解近十年来国内“多语言信息组织与检索”领域的研究进展，我们采用文献调研方法，在中国知网数据库中，选取“跨语言信息检索”“多语言信息检索”“多语言信息获取”“多语言信息组织”“多语言信息表示”“多语言本体”“多语言主题词表”“多语言互操作”为检索词，限定检索字段为“主题”，匹配方式为“精确匹配”，检索时间为2004—2014年，并将文献来源限制为核心期刊和CSSCI来源期刊；在万方数据、维普数据库中也以类似的方法检索，合并检索结果并去重，共查找到期刊论文95篇（不含增刊）。另外搜集到会议论文36篇，博士论文14篇，硕士论文88篇。在超星发现系统中，使用“多语言”或“跨语言”作为检索词，检索字段选择“题名”，搜索到相关图书6部，其中近期出版的为2014年吴丹的《多语言网络学术信息挖掘与检索》。① 另外，还选择Web of Science数据库，以“cross language information retrieval”“crosslingual information retrieval” “translingual information retrieval”“CLIR”“multilingual information retrieval” “MLIR” “multilingual information access”“multilingual information organization” “multilingual information representation”“multilingual ontology” “multilingual thesaurus” “multilingual interoperability”为主题词进行检索，在检索结果中进一步限定“国家/地区”为“PEOPLES R CHINA”和“TAIWAN”，精炼检索结果，获得90篇文献。经过深入研读与主题分析，并结合引文追溯法不断补充相关参考文献，发现近十年来该领域的研究主要涉及多语言信息需求、语言转换策略、语言转换方法、辅助技术方法、信息组织与检索模型、系统评测会议、多语言信息组织及工具、跨语言搜索引擎与信息检索系统以及多语言信息组织与检索的应用9个方面。

1.2.1 关于用户对多语言信息需求的研究

用户的多语言信息需求是创建多语言信息系统与提供多语言信息服务的

---

① 吴丹．多语言网络学术信息挖掘与检索［M］．北京：科学出版社，2014.

基础。吴丹等对包括中国与美国在内的19个国家的数字图书馆用户，从使用网络工具的背景、多语言信息需求的动机、多语言信息行为、常用的多语言信息资源、对多语言信息服务的期望、对多语言信息检索的期望、对数字图书馆界面设计的期望等方面进行了问卷调查，发现学术用户围绕学术活动具有多种多语言需求，用户的母语极大地影响其对多语言的需求和期望。① 吴丹等还通过对武汉大学的数字图书馆用户从用户背景、用户行为、用户需求动机、多语言信息来源、多语言信息服务、多语言信息检索、多语言信息系统界面等方面进行调查，发现用户十分需要获取数字图书馆中的多语言信息。②

1.2.2 关于语言转换策略的研究

多语言信息检索（Multilingual Information Retrieval，MLIR）指使用任何一种语言，都能够查找到特定语言的信息，目标文档中的语种可以是一种，也可以是多种。大多数研究将多语言信息组织与检索的过程看作是传统的计算机信息检索与语言转化的结合。多语言信息组织与检索与传统的单语言信息组织与检索相比较，最大的不同在于其需要完成源语言与目标语言之间的转换。

（1）语言转换策略的类型

目前研究者提出了提问式翻译、文献翻译、提问式-文献翻译、中间语种翻译和非翻译五种语言转换策略。③

①提问式翻译方法是将提问式（源语种）翻译为目标语种，在目标语言中进行检索，返回的检索结果为目标语言。

②文献翻译方法是指将目标语种转变为源语种，用提问式（源语种）进

① 吴丹．多语言网络学术信息挖掘与检索［M］．北京：科学出版社，2014：20-34.

② 吴丹，古南辉，何大庆．数字图书馆用户的多语言信息需求调研［J］．图书情报工作，2011，55（2）：6-10.

③ 王昊．跨语言信息检索实现方法与关键技术探讨［J］．情报杂志，2005，24（7）：46-49.

行检索，返回的检索结果为源语言。

③提问式-文献翻译方法是将提问式翻译和文献翻译相结合的一种方法，先将提问式翻译为目标语种，在目标语言中进行检索，返回的检索结果为目标语言，并在此基础上，进一步将目标语言全部或部分翻译成源语种。

④中间语种翻译方法是将提问式和文献信息均翻译成由中间语种表示的方法。当两种语言之间无法直接进行翻译时，可以采用将源语种翻译为中间语种，再将中间语种翻译为目标语种，或将源语种与目标语种均翻译为中间语种的方法。

⑤非翻译方法不对源语种和目标语种进行翻译，而是采用潜在语义标引、同源匹配、广义向量空间模型等具体方法。

（2）语言转换策略的比较分析

研究者先后对语言转化策略的优势与不足进行了探讨，详见表1-1所示：

表 1-1 **关于语言转换策略比较**

语言转换策略	优　势	不　足
提问式翻译	工作量较小（王昊）①；在线快速执行（吴丹等）②；简单易行，实现难度较小（耿骞等）③	返回结果为目标语言，增加用户理解难度（王昊）①；查询语句短，语境少，消歧困难（吴丹等）②；要求检索系统本身具有多语言检索能力（耿骞等）③

① 王昊．跨语言信息检索实现方法与关键技术探讨［J］．情报杂志，2005，24（7）：46-49.

② 吴丹，李瑞芬．跨语言信息检索技术应用与进展研究［J］．情报科学，2006，24（9）：1435-1440.

③ 耿骞，王洋．跨语言信息检索中的词语转换方法［J］．图书情报工作，2004（10）：81-83.

续表

语言转换策略	优　势	不　足
文献翻译	返回结果为源语言，易于用户选择利用（王昊）①；完整的文献语境，提高翻译质量；可离线执行（刘伟成等）①	正确率难以达到满意程度，无法达到使用水平；工作量大，代价昂贵；重新构造被翻译的索引数据的代价大（王昊）①；如何选择所要翻译内容成为较难解决的问题（耿骞等）③
提问式-文献翻译	结合了提问式翻译量小和返回信息为源语种的优点，减少用户翻译成本（王昊）①；检索结果选择部分翻译时，工作量小（李培等）②	对结果文本进行部分翻译时，如何找出确定重要词是决定这种方法效果的关键（李培等）⑤
中间语种翻译	可以解决源语言与目标语言无法直接翻译问题（王昊）①	新的概念或术语无法及时补充到概念词表中（刘伟成等）④
非翻译	潜在语义索引不需要翻译，避免翻译难题，如消歧等；应用于新的语言比较方便；不需要词典、词表和机器翻译系统（王妙娅等）③	潜在语义索引中的SVD计算需要时间，训练文档不易获取、K值只能通过反复尝试来确定，没有自动的方法（王妙娅等）①；同源匹配不适应中英文（刘伟成等）④

① 刘伟成，孙吉红．跨语言信息检索进展研究［J］．中国图书馆学报，2008（1）：88-92.

② 李培，武丽辉．网上信息的跨语言检索［J］．情报资料工作，2004（2）：71-74.

③ 王妙娅，赖茂生．跨语言信息检索中的询问翻译方法及其研究进展［J］．现代图书情报技术，2005（4）：9，37-41.

④ 刘伟成，孙吉红．跨语言信息检索进展研究［J］．中国图书馆学报，2008（1）：88-92.

1.2.3 关于多语言转换方法的研究

按照多语言信息组织与检索语言转换过程中所需的资源进行分类，研究者们将语言转换方法分为基于机器翻译系统的方法、基于字典/词典的方法、基于语料库的方法、基于本体的方法等。

（1）多语言转换方法的类型

①基于机器翻译系统的方法

机器翻译技术是将一种语言文本自动翻译为另一种语言文本的计算机程序，目的是实现源语言与目标语言语义上的对等。① 大型的机器翻译系统有美国的 SYSTRAN 和 Google Translate 等。赵铁军等重点介绍了统计机器翻译、机器翻译应用、机器翻译评价、跨语言信息检索等方面的研究工作。② 张玥杰等基于机器翻译建立了一个面向英汉的跨语言信息检索系统，并通过实验提交四组运行结果（三组 CLIR 运行及一组单语运行），实现了完整的英汉 CLIR 过程。③ 吴丹与何大庆探索了机器翻译在跨语言信息获取中的查询翻译、用户交互、去停用词、数据融合方面的贡献。④ Chen 等使用 Google、Bing 和 SYSTRAN 机器翻译系统，将英文元数据记录翻译为中文，并使用五点李克特量表评估其流畅性和充分性。⑤ 庞观松等采用 Google 翻译，实现基于机器翻译的中、英、俄、法、西班牙 5 种语言的跨语言学术检索。⑥

---

① 李培，武丽辉．网上信息的跨语言检索［J］．情报资料工作，2004（2）：71-74.

② 赵铁军，曹海龙．以机器翻译技术为核心的多语信息处理研究［J］．中文信息学报，2011，25（6）：81-89，110.

③ 张玥杰，郭依昆，连理，吴立德．基于英汉机译实现跨语言信息检索［J］．小型微型计算机系统，2004（7）：1135-1140.

④ Wu D，He D Q. Exploring the further integration of machine translation in English-Chinese cross language information access［J］. Program-Electronic Library and Information Systems，2012，46（4）：429-457.

⑤ Chen J P，Ding R，Jiang S，et al. A preliminary evaluation of，metadata records machine translation［J］. Electronic Library，2012，30（2）：264-277.

⑥ 庞观松，张黎莎，蒋盛益．个性化跨语言学术搜索技术研究［J］．情报学报，2011，30（8）：870-874.

②基于字典/词典的方法

基于词典的方法广泛用于查询翻译策略中，是通过词典将源语言翻译为合适的目标语言。① 双语词典是目前常用的跨语言翻译知识源。吴丹建立了图书情报领域的专业词典和中英文标注词典，利用从中英文学术资源网站获得的两个领域语义词典，为多语言网络学术信息检索提供高效的翻译工具。② 杨辉等采用英汉电子词典作为获取翻译知识的知识源，结合构建的英汉单语信息检索系统，实现完整的英汉双向 CLIR 过程。③ 陈琴提出一种基于最大熵模型建立的双语词典（其文中称特殊词典），并对用户提交的查询进行双向翻译。选取 15 个用户，输入 20 个查询关键词，对比一般词典和特殊词典的双向翻译准确率。④

③基于语料库的方法

语料库是指由大量经过整理的文本形成的具有既定格式与标记的文本集。⑤ 语料库分为平行语料库与比较语料库两种。平行语料库的语料中包含文档及其相应的翻译文档，按照文档翻译的方式又分为文档对齐、语句对齐和语词对齐三种方式；可比语料库的语料中包含不同语种的涉及相似主题的文档，不同语种的文档之间不存在一一对应的关系。⑥ 基于平行语料库实现跨语言信息检索的方法有跨语言潜在索引、伪相关反馈方法和广义向量空间模型。⑦ Yang 和 Li 运用基于长度的方法和基于文本的方法，通过自动标题

---

① 张会平，周宁，陈立孚．跨语言信息检索可视化研究［J］．情报科学，2007，25（1）：134-138.

② 吴丹．多语言网络学术信息挖掘与检索［M］．北京：科学出版社，2014：107-114.

③ 杨辉，张玥杰，张涛．基于词典的英汉双向跨语言信息检索方法［J］．计算机工程，2009，35（16）：273-274，277.

④ 陈琴．跨语言信息检索中双语词典的建立和翻译方法［J］．计算机应用与软件，2010，27（7）：107-109.

⑤ 黄国斌，王明文，叶浩．一种新的基于中间语义的跨语言信息检索模型［J］．中文信息学报，2009（2）：77-82.

⑥ 吴丹，李瑞芬．跨语言信息检索技术应用与进展研究［J］．情报科学，2006，24（9）：1435-1440.

⑦ 张俊林，曲为民，杜林，等．跨语言信息检索研究进展［J］．计算机科学，2004，31（7）：16-19.

对齐，建立平行语料库。① 他们还提出关联约束网络方法，使用平行语料库生成跨语言概念空间，帮助判断多语言罪犯、犯罪、位置及活动的相关性。② 刘奇等提出 URL 模式与 HTML 结构相结合的平行网页获取方法。③ 徐红姣等利用统计方法从英汉语句对齐平行语料中自动获取翻译词典。④ 罗阳等采用以频繁序列模式为特征的 SVM 分类方法实现对译的双语资源挖掘。⑤ 罗远胜等通过双语平行语料库提取语言之间的语义对信息，提出双语最小二乘主题相关模型，其文档配对搜索和伪查询跨语言搜索性能明显优于跨语言潜在语义索引模型。⑥ Wang 等对开发网页作为多语语料库的可行性，用以翻译数字图书馆中跨语言检索的未知查询术语进行研究。⑦

④基于本体的方法

本体具有丰富的概念关系和推理能力，可从语义层面进行查询扩展，基于本体的多语言信息检索首先要解决的是多语言本体的构建。多语言本体是本体在不同语种中的表现形式，类似于不同语言的语义词典。

基于本体构建的系统有 MINS 公司的 Cindor 以及瑞士和法国联合开发的欧洲 8 国跨语言信息检索系统。⑧ 王进等构建了基于本体的跨语言信息检索

① Yang C C, Li K W. Building parallel corpora by automatic title alignment using length-based and text-based approaches [J]. Information Processing & Management, 2004, 40 (6): 939-955.

② Yang C C, Li K W. An associate constraint network approach to extract multi-lingual information for crime analysis [J]. Decision Support Systems, 2007, 43 (4): 1348-1361.

③ 刘奇，刘洋，孙茂松．URL 模式与 HTML 结构相结合的平行网页获取方法 [J]. 中文信息学报，2013，27 (3)：91-99.

④ 徐红姣，王惠临，章成志．跨语言信息检索查询翻译词典自动构建研究 [J]. 情报理论与实践，2010，33 (3)：105-109.

⑤ 罗阳，季铎，张桂平，等．面向单一双语网页的双语资源挖掘方法 [J]. 中文信息学报，2011，25 (1)：110-115.

⑥ 罗远胜，王明文，勒中坚，等．跨语言信息检索中的双语主题相关模型 [J]. 小型微型计算机系统，2013，34 (12)：2758-2763.

⑦ Wang J H, Teng J W, Lu W H, et al. Exploiting the web as the multilingual corpus for unknown query translation [J]. Journal of the American Society for Information Science and Technology, 2006, 57 (5): 660-670.

⑧ 吴丹．本体驱动的跨语言信息检索研究[J].现代图书情报技术,2006(5):22-26,85.

模型，以解决源语言与目标语言之间的转换中出现的语义损失与曲解问题。此模型主要有3个部分：基于字典的翻译模块、基于本体的语义模块、单一语种的信息检索模块。选取新浪网的体育类新闻背景，构建英汉双语本体库。① 吴丹设计了本体驱动的跨语言信息检索模型，该模型主要由双语本体库、索引库、检索主体三部分组成。② 郝嘉树在跨语言信息流程中，设计了基于本体的系统构架，该系统包括提问式处理模块、提问式翻译模块、文档处理模块、本体与词典构建模块以及检索模块，其中多语本体和多语词典组成的模块分别作用于文档处理模块和翻译模块。③ Liu 与 Ma 设计了基于本体的多语言研发项目管理系统架构，该系统支持3种语言，有助于不同文化背景和使用偏好用户分享信息。④ 赵小兵等构建了基于本体的多民族语言知识库模型。⑤ 吴丹和王惠临分析了多语本体在查询扩展、语义标注、基于概念索引三个方面对改善跨语言信息检索的作用。⑥ 黄新艳对汉英本体进行建立和管理，利用4种常见的数学模型来计算任意两个词的共现频率，以共现频率的高低来获取翻译等价对，用 Jena 解析用 RDF 描述的英文 Ontology，设计一个类图的遍历思想的 Java 程序 Transform. java，将英文的 Ontology 转换为英汉 Ontology。⑦

(2) 对于多语言转换方法的比较分析

研究者先后提出多语言转化策略的优势与不足，详见表1-2所示：

---

① 王进，陈恩红，张振亚，等．基于本体的跨语言信息检索模型［J］．中文信息学报，2004，18（3）：1-8，60.

② 吴丹．本体驱动的跨语言信息检索研究［J］.现代图书情报技术，2006(5)：22-26，85.

③ 郝嘉树，王惠临，刘耀．基于本体的跨语言信息检索模型和关键技术研究［J］．情报科学，2009（2）：271-275.

④ Liu O，Ma J. A multilingual ontology framework for R&D project management systems［J］. Expert Systems with Applications，2010，37（6）：4626-4631.

⑤ 赵小兵，邱莉榕，赵铁军．多民族语言本体知识库构建技术［J］．中文信息学报，2011，25（4）：71-74.

⑥ 吴丹，王惠临．本体在跨语言信息检索中的应用机制研究［J］．图书情报工作，2006，50（9）：10-13.

⑦ 黄新艳，姚文琳，徐建良．基于汉英双语语料库的汉英 Ontology 的建立与管理［J］．仪器仪表学报，2005（S2）：529-532，540.

表 1-2 **多语言转换方法的优势与不足**

语言转换方法	优　势	不　足
机器翻译系统	使用很简单（吴丹）①；能够执行深层次的语法分析，并能够解决词义含糊、歧义等问题（王昊）②；双语互译翻译系统在特定领域翻译质量较高（任成梅等）③	对于较短的查询条件，消歧难，翻译质量差；当原文档涉及较广领域时，翻译精度较低，很难满足检索系统要求（张俊林等）④；为每个词选择一个首要的翻译，这种单向性选择可能会对检索效率产生负面影响（赖茂生等）⑤；不能保证所保留下来的翻译的正确性（吴丹等）⑥
字典/词典	使用方便（王昊）⑦；简洁、高效、易获取（吴丹）；成本低，易实现，可控性较强（吴琳）⑧	词典覆盖有限，不能穷尽所有的词，特别是不能及时纳入新的科技词汇；一词多义现象或多词一义现象翻译时容易产生错误的检索词（王妙娅等）⑨；在翻译过程中可能会出现多个结果或者翻译含糊不清的情况（郝天侠）⑩

① 吴丹. 多语言网络学术信息挖掘与检索［M］. 北京：科学出版社，2014：103-104.

② 王昊. 跨语言信息检索实现方法与关键技术探讨［J］. 情报杂志，2005，24（7）：46-49.

③ 任成梅，李春英. 汉英跨语言信息检索探讨［J］. 图书馆理论与实践，2006（6）：51-53.

④ 张俊林，曲为民，杜林，等. 跨语言信息检索研究进展［J］. 计算机科学，2004，31（7）：16-19.

⑤ 赖茂生，侯艳飞. 跨语言检索技术：策略与方法［J］. 郑州大学学报（哲学社会科学版），2005，38（4）：11-14.

⑥ 吴丹，李瑞芬. 跨语言信息检索技术应用与进展研究［J］. 情报科学，2006，24（9）：1435-1440.

⑦ 王昊. 跨语言信息检索实现方法与关键技术探讨［J］. 情报杂志，2005，24（7）：46-49.

⑧ 吴琳. 面向科技文献的跨语言信息检索系统模型研究［J］. 情报理论与实践，2008，31（6）：924-927.

⑨ 王妙娅，赖茂生. 跨语言信息检索中的询问翻译方法及其研究进展［J］. 现代图书情报技术，2005，21（4）：9，37-41.

⑩ 郝天侠. 跨语言信息检索技术与应用研究［J］. 情报杂志，2007，26（12）：130-132.

续表

语言转换方法	优　势	不　足
语料库	翻译具有准确性、专业性（王昊）①；与平行语料相关的词汇翻译效果好（吴琳）②	平行语料库不易取得，数量有限（王妙娅）；可比语料库中识别主题是一个较难的问题（张秀梅）①
本体	用于跨语言信息检索的查询扩展，精练查询表达，并提高翻译的准确性，解决语言转换所造成的语义损失和模糊不清；对被检索文献起归类作用（吴丹）②	双语本体的构建是较大的障碍（吴丹）⑥

除了上述方法之外，还有将字典/词典-语料库结合起来的混合方法，该方法综合了字典翻译的方便和语料库翻译的准确性、专业性的优势。词典可提供一定的词汇覆盖率，实现通用检索，语料库提供特定领域用语的匹配，可实现专业检索。[③] 此外，基于主题词表的方法也是多语言检索的方法之一，其优点是能使用户构建出更好的查询条件。

1.2.4 关于辅助技术方法的研究

除了上文介绍的语言转换策略与方法之外，多语言信息检索的实现还需要一些辅助技术方法的支持，研究者们主要提出了以下辅助技术方法。

(1) 查询扩展技术

用户提交原始提问式后，系统根据原提问式的同义词典及相关词典加入新的查询提问式，查询扩展可在翻译前或翻译后进行，也可在翻译前后同时进行。微软亚洲研究院提出了一种两步伪相关性反馈的中英文信息检索查询

① 张秀梅．论跨语言信息检索［J］．情报资料工作，2006（2）：51-54.

② 吴丹．本体驱动的跨语言信息检索研究［J］．现代图书情报技术，2006（5）：22-26，85.

③ 郭宇锋，黄敏．跨语言信息检索理论与应用研究［J］．图书与情报，2006（2）：79-81，84.

扩展方法：先使用翻译后的提问式检索出一系列文献信息，并对其进行相关性排序（共现技术）；再从结果文献排序前 n 篇文档中选取 m 个最高频率的词作为扩展提问式来扩展最初的查询。① Gao 等提出跨语言查询建议的新方法，对原始查询和建议查询进行相似性度量，从不同语言的查询日志中挖掘相关查询。②

（2）共现技术

共现技术用来消除词的歧义性，根据是若两个有关联的词共同出现在文献的某一部分，就更容易确定其词义。③

（3）检索反馈技术

通过一次检索往往得不到想要的结果，这时就需要通过检索结果中反馈的信息对提问式检索方法或翻译方法进行改进。④ 吴丹等进行了基于伪相关反馈的英汉跨语言查询扩展对比试验，涉及翻译前查询扩展、翻译后查询扩展以及翻译前与翻译后相结合的查询扩展 3 种方法，并探讨查询式的长度对每种方法的影响。⑤

（4）同源匹配技术

同源匹配技术不对源语言和目标语言进行翻译，而是根据两种语言的语

① 王昊．跨语言信息检索实现方法与关键技术探讨［J］．情报杂志，2005，24（7）：46-49.

② Gao W，Niu C，Nie J Y，et al. Exploiting query logs for cross-lingual query suggestion［J］. Acm Transactions on Information Systems，2010，28（2）：1-33.

③ 王昊．跨语言信息检索实现方法与关键技术探讨［J］．情报杂志，2005，24（7）：46-49.

④ 王昊．跨语言信息检索实现方法与关键技术探讨［J］．情报杂志，2005，24（7）：46-49.

⑤ 吴丹，何大庆，王惠临．基于伪相关反馈的跨语言查询扩展［J］．情报学报，2010，29（2）：232-239.

词拼写形式或读音相似性来判断其中一种语言语词的意义。① 主要基于印欧语系中的英语、法语等有共同的起源，很多词有相似的拼写形式或者读音，将英语、法语、英法双语文件映射到一个向量空间中，可进行语义上的比较匹配。②

(5) 潜在语义技术

潜在语义技术不用通过翻译，而是使用一种向量空间模型就能实现跨语言信息检索，首先需要以双语文档作为训练文档建立语词矩阵，其中翻译和查询都由 K 维的语词向量表达，理想情况是同一语义的词在一对双语文献中出现次数一样，以此矩阵为基础，利用奇异值分解 SVD（Singular Value Decomposition）导出 K 维语义向量空间。③ Chen 和 Chiu 提出基于概念桥接方法的国际专利分类的跨语言专利文献匹配解决方案，该方法应用潜在语义索引，从每个专利文献中抽取概念，再使用国际专利分类编码构建以不同语言表达的专利文献的跨语言中介。④ Wei 等设计了基于潜在语义索引的多语言文献聚类技术，能够从多语言文献中生成知识地图。⑤

(6) 广义向量空间模型

该模型的基本思想是根据双语训练文档集建立两个源语言与目标语言的检索词—文档关联矩阵，在计算查询条件和文档的相似度时，考虑将经典的

---

① 刘伟成，孙吉红．跨语言信息检索进展研究［J］．中国图书馆学报，2008，34（1）：88-92.

② 吴丹，李瑞芬．跨语言信息检索技术应用与进展研究［J］．情报科学，2006，24（9）：1435-1440.

③ 王妙娅，赖茂生．跨语言信息检索中的询问翻译方法及其研究进展［J］．现代图书情报技术，2005，21（4）：9，37-41.

④ Chen Y L，Chiu Y T. Cross-language patent matching via an international patent classification-based concept bridge［J］. Journal of Information Science，2013，39（6）：737-753.

⑤ Wei C P，Yang C C，M L C. A latent semantic indexing-based approach to multilingual document clustering［J］. Decision Support Systems，2008，45（3）：606-620.

向量空间模型与关联矩阵相结合，在源语言与目标语言之间实现映射关系。① 唐国瑜等通过采用跨语言词相似度计算，将单语言广义向量空间模型拓展到跨语言广义向量空间模型，并且比较了不同相似度在文档聚类下的性能，同时提出适用于广义向量空间模型的特征选择算法。②

(7) 基于中间语义方法

基于中间语义的方法是一种非翻译方法，通过建立中英文平行语料库，将两种语言投影到一个更小的语义空间中，并通过建立对应的语义对的方式实现源语言与目标语言之间的转换，③ 并进一步对此方法进行 TREC 跨语言语料库的实验。邹小芳等建立了基于中间语义的包括中、英、法三种语言的多语言信息检索模型，并通过实验证明其具有较好的性能。④

(8) 用户交互式参与方法

用户跨语言信息检索是用户被集成到整个跨语言信息检索的过程中，用户提出并修改查询，决定检索到的信息是否相关。⑤ 吴丹构建了英汉交互式跨语言信息检索系统，实现了系统的相关反馈功能，通过实验证明，此方法提高了检索效率。⑥ 吴丹在设计用户全程参与跨语言信息检索实验中，分别使用基准跨语言信息检索、翻译优化、翻译优化与查询扩展结合三种检索主题方法进行跨语言信息检索，研究结果表明用户更倾向于翻译优化与查询扩

---

① 刘伟成，孙吉红．跨语言信息检索模型应用研究［J］．情报杂志，2007，26（10）：55-57.

② 唐国瑜，夏云庆，张民，等．基于跨语言广义向量空间模型的跨语言文档聚类方法［J］．中文信息学报，2012（2）：116-120.

③ 黄国斌，王明文，叶浩．一种新的基于中间语义的跨语言信息检索模型［J］．中文信息学报，2009（2）：77-82.

④ 邹小芳，王明文，左家莉，等．新的基于中间语义的多语言信息检索模型［J］．小型微型计算机系统，2010，31（4）：696-701.

⑤ 吴丹．交互式跨语言信息检索中用户行为研究［J］．中国图书馆学报，2012（3）：78-90.

⑥ 吴丹．英汉交互式跨语言检索系统设计与实现［J］．现代图书情报技术，2009（2）：89-95.

展结合的检索方法。①

(9) 可视化方法与技术

可视化信息检索是指将信息资源、用户提问、信息检索模型、检索过程以及检索结果中各种不可见的内部语义关系转换成图形，并显示在一个二维、三维或多维的可视化空间中，帮助用户理解检索结果、把握检索方向，以提高信息检索的效率与性能。它是可视化技术在信息检索领域的应用。②张会平等提出了跨语言信息检索可视化模型，介绍了澳门法例资料查询系统，证明在跨语言信息检索中应用可视化技术能够提高检索效率及准确性。③洪菀吟设计了多语言检索可视化界面，提出多语言信息检索的可视化模型及设计方案，证明信息可视化能够帮助用户更好地进行信息检索。④

除了上述方法之外，多语言信息检索还包括提问式构造法、提问词再赋权方法、基于关键词的翻译技术、伪相关反馈等多种辅助技术与方法。⑤

1.2.5 关于信息检索模型的研究

信息检索模型是信息检索的主要内容之一，指运用数学或其他语言和工具，对信息检索的主要要素——查询和文档，及其之间的匹配程度——相似度进行抽象描述，用于信息检索过程。⑥ 刘伟成根据对相关文档判定方法的

---

① 吴丹．交互式跨语言信息检索中用户行为研究［J］．中国图书馆学报，2012（3）：78-90.

② 陈艳．信息检索可视化技术［J］．情报理论与实践，2006，29（5）：566，618-621.

③ 张会平，周宁，陈立孚．跨语言信息检索可视化研究［J］．情报科学，2007，25（1）：134-138.

④ 洪菀吟．多语言信息检索系统可视化初探［J］．图书情报工作，2011，55（2）：25-28.

⑤ 张俊林，曲为民，杜林，等．跨语言信息检索研究进展［J］．计算机科学，2004，31（7）：16-19.

⑥ 孙坦，周静怡．近几年来国外信息检索模型研究进展［J］．图书馆建设，2008（3）：82-85.

不同，将信息检索模型分为布尔模型、向量空间模型、概率模型、语言模型四大类型。① 刘伟成和孙吉红探讨了布尔模型、向量空间模型、概率模型、语言模型以及本体五种经典模型在 CLIR 中的应用，并从提出时间、理论基础、系统实现难度、部分匹配支持、学术研究状态、学术代表系统、商业运用情况、在跨语言检索中的应用情况、在查询翻译消歧中的应用、语义扩展 10 个方面对五种模型进行对比研究。② 苏绥等将语言模型扩展应用到跨语言信息检索中，并介绍统计翻译模型和跨语言相关模型两种跨语言信息检索模型。③ 郑德权等提出结合本体论和统计方法的混合语言模型，用于 CLIR，使用信息检索测试集评测会议（NII-NACSIS Test Collection for Information Retrieval，NTCIR）专题研讨会 3 中的中英 CLIR 数据集对该语言模型进行评价。④ 黄国斌等提出一种新的基于中间语义的 CLIR 模型。⑤ Tsai 等使用基于学习的排名算法构建多语言合并模型，并使用 NICIR 第 3、4、5 次专题研讨会的测试集评估此方法的性能。⑥

1.2.6 关于系统评测的研究

检索系统评测会议对于多语言信息组织与检索领域的发展起到很大的推动作用，研究者们提出的有影响力的系统评测会议主要包括文本检索会议（Text Retrieval Conference Series，TREC）、跨语言评价论坛（Cross Language

---

① 刘伟成．基于查询翻译的跨语言信息检索研究［D］．武汉：武汉大学，2006：34.

② 刘伟成，孙吉红．跨语言信息检索模型应用研究［J］．情报杂志，2007，26（10）：55-57.

③ 苏绥，林原，林鸿飞．语言模型在信息检索中的应用［J］．情报学报，2011，30（7）：704-713.

④ 郑德权，李生，赵铁军，等．结合本体论和统计方法的跨语言信息检索模型［J］．哈尔滨工业大学学报，2008，40（1）：77-80.

⑤ 黄国斌，王明文，叶浩．一种新的基于中间语义的跨语言信息检索模型［J］．中文信息学报，2009（2）：77-82.

⑥ Tsai M F，Chen H H，Wang Y T. Learning a merge model for multilingual information retrieval［J］. Information Processing & Management，2011，47（5）：635-646.

Evaluation Forum，CLEF）和信息检索测试集评测会议（NII-NACSIS Test Collection for Information Retrieval，NTCIR）三大会议。

文本检索会议（Text Retrieval Conference Series，TREC），是国际信息检索领域最具权威的年度测评活动，旨在促进大规模文本检索领域的研究，加速研究成果向商业应用的转化，促进学术研究机构、商业团体和政府部门之间的交流与合作。①

跨语言评价论坛（Cross Language Evaluation Forum，CLEF），2000年9月开始举办，该论坛侧重于欧洲范围内跨语言检索问题的评价，其目标是加强用户友好、多语言、多模式检索系统的设计研究。②

信息检索测试集评测会议（NII-NACSIS Test Collection for Information Retrieval，NTCIR）是由日本国立信息研究所（National Institute of Informatics，NII）主办的信息检索测试集测评活动。③

以上测评会议提供的测试文档集大多是基于新闻语料，吴丹构建了一套图书情报领域的多语言学术信息检索测评体系，填补了专门针对某个领域建立标准测试集这一空白。④

1.2.7 关于多语言信息组织及工具的研究

（1）多语言领域本体研究

多语言领域本体是一种解决互联网信息资源语义化和多语言化需求问题的重要资源，在跨语言信息检索、机器翻译等多语言科技信息服务中具有重要作用。章成志介绍当前国内外关于多语言本体学习方法、工具以及应用项目等的相关动态，围绕多语言领域本体学习中的两个关键问题（双语术语抽取与概念层次体系构建）进行了深入研究。研究内容主要包括基于领域平行

---

① TREC [EB/OL]. [2014-12-09]. http://trec.nist.gov/.

② CLEF [EB/OL]. [2014-12-09]. http://clef.isti.cnr.it/.

③ NTCIR [EB/OL]. [2014-12-09]. http://ntcir.nii.ac.jp/.

④ 吴丹. 多语言网络学术信息挖掘与检索 [M]. 北京：科学出版社，2014：114-126.

语料抽取的双语核心术语抽取研究、基于多层特征的一体化策略术语抽取研究、基于术语度约束的双语术语对齐研究、基于术语聚类的概念层次体系生成研究以及基于多语文本聚类的主题层次体系生成研究。① 多语言本体也可用于数字图书馆，为用户获取具有丰富语义的、准确的跨语言信息资源提供有效帮助。章成志还通过医学和电子商务两个领域中的 4 个应用项目（BioCater、MUCHMORE、MULECO、M. O. R. E.），说明跨语言信息检索与多语言文本挖掘中多语言领域本体的应用情况，归纳数字图书馆环境下多语言领域本体学习的特点，提出面向数字图书馆应用的多语言领域本体学习基本框架以及多语言领域本体学习关键技术。②

（2） 多语种叙词表研究

多语种叙词表是网络数据库信息组织与检索的主要工具。多语种叙词表主要用于不同语言的用户对文献的标引和检索。拥有语种较多的叙词表有《多语言地质叙词表》《职业培训多语言叙词表》《欧洲财政浏览器叙词表》《亚洲蔬菜叙词表》《综合多语言环境叙词表》《医学主题词表》 AGROVOC 等。③ AGROVOC 是一种覆盖联合国粮农组织（FAO）所有领域的受控词表，涉及农业、林业、渔业、食物等相关领域，包括 21 种语言和 3200 个概念，目前关于农业领域的多语言知识组织系统有 16 个。④ Yang 等认为不同语言知识管理的主要挑战是跨语言语义互操作，提出使用约束关联网络方法构建跨语言叙词表。⑤ Li 和 Yang 用基于文本的方法，匹配网页上的英汉香港警

---

① 章成志．多语言领域本体学习研究［M］．南京：南京大学出版社，2012.

② 章成志，王惠临．面向数字图书馆应用的多语言领域本体学习研究［J］．图书情报工作，2011，55（2）：11-15，94.

③ 赵捷，司莉，周李梅，等．国外叙词表的应用与发展趋势探讨［J］．图书馆建设，2012（3）：58-62.

④ AGROVOC［EB/OL］．［2014-12-23］．http：//aims. fao. org/agrovoc.

⑤ Yang C C，Li K W. Building parallel corpora by automatic title alignment using length-based and text-based approaches［J］．Information Processing & Management，2004，40（6）：939-955.

方新闻发布文件，进而自动生成有效的跨语言叙词表。[①] Ma 等基于简单知识组织系统，收集 7 种语言的地质年代表术语并编码到叙词表中，开发地质年代多语言主题词表，用于在线地质图互操作。[②] 常春探讨了多语种叙词表汉语的翻译和维护工作，总结了多语种叙词表汉语翻译中应遵循的原则，并从目标语言翻译人员的角度，给出了两个维护工作的具体实例。[③] 徐红姣等从汉化方法、汉语词汇的选取原则、叙词表辅助汉化平台的构建及汉化结果评价 4 个方面对英语 EI 叙词表和日语 JST 叙词表的汉化工作进行介绍。[④] Deng 和 Liu 探讨了使用多语言叙词表本体自动组织网络教育资源。[⑤]

（3）多语言知识组织系统互操作研究

知识组织系统是对人类知识结构进行表达和有组织地阐述的各种语义工具的统称，互操作性是指两个或多个系统相互使用已被交换的信息的能力。司莉探讨了知识组织系统互操作研究计划，发现在 18 个不同结构间的互操作研究计划中，涉及两种知识组织系统的有 13 项，在 37 项研究计划中，涉及两种语言以上的互操作研究有 17 项。提出在我国知识组织系统与国外其他语言的知识组织系统的兼容方面，可将某一领域的较有影响的知识组织系统汉化，出版中文版，如尽早翻译出版 DDC 21 版。还可借鉴 CAT/AGROVOC

① Yang C C，Li K W. Building parallel corpora by automatic title alignment using length-based and text-based approaches［J］. Information Processing & Management，2004，40（6）：939-955.

② Ma X G，Carranza E J M，Wu C L，et al. A SKOS-based multilingual thesaurus of geological time scale for interoperability of online geological maps［J］. Computers & Geosciences，2011，37（10）：1602-1615.

③ 常春．多语种叙词表汉语翻译和维护方法［J］. 2008（12）：68-70.

④ 徐红姣，高影繁，张均胜，等．多语叙词表构建方法研究与实践［J］. 图书情报工作，2014，58（19）：7-12，24.

⑤ Deng Z H，Liu S. Discussion about automatically organizing network education resources with multilingual thesauri-ontology［C］//2009 IEEE International Symposium on IT in Medicine & Education. Jinan：2009：326-331.

的映射方式，实现某一具体领域中外叙词表的互操作。① 胡滨和吴雯娜对国内外知识组织系统互操作模式及方法进行研究，发现43项互操作研究计划中，涉及两种语言以上的互操作研究项目有19项。②

1.2.8 关于跨语言搜索引擎及信息检索系统的研究

(1) 跨语言搜索引擎

跨语言搜索引擎主要有Google、Yahoo、TITAN、APORT、ERIC等。何晓聪对Google的跨语言搜索引擎进行实验，发现Google的跨语言搜索引擎并未在真正意义上实现多语言信息检索。③ 吴丹和李瑞芬对包括Google、Yahoo、TITAN、APORT、ERIC在内的跨语言搜索引擎进行了介绍。④

此外，学术搜索是一种行业化的搜索引擎，庞观松等设计与实现了跨语言智能学术搜索系统，并进行实验测试，发现该系统能为用户提供良好的学术搜索服务。⑤ 庞观松等还在跨语言学术搜索的基础上研究个性化检索技术，为用户提供个性化信息服务。⑥

(2) 跨语言信息检索系统

多语言信息检索领域的进展促进了多语言信息检索系统的研发与利用。跨语言信息检索系统包括示范系统以及商业系统，示范系统有Mulinex、

---

① 司莉．知识组织系统的互操作及其实现［J］．数据分析与知识发现，2007（3）：29-34.

② 胡滨，吴雯娜．国内外知识组织系统互操作模式及方法研究［J］．情报科学，2012，30（9）：1291-1297.

③ 何晓聪．跨语言信息检索初探［J］．情报科学，2005，23（2）：274-277.

④ 吴丹，李瑞芬．跨语言信息检索技术应用与进展研究［J］．情报科学，2006，24（9）：1435-1440.

⑤ 庞观松，张黎莎，蒋盛益．跨语言智能学术搜索系统设计与实现［J］．山东大学学报（工学版），2011，41（5）：63-68.

⑥ 庞观松，张黎莎，蒋盛益．个性化跨语言学术搜索技术研究［J］．情报学报，2011，30（8）：870-874.

Aport、Arctos、Eric、Mudial 等，商业系统有 Cindor、Rotondo、TextFinder 等。①

Mulinex 系统由德国人工智能研究中心与内容提供商 Bertelsmann、意大利软件与系统集成公司 DATAMAT、欧洲多媒体与网络信息交互研发公司 Grolier Interactive Europe、翻译工具开发商 TRADOS 合作研发。何晓聪对 Mulinex 系统进行介绍，此系统有 6 个含有 10 万~20 万词条的双语词典数据库，可实现英、法、德三种语言间的两两互译，此系统还提供“查询帮助”模块，将经过翻译的查询检索词再翻译成源语言。检索结果包含语种、题名、记录、长度、分类和提要。其中提要以文件信息语言显示，为便于用户理解，Mulinex 系统提供机器翻译服务。②

吴丹和李瑞芬对 Keizai 和 Twentyone 系统进行介绍。③ 吴丹还分析了 Cindor 与欧洲八国的跨语言信息检索系统两个国外的基于本体的跨语言信息检索系统。④ 此外，吴丹构建了图书情报领域的跨语言信息检索系统，命名为 Multilingual Information in LIS: Knowledge, Translation, Evaluation and Access，简称 Milk-Tea，对系统进行自动检索实验和用户检索实验，并对实验结果进行分析评论，验证了 Milk-Tea 在检索性能方面的有效性，同时也比较了系统所用三种翻译资源的效果。⑤

1.2.9 关于多语言信息组织与检索应用的研究

(1) 应用于数字图书馆的跨语言信息查询

数字图书馆具有网络用户广泛性、信息语种的信息资料全面性及资料的

① 吴丹，李瑞芬. 跨语言信息检索技术应用与进展研究 [J]. 情报科学，2006，24 (9)：1435-1440.

② 何晓聪. 跨语言信息检索初探 [J]. 情报科学，2005，23 (2)：274-277.

③ 吴丹，李瑞芬. 跨语言信息检索技术应用与进展研究 [J]. 情报科学，2006，24 (9)：1435-1440.

④ 吴丹. 本体驱动的跨语言信息检索研究 [J]. 现代图书情报技术，2006 (5)：22-26，85.

⑤ 吴丹. 多语言网络学术信息挖掘与检索 [M]. 北京：科学出版社，2014：130-178.

多语种化以及数字图书馆服务的便捷性等特点。① 王昊建立了基于 CLIR 技术的数字图书馆系统模型，采用的语言转换策略为提问式翻译，该系统模型包括用户查询服务模块、资源调度模块、CLIR 模块、信息资料数据库模块、信息数据加工模块以及元数据库模块 6 个模块。② 杜慧平从系统总体规划、多语言信息存取功能、资源保障以及关键技术方面对欧洲数字图书馆项目 Europeana 的多语言存取进行研究，从而进一步了解其存在的问题及可能的解决办法。③

（2）应用于专业数据库的跨语言资源检索

机器人信息系统数据库是中国高等教育文献保障系统（CALIS）二期重点资助的特色数据库建设项目之一。该系统中储存有关机器人的中文和英文信息，郭宇锋和黄敏将跨语言信息检索技术应用在数据库系统中，方便用户通过一个提问获取较全的信息。他们还采用词典和语料库混合的方法实现跨语言信息检索，并建立系统结构图。④

（3）应用于电子商务的跨语言商品搜索

张李义等构建了跨语言图书商品信息检索系统，系统分为翻译、搜索和结果三个处理模块，从当当网、卓越亚马逊和新华书店三家图书销售网站搜集文档，采用机器可读词典和词语对贡献率统计相结合的方法对查询式翻译进行消歧优化，将此系统应用于图书商品搜索，通过实验测评，结果表明翻

① 王昊．基于跨语言信息检索的数字图书馆系统模型［J］．情报科学，2005，23（10）：135-140.

② 王昊．基于跨语言信息检索的数字图书馆系统模型［J］．情报科学，2005，23（10）：135-140.

③ 杜慧平．数字图书馆的多语言信息存取——Europeana 项目进展与启示［J］．图书馆杂志，2012（4）：20-23，32.

④ 郭宇锋，黄敏．跨语言信息检索理论与应用研究［J］．图书与情报，2006（2）：79-81，84.

译质量和检索效果得到提高。① Huang 和 Tsai 在其设计和开发的比价代理商中使用多语本体克服全球电子商务语言障碍，能够发现和比较网上零售商用不同的语言销售的商品，帮助用户购买网上廉价的及不在本地销售的商品。②

此外，多语言信息组织与检索也被应用在专利查新③、犯罪分析④、移动信息服务⑤等方面。

我们根据研究成果的主题分布，将近 10 年来多语言信息组织与检索研究分为多语言信息需求、语言转换策略（包括提问式翻译、文献翻译、提问式-文献翻译、中间语种翻译、非翻译）、语言转换方法（基于机器翻译系统、字典/词典、语料库、本体等方法）、多语言信息检索辅助技术方法（包括查询扩展技术、共现技术、检索反馈技术、同源匹配技术、潜在语义技术、广义向量空间模型、基于中间语义方法、用户交互式参与方法、可视化方法与技术等）、信息组织与检索模型、系统评测会议、多语言信息组织及工具、跨语言搜索引擎及信息检索系统以及多语言信息组织与检索的应用 9 个方面。研究还发现：①从 2004 年此领域开始注重多语言信息检索技术与方法方面的概述到近几年转向技术方法的具体应用；②从对检索词与文档的简单匹配转变为更加注重语义层面的检索，如在翻译资源的选择方面，开始注重将本体应用到多语言信息检索中；③在多语言信息检索过程中，让用户与系统进行交互式信息检索，便于检索结果的消歧；④在返回检索结果时，

---

① 张李义，张震云．一种新的跨语言商品信息检索方法在图书搜索中的应用［J］．现代图书情报技术，2010（1）：9-14.

② Huang S L，Tsai Y H. Designing a cross-language comparison-shopping agent［J］. Decision Support Systems，2011，50（2）：428-438.

③ Zhou D，Liu J X，Zhang S R. Query generation techniques for patent prior-art search in multiple languages［C］//Zhou G，Li J，Zhao D，et al. Natural Language Processing and Chinese Computing. Chongqing：State Key Lab Digital Publishing，2013：310-321.

④ Yang C C，Li K W. An associate constraint network approach to extract multi-lingual information for crime analysis［J］. Decision Support Systems，2007，43（4）：1348-1361.

⑤ Qi H，Feng Q，Liang B，et al. Ontology-based mobile information service platform［C］//Zhang Y，Yu G，Bertino E，et al. Progress in WWW Research and Development. Shenyang，2008：239-250.

以可视化的形式将检索结果呈现出来，便于用户理解。

我们认为多语言信息组织与检索研究应当重视加强以下几个方向：

第一，加强用户需求及用户行为研究。目前关于用户多语言信息组织与检索的需求和用户行为方面的研究成果较少，仅发现吴丹发表的 2 篇文章，是对用户对数字图书馆的多语言需求以及用户与新兴网络学术资源的交互行为所作的研究。用户需求是多语言信息组织与检索系统设计、开发以及后期不断完善的基础。以用户为中心是近几年软件设计中兴起的一个重要原则，强调从用户的理解、用户的兴趣、用户的习惯、用户的期望、用户的评价方面开始设计和运作。[①] 可结合问卷调查、用户信息行为测试、有声思维法、深入访谈、人机交互以及用户日志分析法等，将调查的领域扩展到数字图书馆、搜索引擎、信息检索系统、专业数据库、电子商务、专利查新、移动信息服务等方面，深入了解用户对于多语言信息资源、信息系统与平台的具体需求，为研发多语言信息检索系统与平台提供坚实的前期数据支持。

第二，加快研发以应用为导向的多语言信息检索平台。经我们调查，很少有可公开访问的多语言检索平台，而且不少在文献中介绍过的多语言检索系统实际无法使用，如 Eric、Mudial、Cindor、Rotondo、TextFinder、Keizai、Twentyone 等，这些系统大多为实验系统，尚未公开，无法对其作深入研究。用户的跨语言信息需求日益突出，急需我们推出检索性能高、实用性强、容纳丰富资源的多语言信息检索系统。同时，还应对已在网上运行的多语言信息检索系统性能不断优化。如 2010 年 6 月 11 日发布的“世界科学跨语言检索平台 WorldWideScience”，可以检索超过 70 多个国家的大约 100 个数据库与门户网站的信息。虽然目前能够实现多语言信息检索，但其部分系统功能（检索途径、检索结果排序及查准率、结果翻译、界面友好）亟待改进，可通过用户行为测试了解用户需求，并结合系统可用性测试，不断完善系统功能。

---

① 周宁，程红莉，吴佳鑫．信息可视化的发展趋势研究［J］．图书情报工作，2008，52（8）：35-38.

第三，注重基于语义的信息组织与检索研究。基于语义的多语言信息组织与检索是实现内容检索的关键，要以基于内容的信息组织与检索理论为前提，通过开发、完善平台的语义扩展检索和概念联想检索功能，揭示知识元之间的联系和脉络，实现多语种、多类型信息检索过程的交互化以及检索结果的高度整合，从而进一步优化跨语言信息检索系统的性能，推动多语言信息检索迈入基于语义的知识检索阶段。目前的大数据环境下，实现基于语义的信息组织与检索已成为信息管理领域急需解决的重大课题。

第四，合并相关性检索结果，提高检索性能。目前搜索引擎（如Google）的多语言信息检索结果通常将与查询语种相同的语种文献信息排列在前面，这样一来很难在前一些页面找到其他语种信息的相关信息。可以借鉴目前搜索引擎的相关做法并加以改造，我们建议：①开发能够适应多种语言检索结果输出的相关性排序算法；②为用户推荐相关关键词，包括不同语种的同义词、近义词和相关词等，以供用户参考与选择；③在不侵犯隐私的前提下合理搜集和记录用户偏好，研究用户行为特征，以使检索结果更加符合用户需求。

第五，重视将可视化技术用于多语言信息组织与检索系统。可视化将信息转化为一种视觉形式，充分利用人们对可视模式快速识别的自然能力去观测、浏览、判别和理解信息。① 可视化加强了概念之间的语义关系，具有形象直观的作用，能够提高检索效率。大部分使用多语言信息检索系统的用户并没有具备较好的多语言基础，但可视化系统可以有效地帮助用户理解和使用。将可视化的相关技术应用到跨语言信息检索中能够提高检索的效率及准确性。② 实现跨语言检索系统的可视化，涉及查询可视化（对查询扩展与翻译的可视化展示）、查询结果可视化与查询反馈可视化等。也需要调研用户对可视化界面的需求及期望，并进行实验，在用户的满意度评价基础上不断完善系统功能。

---

① 周宁，吴佳鑫．信息组织［M］．武汉：武汉大学出版社，2010：402.

② 张会平，周宁，陈立孚．跨语言信息检索可视化研究［J］．情报科学，2007，25（1）：134-138.

2 多语言信息组织与检索需求的调查分析

语言在信息交流中起着重要作用，多语言信息技术使信息传播超越了语言的界限，不再局限于能够理解的语言。在经济全球化和社会多元化的环境下，随着互联网的普及，网络用户分布国际化和网络信息的多语种化趋势越来越明显。当前互联网上存在着大量的多语言信息，以及具有不同语言和文化背景的用户群体。据互联网数据统计机构 Internet World Stats 的统计数据显示，截至 2019 年 3 月底，来自亚洲、欧洲、拉丁美洲、北美洲、非洲的网络用户分别占全球网络用户的 50. 1%、16. 4%、10. 1%、7. 5%和 11. 2%。同时，网络信息的语种分布情况也发生了一定改变，2000 年前后，有多达 70%～80%的网页信息以英语表达，但 Internet World Stats 2019 年 4 月的统计数据显示，英语、中文、西班牙语是三种最主要的网络信息语种，分别占 25. 2%、19. 3%、7. 9%，其他语种则占 47. 6%，① 可见网络信息的语种分布日趋多元化。网络信息广泛的语种分布客观上给不同语言背景的用户利用网络信息造成一定困难，在此背景下，实现多语言信息的组织与检索十分必要。

当前国内外关于用户多语言信息需求的调查研究较少，Dan 等以 19 个国家的 358 名高校图书馆用户为调查对象，调查了用户在使用数字图书馆过程中的多语言信息需求，并探讨了不同语言背景用户多语言信息需求的差异及潜在用户特征。② 吴丹等还以武汉大学师生及图书馆员为调查对象，调查

① Internet World Stats. Top Ten Internet Languages [EB/OL]. [2019-07-02]. https：//www. internetworldstats. com/stats7. html.

② Dan Wu，Daqing He，Bo Luo. Multilingual needs and expectations in digital libraries [J]. The Electronic Library，2012（2）：182-197.

了武汉大学数字图书馆用户的多语言信息需求。① 此外，杜慧萍、李旭光调查了英国谢菲尔德大学中国留学生的信息检索偏好、存在问题和对多语言信息存取功能的需求。② 这些研究均对我们的研究提供了一定的参考，但其所作调查仅针对特定用户的多语言信息需求，或是将调查范围限定在使用数字图书馆的过程中。为了探讨不同领域、不同语种、不同层次的用户对多语言信息组织与检索需求的特征及差异，我们在现有多语言信息需求调研文献的基础上，采用问卷调查方法，对用户多语言信息组织与检索的真实需求与期望进行深入调查，以期为多语言信息检索系统与服务平台的设计与优化提供参考。

2.1 研究方法

2.1.1 问卷设计

为了解不同背景的用户对于多语言信息组织与检索的需求情况，我们分别设计了中英文两种语言的调查问卷，以方便母语为英语或熟悉英语的调查对象作答。问卷共分为六个部分，分别为背景信息、多语言信息需求动机、用户偏好及多语言信息来源、翻译工具使用情况、多语言信息检索障碍以及多语言信息检索与服务平台功能期待。题目类型包括单选题、多选题、开放性问答题和五点李克特量表题。涉及满意度及使用频率的题目均采用李克特量表的方法进行调查，其中“1 分”表示“很不满意”或“没有用过”，“2 分”表示“不太满意”或“很少使用”，“3 分”表示“一般”，“4 分”表示“基本满意”或“经常使用”，“5 分”表示“非常满意”或“经常使用”。

---

① 吴丹，古南辉，何大庆．数字图书馆用户的多语言信息需求调研［J］．图书情报工作，2011（2）：6-10.

② 杜慧平，李旭光．多语言信息存取的潜在用户调研——以英国谢菲尔德大学留学生为例［J］．知识管理论坛，2013（6）：15-20.

2.1.2 数据收集

我们于 2014 年 10 月完成了问卷设计，并在武汉大学信息管理学院选定用户进行了预调研。通过对回收结果的分析，结合调查对象反馈的问题，我们对调查问卷进行了进一步的修正，最终形成问卷定稿。2014 年 11 月至 12 月，以武汉大学师生为主的武汉地区高校师生及高校图书馆馆员为调查对象，发放纸质版问卷进行调查，共回收有效问卷 416 份。

2.1.3 数据处理

(1) 数据录入

选取 SPSS 19.0 作为统计分析工具，根据问卷题目的不同类型设置变量名称及类型，选择题的变量类型为数值型，开放性问题的变量类型为字符串格式。并根据题目选项设置值的标签，如在性别的选项中“1”代表“男性”，“2”代表“女性”。此外，在处理多项选择题时，要将每一个选项单独定义为变量，并以“0”代表“是”，“1”代表“否”，来区分此选项是否被选，以方便统计分析（见图 2-1）。

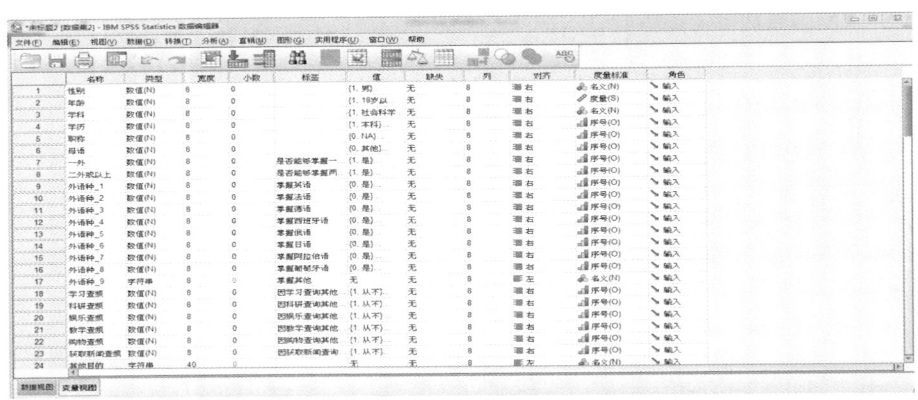

	名称	类型	宽度	小数	标签	值	缺失	列	对齐	度量标准	角色
1	性别	数值(N)	8	0		{1, 男}	无	8	右	名义(N)	输入
2	年龄	数值(N)	8	0		{1, 18岁以...	无	8	右	度量(S)	输入
3	学科	数值(N)	8	0		{1, 社会科学...	无	8	右	名义(N)	输入
4	学历	数值(N)	8	0		{1, 本科}...	无	8	右	序号(O)	输入
5	职称	数值(N)	8	0		{0, NA}...	无	8	右	序号(O)	输入
6	母语	数值(N)	8	0		{0, 其他}...	无	8	右	序号(O)	输入
7	一外	数值(N)	8	0	是否能够掌握一...	{1, 是}...	无	8	右	序号(O)	输入
8	二外或以上	数值(N)	8	0	是否能够掌握两...	{1, 是}...	无	8	右	序号(O)	输入
9	外语种_1	数值(N)	8	0	掌握英语	{0, 是}...	无	8	右	序号(O)	输入
10	外语种_2	数值(N)	8	0	掌握法语	{0, 是}...	无	8	右	序号(O)	输入
11	外语种_3	数值(N)	8	0	掌握德语	{0, 是}...	无	8	右	序号(O)	输入
12	外语种_4	数值(N)	8	0	掌握西班牙语	{0, 是}...	无	8	右	序号(O)	输入
13	外语种_5	数值(N)	8	0	掌握俄语	{0, 是}...	无	8	右	序号(O)	输入
14	外语种_6	数值(N)	8	0	掌握日语	{0, 是}...	无	8	右	序号(O)	输入
15	外语种_7	数值(N)	8	0	掌握阿拉伯语	{0, 是}...	无	8	右	序号(O)	输入
16	外语种_8	数值(N)	8	0	掌握葡萄牙语	{0, 是}...	无	8	右	序号(O)	输入
17	外语种_9	字符串	8	0	掌握其他	无	无	8	左	名义(N)	输入
18	学习查频	数值(N)	8	0	因学习查询其他...	{1, 从不}...	无	8	右	序号(O)	输入
19	科研查频	数值(N)	8	0	因科研查询其他...	{1, 从不}...	无	8	右	序号(O)	输入
20	娱乐查频	数值(N)	8	0	因娱乐查询其他...	{1, 从不}...	无	8	右	序号(O)	输入
21	教学查频	数值(N)	8	0	因教学查询其他...	{1, 从不}...	无	8	右	序号(O)	输入
22	购物查频	数值(N)	8	0	因购物查询其他...	{1, 从不}...	无	8	右	序号(O)	输入
23	获取新闻查频	数值(N)	8	0	因获取新闻查询...	{1, 从不}...	无	8	右	序号(O)	输入
24	其他目的	字符串	40	0		无	无	8	左	名义(N)	输入

图 2-1 定义变量名称及类型

（2）信度效度检验

克朗巴哈系数（Cronbach's Alpha）可用来检验问卷内部一致性信度，而KMO（Kaiser-Meyer-Olkin）指数和巴特利特（Bartlett）指标可用来检验问卷的效度，因而我们采用这三项指标对问卷整体设计及问卷中的李克特量表题目进行信度效度检验，检验结果如表2-1所示。其中，类一至类六分别代表的题目为：类一为查询多语言信息的目的，类二为查询多语言学术信息的动机，类三为在各平台上查询多语言信息的频率，类四为对多语言信息获取平台的满意度，类五为查询多语言信息的障碍，类六为对多语言信息检索与服务平台的功能期待。从表2-1中我们可以看到，问卷整体的Alpha值是0.817，说明该问卷的信度较高。类一到类六的Alpha值均在0.6以上，符合标准（若系数达到0.7~0.8，表示量表具有相当的信度，达到0.8~0.9，则表明量表信度非常好）。效度方面，六个大类的KMO值都接近0.7及超过0.7（值在0.7以上可作因子分析），巴特利特球形检验显著值为0.000（显著值为球形检验P值，$P<0.05$时，问卷才有结构效度），说明了问卷的有效性。

表2-1 **问卷的信度效度分析**

类别	信度	效度			
	克朗巴哈系数 Alpha	KMO值	巴特利特球形检验		
			最大卡方值	自由度	显著值
整体	0.817	—	—	—	—
类一	0.610	0.671	308.169	15	0.000
类二	0.636	0.697	457.263	15	0.000
类三	0.643	0.681	537.418	21	0.000
类四	0.652	0.667	522.761	21	0.000
类五	0.682	0.704	544.535	21	0.000
类六	0.848	0.812	1810.262	66	0.000

(3) 数据分析

使用描述性统计对数据进行分析，在菜单栏中点击“分析—描述性统计—频率”，计算各选项选择的百分比，点击“分析—描述性统计—描述”，可以得到各选项选择频次的最大值、最小值及均值。对于多项选择题，首先需要通过“分析—多重响应—定义变量集”，将各选项定义为一个统一的多重响应集（见图 2-2)，再对该变量集进行描述性统计分析。

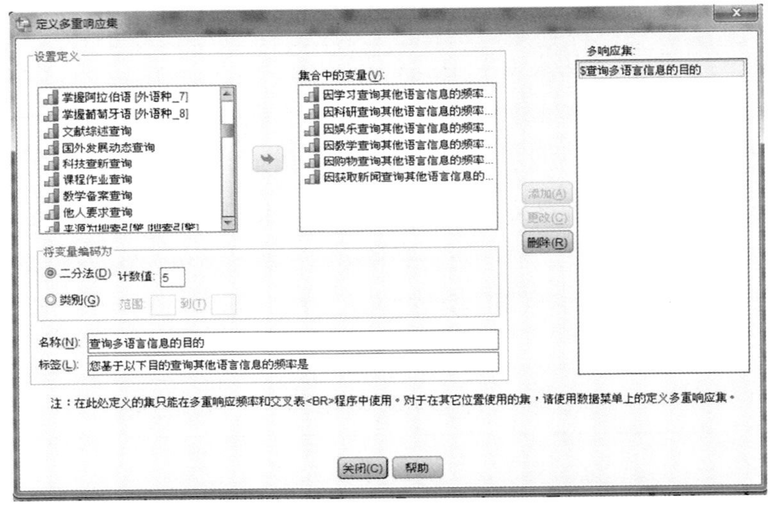

图 2-2　定义多重响应集

2.2　调查结果分析

2.2.1　用户背景分析

在 416 名调查对象中，女性的比例较高（63.5%），以 18~24 岁年龄组（76.4%）和 25~34 岁年龄组（19.5%）居多，并有 6 名参与者在 18 岁以下，8 名参与者在 34~44 岁，45 岁及以上有 3 人。参与者来自于多个学院与学科专业，涉及信息管理学院、外语学院、文学院、化学院、城市设计学院、食品科技与技术学院、资源与环境学院，包括社会科学（47.4%）、人文艺术科学（28.4%）、理工科（18.3%）、农学（0.2%）以及医学（5.8%）五大类学科。其中，以硕士研究生学历者居多，占总调查人数的59.9%，本科学历者占22.6%，博士研究生学历者占17.5%，调查对象以学生为主（94.2%），并包含6名助教、9名讲师、4名副教授以及5名教授。此外，被调查者来自于不同的国家，其母语包括汉语、英语、法语、德语、西班牙语、俄语、日语、阿拉伯语、韩语等16种语言，其中绝大多数调查对象（99.3%）可以基本掌握一门外语，但仅有25%的调查对象可以基本掌握两门或两门以上的外语，其中基本掌握人数最多的前三种语言依次为中文、英语与法语。

2.2.2 多语言信息需求动机分析

为了解用户查询多语言信息的目的，我们设置了五点李克特量表调查用户基于不同目的查询多语言信息的频率，设计了开放性问题供用户填写作为补充。并按照量表计算了各题目的平均得分，平均分数在3以上的说明频率较高，平均分数越高，频率越高。其中，用户基于学习（4.14）、科研（3.73）、娱乐（3.14）目的查询多语言信息的频率较高（见图2-3），可见用户对学术类多语言信息的需求较大，这在一定程度上说明学术信息服务平台

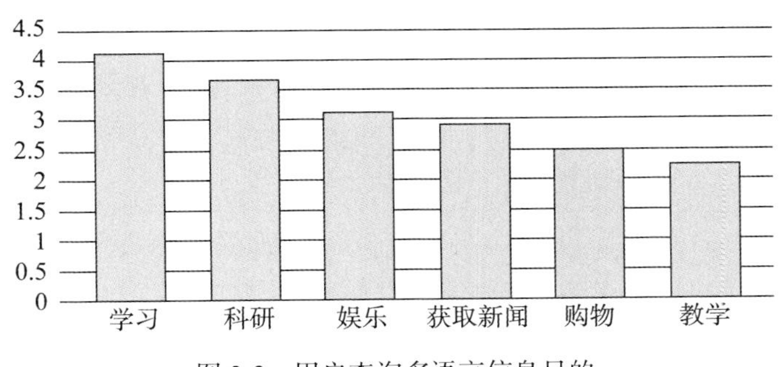

图2-3 用户查询多语言信息目的

更加需要实现多语言信息检索。此外，用户填写的开放性回答中还提到了与国外朋友交流、了解国外文化、出国旅游等目的。

此外，我们还针对多语言学术信息的查询目的做了进一步调查，结果显示，用户通常会在“撰写文献综述”“完成课程作业”“了解国外最新发展动态”时需要查询多语言学术信息，平均得分分别为 4.35、4.09 和 4.07，对于“进行科技查新”“应他人要求”“进行教学备课”三种情况也较为认同，得分均在 3 分以上（见表 2-2）。由此可见，对于高校师生和图书馆馆员来说，多语言学术信息与其工作学习密切相关，获取多语言学术信息对其非常重要，因而他们对学术信息的多语言检索服务需求较大。

表 2-2 **用户查询多语言学术信息的动机**

查询动机	平均得分
撰写文献综述	4.35
完成课程作业	4.09
了解国外最新发展动态	4.07
进行科技查新	3.83
应他人要求	3.53
进行教学备课	3.07

2.2.3 多语言信息来源及用户满意度分析

为了解用户获取学术信息的主要来源，我们列举了若干学术信息源供调查对象进行多项选择，调查发现，用户所选择的频次由高到低依次为：搜索引擎（Google、百度、搜狗等）、网上数据库（Springer 等）、资源整合平台（Web of Science、CNKI、万方、维普等）、网络百科（百度百科、维基百科等）、图书馆公共目录（本校的图书馆目录、国家图书馆目录、中国高等教育文献保障系统 CALIS 等）、社交网站（博客、微博、人人网、朋友圈等）、门户网站（人民网、新浪网、新华网、凤凰网等）。可见，用户对搜索引擎、网上数据库及资源整合平台最为熟悉，这些是获取学术信息的主要来源。同时，随着网络信息技术的发展，网络百科、社交网站日益受到用户重视，也成为用户学术信息来源的一部分。

我们进而采用李克特量表对用户在以上平台查找多语言信息的频率进行了调查，5 分表示“经常使用”，1 分表示“从来没有”，得分越高表示使用频率越高，将使用频率的平均得分由高到低排列（见表 2-3），依次为搜索引擎（4.24）、网上数据库（3.78）、资源整合平台（3.37）、网络百科（3.34）、图书馆公共目录（3.10）、社交网站（2.78）、门户网站（2.78），与用户获取学术信息主要平台的选择频次排序完全一致，可见，用户倾向于使用自己熟悉并且经常使用的平台来查找多语言信息，这也在一定程度上说明，多语言学术信息多集中于搜索引擎、网上数据库等平台，若这些平台能够实现多语言组织与检索服务，则能够满足用户跨语言检索的需要。同样，采用李克特量表调查用户对多语言信息获取的满意程度，平均得分越高，说明用户对该多语言信息获取平台所提供的结果越满意。结果显示，除社交网站之外，其他多语言获取平台的满意度得分均在 3~4 分（见表 2-4），说明用户对这些多语言信息获取平台基本满意，但未达到满意或非常满意的程度，因而这些平台的服务还有待进一步提升，需要针对用户的具体需求做出相应改进，更好地满足用户的多语言信息需求。

表 2-3　**用户查找多语言信息的频率**

获取平台	查询频率得分
搜索引擎	4.24
网上数据库	3.78
资源整合平台	3.37
网络百科	3.34
图书馆公共目录	3.10
社交网站	2.78
门户网站	2.78

表 2-4　**用户对多语言信息获取平台的满意度**

获取平台	满意度得分
网上数据库	3.85
搜索引擎	3.69
资源整合平台	3.68
图书馆公共目录	3.39
网络百科	3.28
门户网站	3.04
社交网站	2.96

2.2.4 翻译工具使用情况分析

由于用户能够掌握的语言数量有限，而网络信息语种分布又呈现出多元化的特点，因此用户需要借助翻译工具来获取并理解使用多语言信息。为了解用户对翻译工具的使用情况，我们首先采用五点李克特量表来调查用户使用翻译工具的频率，结果如图 2-4 所示。有 61.3%的调查对象总是使用或者经常使用翻译工具，从未使用过翻译工具的仅有 3 人，其频率的平均得分为 3.60，可见用户经常使用翻译工具，并且大多数用户对翻译工具的依赖程度较高。在对所使用过翻译工具的满意程度方面，用户的态度较为中立，平均得分为 3.20，有 49.8%的用户选择“一般”，31.3%的用户选择“基本满意”（见图 2-5），可见用户对于翻译工具基本满意，但距离满意和非常满意仍然存在一定差距，表明翻译工具未能很好地解决用户浏览使用多语言信息所遇到的困难。

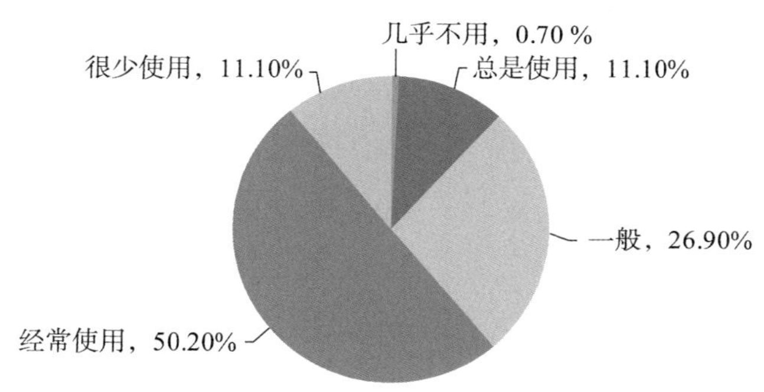

图 2-4 使用翻译工具的频率

此外，我们以多项选择题调查用户使用过的翻译工具，调查结果为：有道词典（335）、谷歌翻译（268）、百度翻译（170）、金山词霸（130）这四种翻译工具的选择频次较高，是用户最常使用的翻译工具。同时，不同母语背景的用户对词典选择的偏好存在差异，母语为中文的用户最常使用的前三种翻译工具依次为有道词典、谷歌翻译、百度翻译，母语为英语的用户最常

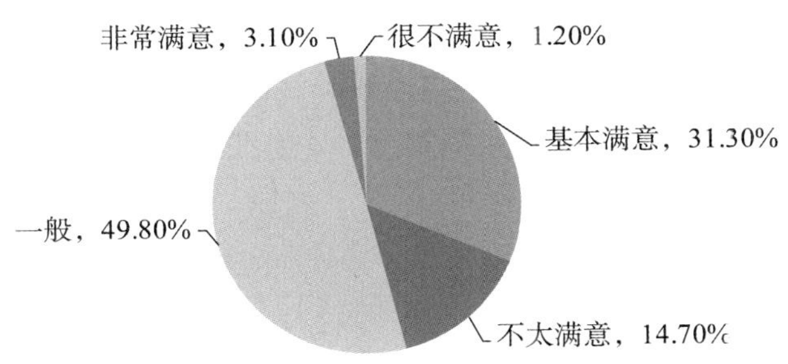

图 2-5 对翻译工具的满意程度

使用的翻译工具则是谷歌翻译、微软必应和百度翻译，母语为法语、德语等其他小语种的用户使用最多的翻译工具是谷歌翻译。另外，通过开放性问题我们了解到，还有一些小语种专用的翻译工具，如德语助手、法语助手等。说明不同语言背景的用户对翻译工具的选择偏好不同，不同的语言有其各自独特的特点，所适用的翻译工具也应依照其不同特点来设计。

2.2.5 多语言信息检索障碍分析

为了解用户在多语言信息检索过程中所遇到的障碍，我们设计了 7 道量表题供用户选择，从检索前的信息需求表达到检索后信息结果的理解和筛选两个阶段，列出了可能遇到的 7 类障碍，让用户进行认同程度的打分。其中 5 分表示“非常认同”，1 分表示“非常不认同”，分数越高代表用户对该障碍的认同程度越高。结果显示（见表 2-5），7 类检索障碍的平均得分均在 3 分及以上，说明用户对所列出的检索障碍持比较认同的态度。其中，“无法读懂检索结果”和“不会翻译查询关键词”两项得分最低，而“不知道如何表达信息需求”得分最高，说明用户在进行多语言信息检索过程中，所遇到的最主要障碍并非是简单的翻译问题，而是与语言障碍融合在一起的信息需求表达的问题。语言障碍可能会加剧用户信息需求表达的困难程度，仅仅依靠翻译工具难以解决该问题，因此需要实现用户用自己最熟悉的语言来构造检索式的多语言检索服务，以降低信息需求表达的难度。同时，“检索结果准确度不高”与“检索结果排序不合理”也是用户在多语言检索中遇到的主要困难，可见，多语言信息检索平台也要注重提高检索结果的精度与准度，并可以支持检索结果按多种方式排序，以更好地满足用户的信息需求。

表 2-5　**多语言信息检索障碍认同程度**

检索障碍	得分
不知道如何表达信息需求	3.77
检索结果准确度不高	3.75
无法有效筛选出所需信息	3.66
想不出合适的查询关键词	3.65
检索结果排序不合理	3.56
不会翻译查询关键词	3.14
无法读懂检索结果	3.00

此外，通过开放性问题我们还了解到，用户在进行多语言信息检索的过程中还遇到了“不知道检索结果的可信度与权威度”“不知道如何保存检索式”“无法翻译专业术语”等问题。

2.2.6　多语言信息检索与服务平台功能期待分析

为了解用户对多语言信息检索与服务平台功能的期待，我们设计了 12 道量表题供用户选择，5 分表示“非常赞同”，1 分表示“非常不赞同”，分数越高说明用户对该功能的期待程度越高。我们按照量表计算出了各项功能期待的平均得分，并由高至低排列，结果如表 2-6 所示。除了“自动全文翻译检索结果”一项为 3.99 分，其他功能期待得分均在 4 分以上，说明用户对这些多语言信息检索与服务功能非常期待。其中，“界面语种选择功能”“查询语种选择功能”“相关术语服务功能”三项得分最高，说明这三项功能是当前用户最为需要的功能，用户希望查询界面可以是自己熟悉的语种，并可以选择自己熟悉的语种来进行查询，而不是通过将其他语种翻译为自己熟悉的语种再进行查询。此外，用户对“相关术语服务功能”的期待程度也很高，说明用户希望多语言检索服务平台能够根据用户之前的检索记录以及上下文联系，自动推荐相关术语，提供专业性的术语推荐服务，以帮助用户进行查询检索。因此需要利用基于内容的多语言信息组织与检索方法，进行语义信息组织，对不同语种的信息进行多维度的描述与组织，建立知识元之间的联系，① 以更好地满足用户的需求。

表 2-6 **用户对多语言信息检索与服务平台功能的期待**

功能期待	得分
界面语种选择功能	4.30
查询语种选择功能	4.29
相关术语服务功能	4.28
自动翻译检索词	4.20
相关检索词推荐功能	4.18
划词翻译功能	4.12
能够同时显示原网页与翻译网页	4.11
提供多语言目录信息	4.10
以一种语言检索出多语言结果的功能	4.10
取词翻译功能（随鼠标移动）	4.02
查看或编辑翻译过的检索词	4.00
自动全文翻译检索结果	3.99

此外，通过开放性问题，我们了解到用户还期待：①可以选择检索结果

① 索传军．网络信息资源组织研究的新视角［J］．图书情报工作，2013（7）：5-12.

的不同排序方式，并保存检索历史。②提供检索帮助，最好是在线人工帮助。③希望翻译结果的精度、准度提高，减少直译。④实现检索路径的可视化。⑤提供语音检索及多媒体信息检索功能。⑥提供纠错功能及分享功能。

为了解用户对于多语言信息组织与检索的需求情况，我们从用户的多语言检索需求动机、多语言信息来源、翻译工具使用情况、多语言信息检索障碍以及对多语言信息检索与服务平台的功能期待等方面进行了调研。得出的结论是：①用户查询多语言信息的主要目的是进行学习、科研，多语言信息尤其是多语言学术信息与用户的工作学习息息相关。②用户的多语言学术信息来源较多，主要集中于搜索引擎、网上数据库和资源整合平台，用户对这些多语言学术信息来源基本满意。③用户对翻译工具的依赖程度较高，满意程度一般，用户最常使用的翻译工具是有道词典和谷歌翻译，但不同语言背景的用户对翻译工具的选择偏好存在差异。④用户在进行多语言信息检索过程中遇到的最主要障碍是无法准确表达自己的信息需求，语言障碍会加剧信息需求表达的困难程度，此外，用户在对多语言信息检索结果的理解与筛选阶段也存在一定困难。⑤用户对多语言信息检索与服务平台各项功能的期待程度很高，希望能够在自己熟悉的语言界面上，以一种语言检索出其他多语言的结果，并且希望该平台可以推荐专业性的检索词，提供术语服务和在线帮助。

3　多语言信息检索用户行为分析

当前国内外关于多语言信息检索行为的研究较少，Ruiz 和 Chin 针对用户搜索以其他语种标注的图像资源的行为进行分析，发现基于大众标注的检索系统由于缺乏对标签的规范机制，使用户查找其他语种信息面临巨大困难。[①] Ghorab 等尝试通过分析欧洲图书馆（The European Library）检索系统的日志记录，探究拥有不同语言和文化背景的用户的检索行为特征，研究表明用户的检索行为因其语言和文化背景的不同而呈现较明显的差异。[②] Hong 发现双语用户（汉语为母语，英语为第二语言）倾向于根据自身需求选择一种语言进行检索，并将搜索引擎作为跨语言检索工具，但大多希望搜索引擎提供双语检索界面，她还将用户的搜索策略划分为 5 类。[③] 吴丹通过用户实验对多语言信息获取中的用户相关反馈机制进行评价，实验结果表明查询扩展、翻译优化以及两者的结合均是有效的用户相关反馈方法。[④] 吴丹还设计

① Ruiz M, Chin P. Users' image seeking behavior in a multilingual tag environment [C] //Multilingual Information Access Evaluation II: Multimedia Experiments. Berlin: Springer-Verlag, 2010: 37-44.

② Ghorab M, et al. Identifying common user behaviour in multilingual search logs [C] // Multilingual Information Access Evaluation I: Text Retrieval Experiments. Berlin: Springer-Verlag, 2010: 518-525.

③ Hong W. A descriptive user study of bilingual information seekers searching for online information to complete four tasks [D]. Pittsburgh: University of Pittsburgh, 2011.

④ 吴丹，何大庆．多语言信息获取中用户相关反馈实验与评价 [J]．图书情报工作，2011，55（2）：21-24，116.

了一个用户全程参与的跨语言信息检索实验，得出用户的检索词主要来自于检索主题的标题、用户判断文档相关性的准确率较高等结论。[①] 这些研究从不同角度探讨了用户多语言信息检索的特征，均为本章内容的展开提供了一定的参考，但已有研究尚未对用户检索多语言信息全过程中的行为特点进行探讨。为了进一步开展这方面的研究，我们采用有声思维法和观察实验法，对用户多语言信息检索行为进行深入分析，以期为多语言信息检索系统与服务平台的设计与优化提供参考。

3.1 研究方法

3.1.1 有声思维法

有声思维法是心理学和认知科学研究中收集数据时常用的一种方法，有声思维法就是受试者在完成某项特定任务的过程中，随时随地讲出头脑中的各种信息。[②] 通过该方法收集的数据是伴随特定任务自然发生的，不需要经过加工处理，也没有条条框框的限制，受试者使用自己最熟悉的语言将思维口语化，因此获得的数据也较为客观。

在多语言信息检索用户行为研究中，有声思维法的优点表现在：一是可以获得真实可靠的口述报告，准确地了解受试者完成检索任务的思维过程，这是该方法最显著的优点；二是数据是直接产生的，不存在迟延、加工、掩饰及遗忘等影响因素，保证了数据的有效性；三是方法易掌握，只要进行简单的培训就可以起到很好的效果。

3.1.2 观察实验法

我们征集了受试者，以 WorldWideScience 多语言信息检索系统为平台，

---

① 吴丹．交互式跨语言信息检索中用户行为研究［J］．中国图书馆学报，2012（3）：78-90.

② 郭纯洁．有声思维法［M］．北京：外语教学与研究出版社，2008：1-2.

让受试者完成4个检索任务。同时用 Camtasia studio 录屏软件记录受试者的操作过程，并对录像数据进行分析。

在多语言信息检索用户行为研究中，观察实验法的优势体现在：一是资料翔实可靠，通过录屏软件获得的是“第一手”资料；二是结果的可信度高，实验法对实验环境、实验任务、实验对象等进行控制，减少外部因素对实验过程和结果的影响，提高研究的可信度。

3.1.3 其他方法

除上述方法外，我们还使用了问卷调查法和访谈法，问卷分为两个部分，实验前问卷主要用于了解受试者的背景信息，实验后问卷则用来理解用户在检索过程中的感受。为了确保用户思维过程不受干扰，我们在实验过程中不打断受试者，在实验结束后对一些受试者进行非预设性的访谈，以获取受试者对本实验及实验平台的感受和意见。

3.2 实验设计

3.2.1 实验目的

本实验主要是为了了解与分析用户在检索多语言信息时表现出来的行为特征。具体要解决以下3个问题：

①用户在检索多语言信息时的大致过程是怎样的？包括检索语言的选择、检索式的构造、检索过程的模型等。

②用户在检索多语言信息时的差异是由哪些因素造成的？如外语水平、学历、性别、学科背景等。

③用户在检索多语言信息时遇到的主要障碍有哪些？遇到障碍时是怎样解决的？

3.2.2 实验平台

我们从多语言检索实现功能、网站易用性及响应情况、收录资源等方面，综合考虑了迄今为止研发的多个学术搜索平台，包括 WorldWideScience、cnpLINKer（cnpiec LINK service，在线数据库检索系统）、Google Scholar 、Base-Search、OJOSE（Online Journal Search Engine，在线期刊搜索引擎）、Find Articles、SciSeek Science Directory、OAIster、SCIRUS 等，发现目前仅有 WorldWideScience 能够真正实现多语言信息检索功能，故最终确定使用 WorldWideScience 作为实验平台。

WorldWideScience 是美国能源部和英国图书馆于 2007 年联合推出的全球科学信息门户，旨在促进科学发现与加速科学知识的共享。该平台可对 70 多个国家的 86 个数据库和信息门户进行一站式检索，涵盖了能源、医学、农学、环境、基础科学等多个学科领域，并且多数资源可以免费获取。2010 年，通过采用 Microsoft Translator 技术实现了“一对多”和“多对一”的多语言检索功能，目前支持用阿拉伯语、汉语、德语、英语、西班牙语、法语、日语、韩语、葡萄牙语、俄语 10 种语言进行检索。①

3.2.3 实验流程

确定使用 WorldWideScience 作为实验平台之后，我们根据该平台提供的功能设计了以下 4 个检索任务：①请查找有关转基因的文献，检索结果数是多少？哪个国家的研究成果最多（多少篇）？哪一年的检索结果最多（多少篇）？这个领域的研究处于上升期、稳定期还是衰减期（以年度文献数量变化为准）？②请查找欧洲自 2010 年以来题名中包括“云计算”的论文，数量排在前 3 位的国家是哪几个？③请给出有关跨语言检索研究的主题分布，并列举 3 篇不同语种且可获取全文的学术论文。④以检索福岛核辐射相关文献为目的，给出研究的主题分布，可全文获取的文献有多少？其中，日文与俄文论文分别有多少？然后我们按照设计好的实验流程进行了两次预实验，根据预实验的情况对检索任务等做了一些调整，并对正式实验中可能出现的问题做出预判。同时在武汉大学 BBS、贴吧发布受试者招募公告，并通过同学推荐等方式最终征集到 41 位受试者，我们对这 41 名受试者进行编号，并确

① WorldWideScience. org［EB/OL］.［2015-04-10］. http：//worldwidescience. org/.

定了实验的先后顺序，于 2015 年 1 月 6 日至 30 日在武汉大学信息管理学院图书情报教学实验中心进行了一对一的正式实验。

实验过程分为 4 个阶段：

第一阶段，由受试者填写实验前问卷，阅读实验平台介绍、实验要求及检索任务。

第二阶段，我们对检索任务进行简单的介绍，说明实验目的和实验方法，并对受试者进行培训，培训包括受试者需要完成的任务、Camtasia Studio 录屏软件的使用方法以及其他注意事项，尤其对有声思维法进行了重点培训，详细介绍了有声思维法，鼓励受试者在检索过程中说出自己心中的所有想法，并使用与检索任务不相关的题目亲自演示了有声思维法。培训完成后，受试者需要接受一个简单的测试，合格后方可进入正式实验。另外，我们还向受试者说明了对整个实验过程进行录音和录像，受试者可选择退出实验。

第三阶段，受试者在网络环境下使用 WorldWideScience 多语言检索平台独立完成 4 个检索任务。

第四阶段，待受试者完成任务后，我们指导受试者填写实验后问卷，对受试者进行非结构性的访谈。

若 4 个阶段的任务均完成，则表明实验结束。实验完成后对受试者的问卷和视频资料进行编号，与受试者编号一一对应。

3.3 数据处理与分析

3.3.1 实验数据处理

录音、录像材料中累计沉默时间超过总测试时间 10%的数据视为无效数据，① 在得到的 41 份数据中，有 5 份数据被舍弃；2 名受试者没有完成 4 个阶段的全部任务，这 2 份数据也被舍弃。此外，通过问卷了解到，有 11 位

① 郭纯洁．有声思维法［M］．北京：外语教学与研究出版社，2008：9-10.

受试者反映有声思维法对完成检索任务造成了干扰，当我们详细问及干扰情况时，有2位受试者认为思维过程受到了较严重的干扰，其余9位均认为在一定程度上降低了效率，但并没有影响思考。因此，我们决定舍弃2份认为严重干扰思维过程的数据，保留其余9份数据，最终有效数据为32份。

3.3.2 数据分析过程

数据分析过程分为四个阶段。第一阶段，实验完成后，我们对采集到的录音、录像资料进行转录，转录的原则是忠实、完整、可靠；第二阶段，对转录好的文字资料进行反复阅读，思考发掘对本研究有价值的资料，最终形成编码规则（见表3-1）；第三阶段，依据编码规则，借助计算机对文字资料编码，编码过程中对编码规则不断完善；第四阶段对编码进行分析。

表3-1 **多语言信息检索用户行为编码规则**

行为大类	行为子类	含义	举例
明确问题	问题描述	对检索任务及其要求的理解	“这一题是让查找有关转基因的文献”
	任务难度	对检索任务难度的认识	“这一点有点儿麻烦”
制订检索策略	检索语言	首次检索时选用的语种	“那我就用自己熟悉的中文”
	检索方式	首次检索时选用高级检索	“因为这一题限定比较多，所以应该用高级检索”
	检索词类型	首次检索时检索词的来源	“直接输入云计算”
	组配方法	使用组配制定检索式	“转基因 OR 基因工程”
	逻辑符号	使用逻辑符制定检索式	“使用通配符，输入 cloud comput * ”
运用翻译工具	翻译工具	完成任务过程中运用翻译工具辅助检索	“我不知道英文是什么，所以要用有道翻译一下”

续表

行为大类	行为子类	含　义	举　例
遇到障碍	读不懂检索任务	不懂检索任务题目的主题或要求	“什么叫主题分布，没读懂什么意思”
	背景知识欠缺	有不认识的单词或其他影响完成任务的背景知识	“这个单词是什么，需要翻译一下”
	不知道如何查找	看到检索任务后不知道应该怎样执行检索	“怎么查找题名中包括云计算”
	结果不确定	不能确定找到的结果是否符合任务要求	“原文传递算不算获取全文”
	结果失败	认为自己在执行操作后返还的结果不正确或对检索结果不满意	“这里好像没有对国家的分类”
处理障碍	高级检索	查找结果失败后运用高级检索功能	“我试一下 advanced search 能不能查找题名中包括”
	原网页	遇到障碍后继续留在原网页查找信息或在原网页打开下级网页	“我再看一下”
	搜索引擎，翻译工具	向搜索引擎或翻译工具寻求帮助	“百度一下欧洲包括哪些国家”
	按自己理解	结果不确定时按照自己以往经验等做判断	“应该可以原文传递吧”
	调整检索式	换一种语言进行检索、增加逻辑符号或组配检索	“我用 OR 连接一下这两个词再试试”
	回首页	回首页寻求导航或按原检索式重新检索	“我回首页看一下有没有使用方法的介绍”
	放弃	做下一题或结束实验	“不管它了，先做下一题”

3.3.3 受试者样本特征

我们在选择研究对象样本时，注重平时利用多语言信息检索较多的用户群体，所以限定受试者为研究生。由于有声思维法需要受试者描述完成任务的整个思维过程，数据采集、整理、分析等整个过程繁琐复杂且耗时较长，因此采用这种方法进行研究时，样本量一般较少，Hoppmann 指出受试者一般为 10~30 人。① 但较少的样本并不影响实验的准确性，实际上，Virzi 研究发现，平均而言，只需 9 个受试者就可以获得所需信息的 95%，② Bunz 等发现有 4~5 个受试者即可获得 80%的信息。③ 所以，本实验 32 个有效样本虽少，但不会影响研究的可信度。表 3-2 为受试者的基本特征。

表 3-2　**受试者样本特征**

属性	属性值	频次（百分比）
性别	男	18（56.25%）
	女	14（43.75%）
年龄	18~24 岁	13（40.63%）
	25~34 岁	17（53.13%）
	35~44 岁	0（0%）
	45 岁以上	2（0.63%）
学科背景	社会科学	25（78.13%）
	理工科学	5（15.63%）
	人文科学	2（0.63%）

① Hoppmann T. Examining the "point of frustration": the think-aloud method applied to online search tasks [J]. Quality & Quantity, 2009 (43): 211-224.

② Virzi Robert A. Refining the test phase of usability evaluation: how many subjects is enough? [J]. Hum Factors, 1992, 34 (4): 457-468.

③ Bunz Ulla K. Usability and gratifications-towards a website analysis model [C] // Presented at the 87th Annual Conference of the National Communication Association. Atlanta, GA, USA, 2001: 11-12.

续表

属性	属性值	频次（百分比）
学历	硕士研究生	11（34.38%）
	博士研究生	21（65.63%）
外语水平	PEST-5	1（3.13%）
	CET-4	1（3.13%）
	CET-6	29（90.63%）
	TEM-8	1（3.13%）
网龄	5～7 年	9（28.13%）
	8～10 年	10（31.25%）
	11 年以上	13（40.63%）
有声思维法的熟悉度	没听说过	19（59.38%）
	听说过但不了解	8（25%）
	一般	3（9.38%）
	组织过或参加过	2（6.25%）
多语言信息需求度	需求较少	3（9.38%）
	一般	10（31.25%）
	需求较多	13（40.63%）
	需求很多	6（18.75%）
WorldWideScience 平台熟悉度	没听说过	19（59.38%）
	听说过但没使用过	8（25%）
	一般	3（9.38%）
	比较熟悉	2（6.25%）

由表 3-2 可知，受试者男女比例基本相当，学科背景以社会科学为主，博士研究生多于硕士研究生，掌握的外语一般都是英语（有 1 位还擅长法

语），绝大多数达到了英语六级水平，网络使用年限多在 8 年以上，大多数受试者没有听说过有声思维法，对多语言信息需求较多。通过实验前的问卷调查还发现，84.38%的受试者没有使用过 WorldWideScience 实验平台，受试者基本都是实验平台的新用户。

3.4　结果分析

3.4.1　样本编码结果

依据制订的编码规则对 32 份资料进行编码，累计编码 1459 次，结果见表 3-3。根据发生频次，频次高于 100 的属于高频，50～100 次为中频，低于 50 属于低频，可见：检索结果失败、明确检索任务、遇到障碍后继续在原网页查找、运用翻译工具为高频次行为；使用逻辑符号进行检索、遇到障碍后放弃检索、因背景知识欠缺影响检索、读不懂检索任务、运用组配方法制订检索式等属于低频次行为。

表 3-3　　**多语言信息检索用户行为特征编码结果**

行为大类	行为子类	发生人次	发生频次	频次排名
明确检索任务	问题描述	32	274	2（高频）
	任务难度	10	30	11（低频）
制订检索策略	检索语言	32	128	4（高频）
	检索方式	22	37	10（低频）
	检索词类型	32	128	4（高频）
	组配方法	3	3	18（低频）
	逻辑符号	7	15	15（低频）
运用翻译工具	翻译工具	28	108	5（高频）

续表

行为大类	行为子类	发生人次	发生频次	频次排名
遇到障碍	读不懂检索任务	3	4	17（低频）
	背景知识欠缺	5	7	16（低频）
	不知道如何查找	17	27	12（低频）
	结果不确定	24	41	9（低频）
	结果失败	32	289	1（高频）
处理障碍	高级检索	26	62	6（中频）
	原网页	30	148	3（高频）
	搜索引擎翻译工具	13	18	14（低频）
	按自己理解	13	19	13（低频）
	调整检索式	18	51	8（中频）
	回首页	25	55	7（中频）
	放弃	13	15	15（低频）

3.4.2 对检索任务的认识

信息检索行为是通过特定的信息检索工具来满足特定信息需求的行为。[①] 能够清楚表达其信息需求是用户实施信息检索行为的前提，这在多语言环境下同样适用。由于本实验要求受试者完成的是给定的检索任务，受试者在实验开始后第一步就是明确检索任务，即明确信息需求。编码结果发现，问题描述的发生频次高达274次，平均每人8.6次，这与检索任务有一定的对应关系，检索任务中包含的问题越多，受试者需要耗费的时间就越长。对任务难度的认识可发生在明确检索任务时、检索过程中和检索结束后，受试者对任务难度的表述相对较少。

① 邓小昭．网络用户信息行为研究［M］．北京：科学出版社，2010：16.

3.4.3 所选择的检索策略

(1) 所选用的检索语言

WorldWideScience 目前支持使用阿拉伯语、汉语、德语、英语、西班牙语、法语、日语、韩语、葡萄牙语、俄语 10 种语言进行检索，用户在使用该平台时首选哪种语言执行检索是我们非常感兴趣的问题。编码统计结果发现，大多数用户首先选用中文直接进行检索（详见图 3-1）。根据我们通过有声思维法获取的数据，发现原因主要有：一是用户得知使用中文也可以检索到其他语言的文献；二是用户愿意用自己的母语进行检索；三是用户认为自己的外语水平不好或不愿意使用翻译功能。

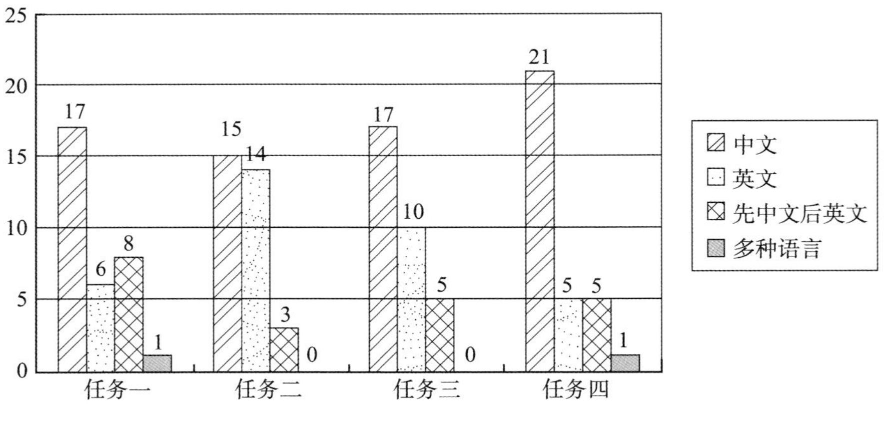

图 3-1 受试者首次检索选用的检索语言

通过对受试者背景信息的了解，我们还发现，对该平台“比较熟悉”或“一般”的受试者全部选用中文；在没使用过该平台的受试者中，有 12 人（占 44.5%）选用了中文，8 人（占 29.6%）先用中文再用英文执行检索，以对比两者的区别，6 人（占 22.2%）使用英语进行检索，还有 1 位受试者先后尝试了英语、中文、日语、俄语、韩语执行检索。另外，由图 3-1 也可得知，随着对检索系统的了解，使用中文进行检索的受试者逐步增多，这都说明了用户更倾向于使用自己最熟悉的语言进行检索。

(2) 所采用的检索方式

WorldWideScience 提供简单检索和高级检索两种检索方式。我们发现，在所有检索任务中，高级检索发生频次是 37 次，共 22 位受试者使用了高级检索功能。根据我们通过有声思维法获取的数据，发现有 16 位受试者根据题目要求选择使用高级检索功能，有 2 位受试者根据自己以往的检索经验认为高级检索返还的结果更为准确，有 2 位受试者在平时一般都使用高级检索，还有 2 位受试者使用高级检索的原因是在完成任务时偶然发现了这个功能。图 3-2 为受试者在 4 个检索任务中使用高级检索功能的发生频次分布图。

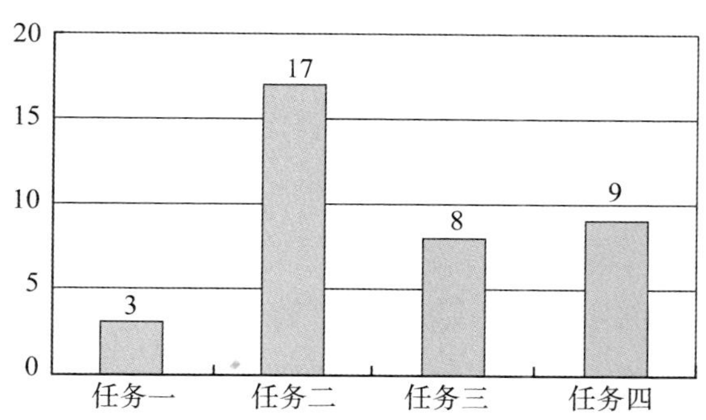

图 3-2 高级检索功能发生频次分布

值得注意的是，在来自社会学科的 25 位受试者中，有 19 位主动使用了高级检索功能；在来自理工学科的 5 位受试者中，有 2 位主动使用；而在来自人文学科的 2 位受试者中，没有人主动使用（有 1 位虽然使用了高级检索功能，但是在遇到障碍不断探索偶然发现之后使用的，从实验后的访谈了解到其平时一般只用简单检索）。由表 3-4 可以清晰地看出来自社会科学的受试者使用高级检索的频率更高，其原因可能是这些受试者均学习过信息检索相关课程，具有较高的信息素养。

表 3-4 **各学科使用高级检索人数**

学科 \ 人数	总人数	使用高级检索人数
社会科学	25	19（占 76%）
理工科学	5	2（占 40%）
人文科学	2	1（占 50%）

另外，我们还发现，在 21 位博士受试者中有 14 人（占 66.7%）使用了高级检索，11 位硕士受试者中有 8 位（占 72.7%）使用了高级检索，这说明学历对是否使用高级检索影响不大。在 18 位男性受试者中有 11 位（占 61.1%）使用高级检索，14 位女性中有 11 位（占 78.6%）使用高级检索，说明女性使用高级检索的频次稍高于男性。

（3）所构造的检索式

从检索词的来源来看，绝大多数受试者直接从检索任务中析取概念，选择关键词进行检索，只有 1 位受试者除了使用题目中的关键词外，还查询了关键词的近义词执行检索；从检索词的个数来看，绝大多数受试者输入一个词语，有 3 位受试者使用组配方法，如近义词组配、中文词和英文词组配、两个中文词组配；大多数受试者在构造检索式时并不使用逻辑符号，通过对使用逻辑符号的检索式进行编码，结果发现只有 15 次（7 位受试者使用），主要包括空格、“”、OR、NOT、＊、? 等。使用高级检索式构造功能的 7 位受试者中有 6 位为博士研究生，可见，在检索式的构造方面，受过更长时间科研锻炼的博士研究生体现出了优势。总之，在所有受试者中，25 位（占 78.1%）没有使用系统提供的高级功能构造检索式。

3.4.4 对翻译工具的运用

实验发现，在完成任务过程中，28 位受试者（占 87.5%）使用过翻译工具，累计编码 108 次，平均每人 3.86 次。只有 4 位受试者没有使用过翻译工具，其中 3 位始终选用中文进行检索，还有 1 位先用中文再用英文进行检索，使用的英文词是从中文检索结果页中选取的。这一结果反映了受试者没有理解多语言检索的概念和含义，而多语言检索平台也远远没有在用户中得到广泛了解和使用。尽管 WorldWideScience 支持 10 种语言进行检索，但是绝大多数受试者仍旧会使用翻译工具，受试者没有意识到多语言检索平台提供的是一站式的检索，使用中文检索和使用其他语言检索的结果应该是一样的。

受试者使用翻译工具的目的在于查找主题词对应的英文词、翻译不认识的单词、验证翻译是否正确以及翻译整个网页。受试者使用最多的翻译工具是有道翻译（24 人次，占 85.7%），其次是搜索引擎、百度翻译、谷歌翻译和中国知网提供的翻译助手（详见图 3-3），此外，金山词霸、法语词典、沪江小 D 等也被使用过，还有受试者利用了平台上提供的维基百科链接。总之，受试者使用的翻译工具多种多样，不一而足。需要说明的是，实验所用浏览器的工具栏中设有有道翻译的快捷键，这也许是有道翻译使用人次最多的一个原因。

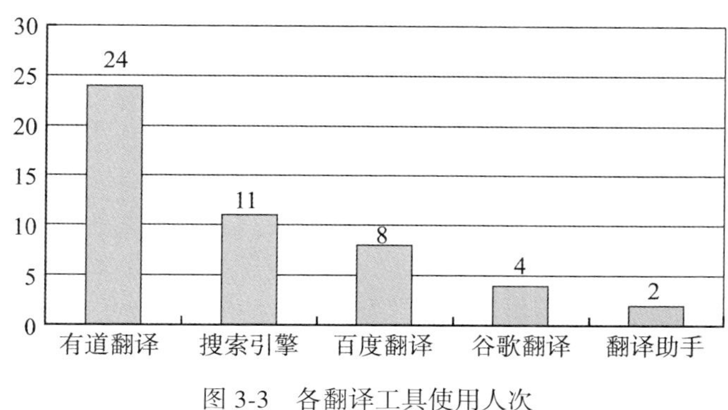

图 3-3 各翻译工具使用人次

根据有声思维法获取的资料，我们发现，虽然多数受试者使用了翻译工具，但他们对翻译的准确性也心存质疑，比如："不知道这个翻译对不对"

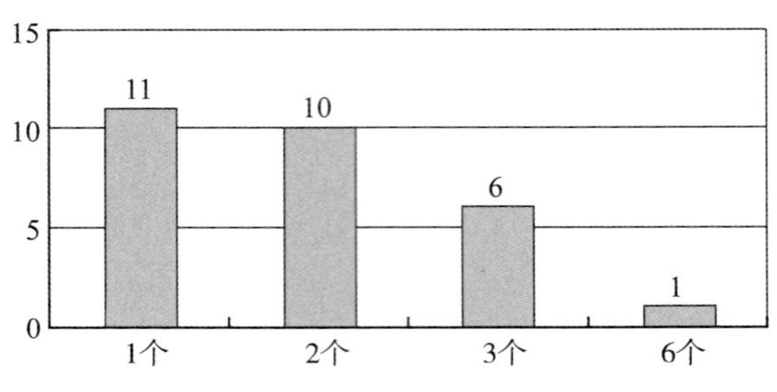

图 3-4 翻译工具使用个数统计

“不确定这个英文是不是这样表达”“这个翻译可能也不准”等。对此，有的受试者继续使用翻译工具返回的结果进行检索，有些受试者则会使用多个翻译工具进行对比或到平台验证结果页是否有该词出现。我们对受试者使用翻译工具的个数进行了统计，结果如图 3-4 所示，即仅使用一种翻译工具的有 11 人，使用两种的有 10 人。我们还发现，使用两种及以上翻译工具的受试者中，博士研究生占更高的比例，如表 3-5 所示。

表 3-5 **翻译工具使用个数与学历关系表**

学历 / 翻译工具个数	硕士研究生	博士研究生	总人数
使用一种	6（54.5%）	5（45.5%）	11
使用两种及以上	4（23.5%）	13（76.5%）	17

3.4.5 遇到的障碍及处理方式

（1）在检索过程中遇到的障碍

了解用户在使用多语言信息检索平台时遇到的障碍及其处理方式有助于

系统根据用户体验进行完善与优化。我们根据采集到的录音资料，对受试者在完成任务过程中遇到的障碍进行整理与归纳，结果如图 3-5 所示。可见，发生频次最高的是“结果失败”，编码达 289 次，人均 9 次；其次是“结果不确定”“不知道如何查找”“背景知识欠缺”“读不懂检索任务”。需要说明的是，这里的结果失败是受试者自己判定的，如果受试者认为没有找到答案（实际符合题目要求），并继续执行检索，我们对此仍进行编码；相反，若受试者认为找到了答案而实际并不符合题目要求，则不进行编码。

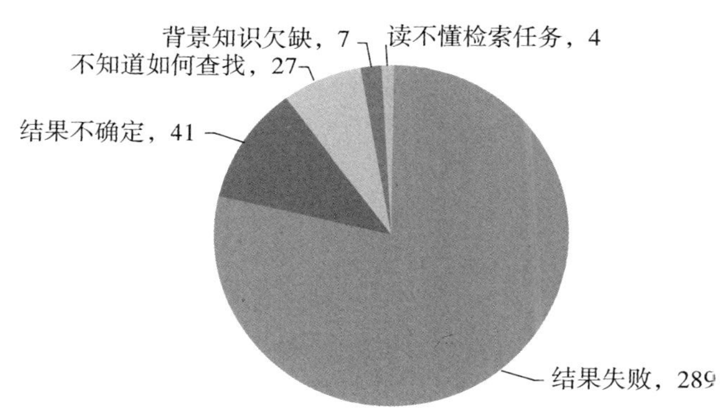

图 3-5 受试者在检索过程中遇到的障碍

（2）处理障碍的方式

根据编码统计结果，受试者在遇到障碍后，会根据不同情况选择不同的处理方法。如图 3-6 所示：①当受试者读不懂检索任务时，会借助搜索引擎工具先弄清楚任务要求，如“我百度一下主题分布是什么意思”“百度一下什么叫跨语言检索”；②当受试者因背景知识欠缺影响检索任务的完成时，会选择使用搜索引擎和翻译工具，如“欧洲包括哪些国家，百度一下”“用有道翻译一下 query 是什么意思”；③当受试者不知道该如何查找时，大多数选择了留在原网页，有的则茫然地使用高级检索功能，试图在高级检索页面寻找线索，如“高级检索里面可以选全文获取吗”；④当受试者不能确定自己找到的答案是否符合任务要求时，多数受试者会按照自己以往的经验等做判断，如“这个有 PDF 图标，应该是可以全文获取的”，有些受试者会换用高级检索或打开找到的文献进行确认，如“不知道这一篇能不能获取全文，打开看一下吧”；⑤结果失败是受试者遭遇的最大问题，他们大多会留在原网页或者打开下级网页，接着是选择回首页。受试者基本是实验平台的新用户，在使用过程中尤其是在遇到障碍之后会逐步探索该平台。平台结果页提供多种二次精炼检索方式是受试者首选留在原网页的原因，他们还认为可以从首页获取更多的信息，如“我刚才好像注意到首页有个地图”“我回首页看看这个数据库有没有使用方法介绍”等。

检索失败时，换用高级检索也是受试者较多的选择，在简单检索得不到满意的结果后使用高级检索功能，或是在多次探索无果后换用高级检索；调整检索式多表现为换用其他语言进行尝试，受试者一般直接从检索任务中析取关键词进行检索，仅有 3 人使用组配方法和逻辑符号重新制订检索式进行检索。

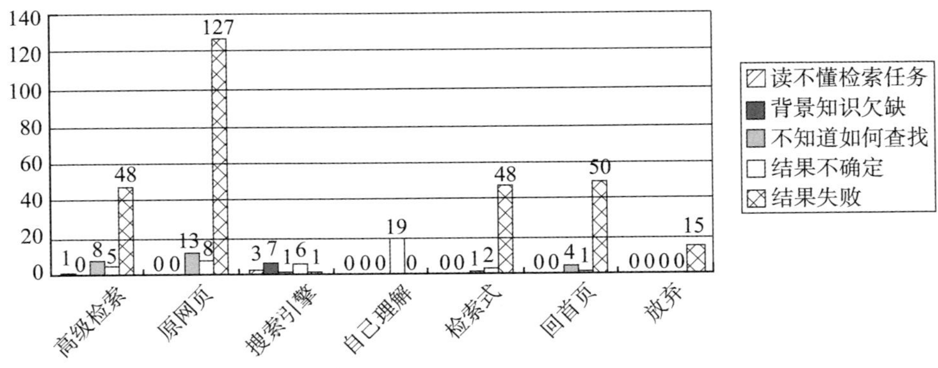

图 3-6　受试者在检索过程中处理障碍的方式

我们利用 WorldWideScience 平台设计了一个多语言用户行为实验，使用有声思维、观察实验法等多种方法对用户检索多语言信息的行为过程进行了深入研究，从而得出了以下结论：

①在利用多语言信息检索平台时，任务导向下的用户表现为首先明确信息需求，而非熟悉多语言信息检索平台。

②在选择检索语言时，用户更倾向于使用自己最熟悉的语言进行检索。

③在检索方式的选择上，来自社会科学的多数用户可以根据题目选择高级检索，这与他们接受过较好的信息检索课程教育有关，学历对是否使用高级检索影响不大。

④在检索式的构造方面，大多数用户直接从检索任务中析取概念作为关键词进行检索，博士生较硕士生更有可能使用逻辑符号、组配等方法构造高级检索式。

⑤在完成检索任务过程中，大多数用户会使用翻译工具辅助检索，但同时又怀疑翻译工具的准确性，使用两种及以上翻译工具的用户中博士生占较大的比例。

⑥用户在检索过程中遇到的最大障碍是检索结果失败，在处理障碍时，用户更倾向于留在原网页继续寻找线索，其次是回首页和换用高级检索，多数用户不会调整检索词。

4　多语言知识组织系统的互操作及其实现

知识组织系统（Knowledge Organization System，KOS），是指对知识进行有组织、结构化描述的工具，具体指一组相关术语的集合。① 传统的知识组织系统包括分类法、叙词表、标题表、术语表、范畴表等，随着信息和知识传播的网络化成为趋势，基于网络的知识组织工具如语义网络、本体、概念地图等新型知识组织工具也逐渐发展起来并得到广泛的应用。不管是传统的还是新型的知识组织系统，由于所组织资源对象的差异性，以及知识组织系统本身在概念表达方式、句法结构等方面的差异，造成了知识组织系统的异构性。在多语言环境下，知识组织系统的异构性问题更为突出。要解决多语言知识组织系统的异构性，就需要在不同语种的知识组织系统之间实现互操作，即实现不同语种知识组织系统之间的信息交换和调用。图 4-1 简单展示了多语言知识组织系统互操作在多语言检索中的作用，L1 语言的知识组织系统 KOS1 分别实现了与 L2、L3 语言知识组织系统 KOS2、KOS3 的互操作，使用 L1 语言的用户只需要用 L1 语言在多语言检索平台进行检索提问，则利用 L1 语言知识组织系统进行组织的知识资源集 R1，利用 L2 语言知识组织系统组织的知识资源集 R2，以及利用 L3 语言知识组织系统组织的知识资源集 R3 中的相关资源都能被检索到，系统还可以利用翻译工具对 R2、R3 中

① Lei Zeng M，Mai Chan L. Trends and issues in establishing interoperability among knowledge organization systems［J］. Journal of the American Society for Information Science & Technology，2004，55（5）：377-395.

的资源进行翻译处理。同样，使用L2和L3语言的用户也可以使用自己的语言检索到R1中的资源。

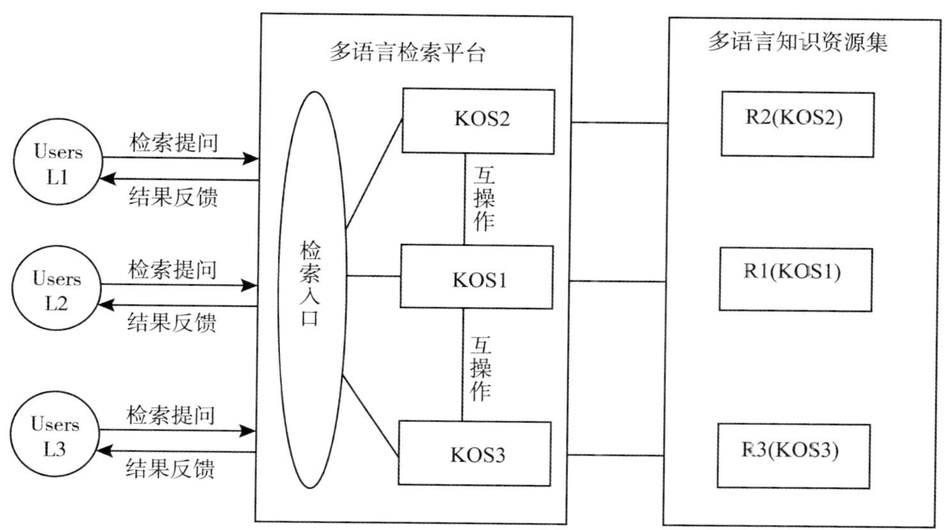

图 4-1 多语言 KOS 互操作在多语言检索中的作用

从图4-1中可见多语言知识组织系统互操作的实现对于用户检索多语言信息资源有着极其重要的意义。我们选取国内外多语言知识组织系统互操作的项目，分析其实现互操作的方法，从而归纳出目前多语言知识组织系统互操作实现的主要模式。

4.1 多语言知识组织系统互操作现状的调查

国内外信息科学领域对于多语言知识组织系统互操作的研究和实践一直比较积极，表4-1统计了22项国内外较有影响力和代表性的多语言知识组织系统互操作的项目。

表 4-1 国内外多语言知识组织系统互操作研究项目调查表

项目名称	KOS 类型	学科领域	涉及语种及数量	
Renardus	分类法	综合	荷兰语、瑞典语、德语、芬兰语、丹麦语、法语、英语	7
SAB/DDC	分类法	综合	英语、瑞典语	2
CLC/DDC	分类法	综合	中文、英语	2
HEREIN	叙词表	文化遗产	英语、法语、西班牙语等	14
CAMed	叙词表	医学	英语、法语、中文、日语	4
AGROVOC	叙词表	农业、林业、渔业、食品等	英语、法语、西班牙语、中文等	23
GEMET/AGROVOC/NALT	叙词表	环境	多语言	22
Merimee	叙词表	文化遗产、建筑、艺术	英语、法语	2
AAT-Taiwan	叙词表	艺术、建筑、文化	中文、英语	2
CAT/AGROVOC	叙词表	农业	中文、英语	2
中国中医药学主题词表	叙词表	中医医学	中文、英语	2
MACS	主题词表	综合	英语、法语、德语	3
EuroWordNet	本体	综合	荷兰语、英语、意大利语、西班牙语、德语、捷克语等	8
HowNet（知网）	本体	综合	中文、英语	2
WordNet/Russian WordNet	本体	综合	英语、俄语	2
CARMEN	叙词表、分类法	数学、物理、社会、科学	英语、德语	2

续表

项目名称	KOS 类型	学科领域	涉及语种及数量	
Polish Project	叙词表、分类法	综合	英语、波兰语	2
UMLS	叙词表、标题表、关键词表、分类法	医学、生物	多语言	17
SKOS Mapping	叙词表、标题表、分类法	综合	多语言	7
KoMoHe	叙词表、分类法、标题表	11 个学科	德语、英语、俄语	3
CRISSCROSS	标题表、分类法	综合	德语、英语	2
UC Berkeley DARPA Unfamiliar Metadata Project	叙词表、分类法	科学工程	英语、法语、德语、俄语、西班牙语	5

如表 4-1 所示，涉及单一类型的知识组织系统之间（如叙词表之间、分类法之间、本体之间等）的互操作项目有 15 项，涉及不同类型知识组织系统之间互操作的项目有 7 项。从涉及的领域来看，既包括具体某一学科领域的知识组织系统，也包括跨学科领域或综合性的知识组织系统。涉及 2 种语言的项目有 11 项，涉及 3 种及以上语言的项目共有 11 项，其中，所涉及的语种又以欧美国家的语种为主。

4.1.1 同一类型多语种 KOS 互操作研究项目

（1）多语种分类语言互操作研究项目

分类法作为一种成熟的知识组织工具，不论是在对传统文献资源的组织上，还是在网络环境下实现信息资源的导航与检索方面都发挥了非常重要的作用。然而，分类法都是依据特定语言环境下信息组织的需求来编制的，在不同语言环境下对于概念的表达以及类目设置有着很大的差异，对于多语言分类法互操作的研究和实践主要集中在不同语种的大型综合性分类法之间。

如欧盟的 Renardus 项目选择 DDC 作为通用分类体系，将来自丹麦、芬兰、德国、荷兰、瑞典、法国和德国的图书馆和研究机构所利用的本地分类法类目映射到 DDC 类目上，从而在统一的界面实现了不同学科信息门户资源的交叉浏览。① 1987 年，瑞典国家图书馆完成了瑞典分类法 SAB 与 DDC 类目之间的映射，并在 2000 年对两种分类法的新版本进行了映射，映射结果以手册和联机数据库形式保存。② 国内很多学者对于中文分类法 CLC 和 DDC 之间的互操作进行了深入的研究，并取得了一定的成果。戴剑波等以 CLC4 和 DDC21 为例，定义了分类法的四种语义映射关系，并设计了类目自动映射的原理。③ 贾君枝、郝倩倩对 DDC22 和 CLC5 理学领域的 4639 个中英文类目进行了人工直接映射，总结了不同学科内的类目在映射过程中匹配依据的分布特点，建议在实现计算机自动匹配时，除类目自身信息外，还需考虑书目记录的匹配。④

(2) 多语种主题语言互操作研究项目

国内外对于不同语种的主题语言（以叙词表和主题表为主）之间的互操作研究也非常多，比较有影响力的如法国文化部主导的 Merimee 研究项目，实现了文化遗产领域的法语叙词表与英语叙词表 NMR 之间的互操作。AAT-Taiwan 是我国台湾地区 Taiwan e-Learning and Digital Archives Program（TELDAP）项目组与美国 Getty Research Institute（GRI）研究所合作开发的项目，以美国艺术、建筑、文化领域著名的叙词表 Art & Architecture Thesaurus（AAT）为原型，创建中文的领域叙词表，从而实现了相关领域知

---

① 李育嫦．分类法映射在学科信息门户交叉浏览中的应用——以 Renardus 为例［J］．图书馆学研究，2005，64（10）：64-67.

② 李珂，宋文．分类法映射研究［J］．图书馆杂志，2014，12（33）：49-68.

③ 戴剑波，侯汉清．图书分类法映射系统设计原理——以《中国图书馆分类法》和《杜威十进分类法》为例［J］．情报学报，2005，24（3）：299-303.

④ 贾君枝，郝倩倩．DDC 到《中图法》类目映射方法研究［J］．中国图书馆学报，2013，39（1）：43-50.

识的跨语言检索。① 此外，AAT 还被翻译成了荷兰语、西班牙语等语言。MACS（Multilingual Access to Subjects）是由欧洲四个国家图书馆瑞士国家图书馆、法国国家图书馆、德国国家图书馆和大英图书馆联合发起的一个项目，在三种语言的综合性主题词表 LCSH（The Library of Congress Subject Headings，英语）、SWD/RSWK（Schlagwortnormdatei/Regeln für den Schlagwortkatalog，德语）、RAMEAU（Répertoire d'autorité-matière encyclopédique et alphabétique unifié，法语）之间实现互操作，从而实现了馆藏目录间的跨语言主题检索。②

（3）多语种本体的互操作研究项目

本体（Ontology）是对特定领域中共享概念及其相互关系形式化的表达，③ 相较于传统的分类语言、主题语言，本体具有更加丰富的概念关系表达和更强大的逻辑推理功能，多语本体库的构建以及多语本体间的互操作也是实现跨语言检索的重要工具。EuroWordNet 是阿姆斯特丹、谢菲尔德等大学和研究机构联合承担的一项研究项目，以通用本体知识库 WordNet 为样本，构建了包含荷兰语、意大利语、西班牙语、德语、法语等多个语种的本体知识库。所有语种的知识库均被存储在一个核心词汇数据库系统中，不同语种的知识库之间由一个语间索引（Inter-Lingual-Index）链接。④ 同样以 WordNet 为参照建立的本体知识库还包括 HowNet（中、英对照）和 RussianWordNet（俄、英对照）。

---

① TELDAP. Art & Architecture Thesaurus Taiwan [EB/OL]. [2015-04-26]. http://aat.teldap.tw/.

② Swiss National Library. Multilingual Access to Subjects [EB/OL]. [2015-04-26]. http://www.nb.admin.ch/nb_professionnel/projektarbeit/00729/00733/index.html? lang=en.

③ Thomas R. Gruber: a translation approach to portable ontology specifications [J]. Knowledge Acquisition, 1993, 5 (2): 199-220.

④ Vossen P, Letteren C C. EuroWordNet: a multilingual database for information retrieval [C] //Proceedings of the Delos Workshop on Cross Language Information Retrieval. 1997: 5-7.

4.1.2 不同类型多语种 KOS 互操作研究项目

除了同一类型的多语种知识组织系统互操作外，还有一些研究项目实现了多语言环境下不同类型知识组织系统之间的互操作。UMLS（Unified Medical Language System，一体化医学语言系统）是美国国立医学图书馆（National Library of Medicine，NLM）建立的医学语言系统，由 3 个部分组成：超级叙词表、语义网络和专家词典。其中，超级叙词表是基础，整合了来自不同语言的超过 150 部生物医学领域的电子版分类表、叙词表，以及其他受控词表等知识组织工具。通过集成概念以及术语之间的关系，实现不同类型多语种知识组织系统之间的互操作。①

KoMoHe 项目是德国波恩的社会科学信息中心（GESIS-IZ）在德国联邦教育与研究部的资助下完成的一项术语映射研究项目，集成了 11 个学科领域内德语、英语、俄语 3 种语言的 25 个受控词表，包括叙词表、分类法、规范文档等。建立了超过 513000 条语词的关系，按学科建立起交叉语词索引（Cross-Concordances），即受控词表语词间相等、等级和相关的交叉关系。② CARMEN（Content Analysis，Retrieval，Metadata：Effective Networking）也是德国的一个研究项目，涉及数学、物理、社会科学等领域，将德国的一些叙词表与通用分类法 DDC 以及其他的一些德国和美国的分类法（如 RVK、AMS 等）进行了映射。③

---

① National Library of Medicine. UMLS Metathesaurus [EB/OL]. [2015-04-26]. http://www.nlm.nih.gov/pubs/factsheets/umlsmeta.html.

② Philipp Mayr，Vivien Petras. Cross-concordances：terminology mapping and its effectiveness for information retrieval [C]. World Library and Information Congress：74th IFLA General Conference and Council，2008.

③ CARMEN. WP12：Cross concordances of classifications and thesauri [EB/OL]. [2015-04-27]. http://www.bibliothek.uni-regensburg.de/projects/carmen12/index.html.en.

4.2 多语言知识组织系统互操作实现模式与方法

国内外对于知识组织系统的互操作研究一直比较重视，除了大量的实践项目之外，很多学者对知识组织系统互操作的模式与方法进行了归纳和总结。如 Marcia 和 Lois 将知识组织系统互操作的方法归纳为 8 种。① 司莉列举了 9 种知识组织系统互操作的方法，并对不同模式的互操作进行了实例分析②。王景侠将知识组织系统互操作的方法归纳为四大类，包括演化、映射转换、协议链接和临时列表。③

以上这些方法包含但不并限于多语言这一特定的环境，多语言知识组织系统互操作所要解决的问题也不仅仅是语言的不同，还可能面对知识组织系统本身在结构、句法表达上的差异等问题。我们参考上述模式和方法，并结合其他有关多语言知识组织系统互操作的研究，总结了 3 种目前多语言知识组织系统互操作的方法，包括翻译重用、映射法和集成法。

4.2.1 翻译重用

翻译重用是指根据特定语言环境下知识组织的需要，将一种语言的知识组织系统翻译成其他语言的知识组织系统。翻译后的知识组织系统和原语言的知识组织系统之间形成对照，通过对原语言知识组织系统中概念术语以及体系结构的重用，从而实现不同语言知识组织系统之间的互操作。目前比较常见的是将国际上通用的知识组织系统翻译成本国语言，被翻译的语言多为

① Lei Zeng M, Mai Chan L. Trends and issues in establishing interoperability among knowledge organization systems [J]. Journal of the American Society for Information Science & Technology, 2004, 55 (5): 377-395.

② 司莉．知识组织系统的互操作及其实现 [J]. 现代图书情报技术，2007 (3): 29-34.

③ 王景侠．知识组织的工具及其语义互操作方法体系 [J]. 数字图书馆论坛，2013 (5): 41-47.

英语。例如，截至目前为止，DDC 已经被译为 30 多种语言，被超过 135 个国家的图书馆所利用。由联合国粮食及农业组织（Food and Agriculture Organization of the United Nations，FAO）和欧共体开发的叙词表 AGROVOC，目前已有 23 种语言的版本。非英语的知识组织系统如芬兰语的叙词表 The Yleinen Suomalaninen Asisanasto（YSA）被翻译成了瑞典语。

虽然对知识组织系统翻译和重用的主要目的往往也不是为了实现互操作，但翻译和重用的结果却客观上促进了不同语种知识组织系统之间互操作的实现，这也为多语知识组织系统互操作的研究实践提供了一个很好的思路，即在创建新的知识组织系统之初就要考虑与其他语种知识组织系统互操作的问题，而不能等到建好以后再去考虑。但需要注意的是翻译过程本身可能会造成语义的损耗，在翻译时，不可能为每一个术语词汇都找到与之完美对应和匹配的其他语种的术语词汇。此外，由于文化环境的不同，对同一概念的理解可能都存在差异。因此，在翻译过程中要特别注意由于语言的转换所造成的歧义问题，尽量减少翻译造成的歧义对互操作的影响。

4.2.2 映射法

映射是根据一定的规则和方法，实现不同知识组织系统之间概念术语的匹配，其实质是建立不同知识组织系统之间概念的对照。① 映射是目前多语言知识组织系统互操作最为常用的方法，根据实现方式的不同，映射可分为人工映射和计算机自动映射；曾蕾还将映射分为语法层、结构层和语义层三个层次。下面将结合 KoMoHe 项目来分析映射这一方法在多语言知识组织系统互操作中的实际应用。

KoMoHe 项目的方案是通过映射，建立知识组织系统之间的交叉索引，交叉关系是词表两两之间的关系，这与将某一知识组织系统作为中心知识组织系统来进行映射（如 Renardus 将 DDC 作为中心 KOS）的方法不同。需要

① ISO 25964（2013）Information and documentation Thesauri and interoperability with other vocabularies-Part2：Interoperability with other vocabularies [EB/OL]. [2015-06-05]. http：//www. iso. org/iso/iso_catalogue/catalogue_tc/catalogue_detail. htm? csnumber=53658.

注意的是在建立交叉索引的过程中，词表A到词表B的映射和词表B到词表A的映射并不一定对称，这也涉及映射的方向性问题。最终该项目建立了词表之间64组关系（30个双向，4个单向）。在参与映射的25个词表中，英语的有8个，俄语的1个，其余大部分为德语或多语种的词表。

在映射方法具体的实施中，KoMoHe项目首先定义了4种映射类型，即4种语词间关系。包括：①相等关系，指示同义词、准同义词，用符号“=”表示；②等级关系，指示具有等级关系的语词，其中上位词用符号“<”表示，下位词用符号“>”表示；③相关关系，用符号“^”表示；④空关系，表示一个词无法映射到另一个词表中的任何一个词，用符号“0”表示。若涉及一对多的映射，即需要通过词汇的组配来匹配源词表中的词汇时，用符号“+”来连接两个或多个需要组配的词汇。表4-2显示了KoMoHe中TheSoz词表的“further education”这一词汇向其他词表，包括不同语言词表的映射结果。

表4-2　**TheSoz词表中词汇向其他词表映射示例**①

start term TheSoz	relation	end term	end vocabulary
Weiterbildung engl:" further education"	=	Weiterbildung	Psyndex, STW, infodata, SWD, BISp, DZI
	^	Berufsfortbildung	FES
	=	Further education	CSA-ASSIA
	=	Continuing education	CSA-PEI
	=	Adult Education	CSA-SA
	<	Education	CSA-WPSA
	=	Erwachsenenbildung	IBLK

① Philipp Mayr, Vivien Petras. Cross-concordances: terminology mapping and its effectiveness for information retrieval [C]. World Library and Information Congress: 74th IFLA General Conference and Council, 2008.

除了定义映射类型，KoMoHe 项目还在 Manjula Patel 等关于数字图书馆系统语义互操作研究报告的基础之上，制订了一套指导具体映射实践的原则和方案。例如，规定了映射过程中语词和关系的选择规则，映射结果的语义校验细则等。在映射的实现方式上，该项目还是以人工的映射为主，所以多语言知识组织系统互操作的实现还需要熟悉不同语言的专家介入，整个映射过程成本较高。最后，将来自不同语言知识组织系统的术语词汇按照学科建立起了交叉语词索引，应用到 Vascoda 门户中。

4.2.3 集成法

所谓集成法，是指按学科或主题将不同语言的知识组织系统，通过映射、协议链接等方法集成到一起，从而形成一个新的、更大的多语言知识组织系统，一般集成方法会被应用于某一特定的领域或者某一特定的检索平台中。比较典型的案例是欧盟的 HEREIN（The European Information Network on Cultural Heritage Policies）项目，该项目创建了欧洲文化遗产领域的多语言叙词表，且没有参照现有的知识组织系统。

HEREIN 项目叙词表的词汇来源为欧洲文化遗产政策的报告，该项目有 40 多个国家参与，涉及 14 种语言，包括：保加利亚语、克罗地亚语、荷兰语、英语、法语、德语、希腊语、匈牙利语、立陶宛语、波兰语、葡萄牙语、罗马利亚语、斯洛文尼亚语和西班牙语。首先各国建立单语的词表，在每个单语的词表中，定义了术语词汇之间的 3 种关系：等同关系、等级关系和相关关系。在单语叙词表的基础之上，通过对不同语种中概念的深入分析，比较概念及语词间的异同，从而建立起相关概念间的多语对照。由此建立的多语言叙词表，将文化遗产领域不同语种的单语叙词表进行了集成，为实现该领域内的多语言检索奠定了基础。

多语言环境下知识组织系统互操作对于多语言检索的实现有着非常重要的意义，我们调查了国内外有关多语言知识组织系统互操作的研究项目，结合实例分析了多语言知识系统互操作实现的主要方法，包括翻译重用、映射和集成。翻译重用为实现多语言知识组织系统互操作提供了非常好的基础，映射是目前最为普遍和常用的方法，集成往往也是在映射的基础之上实现的。在实现方式上，目前还是以人工实践为主，这样虽然保证了互操作实现的有效性，但成本较高而且维护起来也比较困难，因此关于利用计算机实现多语言知识组织系统之间自动映射的研究也受到很多关注。此外，如何实现本体等新的知识组织工具在多语言环境下的互操作也对未来的研究提出了挑战。

5 跨语言信息检索中的语义关联与语料库的构建

5.1 跨语言信息检索中的语义关联

语义关联是语义数据模型中实体之间二维关系的知识表示形式，即实体之间的复杂关系。① 互联网用户与信息资源的多语言化、互联网信息资源的语义化是目前互联网发展的明显趋势。② 用户使用母语或熟悉的语言检索出不同语种相关信息的跨语言信息检索应运而生。在语义关联方面，传统的信息检索多使用查询词与文档相匹配的方法检索用户所需结果，因用户使用查询词相对自由，以及语言中存在一词多义、一义多词等现象，使得此种字符级匹配的检索方法容易漏检或检出冗余信息。“世界科学跨语言检索平台”（WorldWideScience）③ 虽能够实现多语言信息检索功能，但其仍是通过检索式与文献之间的关键词匹配完成检索，语义关联体现并不充分。通过语义关

---

① 郑清照．基于 Linked Open Data 的语义关联发现及其应用［D］．杭州：浙江大学，2010：5.

② 章成志，王惠临．面向数字图书馆应用的多语言领域本体学习研究［J］．图书情报工作，2011，55（2）：11-15，94.

③ WorldWideScience［EB/OL］．［2015-01-15］．http：//worldwidescience. org/.

联的使用便于系统理解用户的检索用途，有助于用户快速定位并利用相关知识，提高信息的检索效率。本节主要从方法和技术角度出发，探讨跨语言信息检索中的语义关联的实现。

5.1.1 跨语言信息检索中的语义关联方法及技术

(1) 同义及近义关系推荐

同义及近义关系推荐方法能帮助用户扩展与提问式有语义关系的同义词及近义词，提高查全率。如在跨语言信息检索中常用的语言转换策略——提问式检索中，先将源语言的提问式翻译为目标语言，再在目标语言文档中进行检索，返回给用户的检索结果是目标语言。在提问式检索中，用户输入的检索词较短，可能会遗漏意义相同或意义相近的关键词，导致查全率不高。系统后台可将多语种的同义词或近义词关联起来，如以英汉对齐词典为知识库、以等值翻译词对为知识表示形式，对中文术语和英文翻译进行双向推导(利用多部英汉翻译词典，首先选择中文术语 C 作为入口词，推导出 C 的英语翻译为 E，再将 E 翻译成中文 C1，完成第一次同义推导；之后将 C1 翻译成英文 E1，再将 E1 翻译为中文 C2，完成第二次推导)，统计中文词的出现频率，对 C2 的权值进行统计，计算出 C1 的权值，按权值的高低排序，推算出 C 的同义词 C1,① 再将同义词翻译为目标语言进行查询，具体步骤如图 5-1 所示。

(2) 概念中间语言

概念中间语言有助于不同语种之间的映射，从而实现不同语种词汇之间的语义关联。其主要用于不能直接进行翻译的语种，一般选择应用广泛的英语作为概念中间语言。概念中间语言能确保各种语言的文献和提问式在概念

① 宋培彦，李静静，赵星．跨语言术语同义关系推荐方法及其实证［J］．现代图书情报技术，2013（5）：40-45.

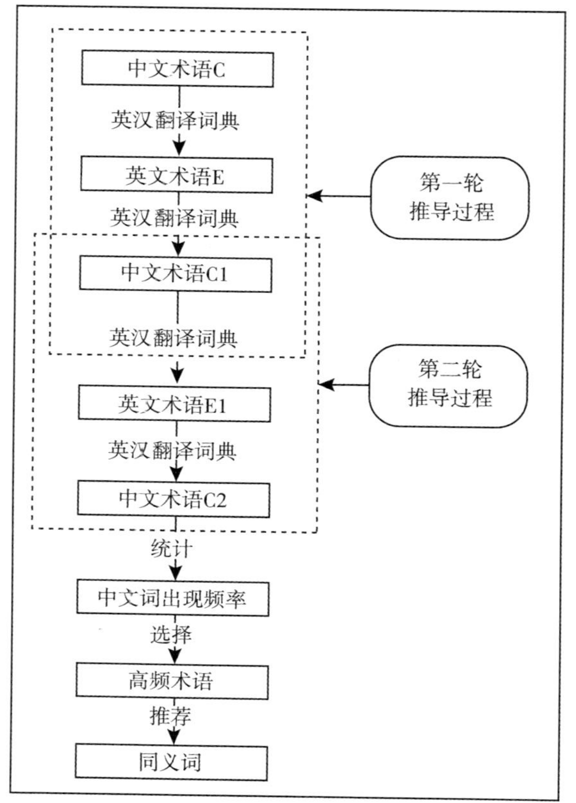

图 5-1　同义及近义关系推荐实现步骤

层次进行匹配。① 在此，以 Cindor 为例说明使用概念中间语言实现跨语言概念匹配的过程。Cindor 系统支持英语、法语、西班牙语、德语、意大利语、日语 6 种语言。将每个概念用一个同义词群 synset 来表示，将其他语言的词汇链接到表示它们所表达的概念对应的 synset 编号上，方便概念之间的匹配，如若法语为母语，选择法语检索词“F”，系统将“F”与中间语言英语进行匹配，找到对应的英文词汇“E”，“E”的编号为“N”，之后可以检索

① 吴丹. 本体驱动的跨语言信息检索研究［J］. 现代图书情报技术，2006（5）：22-26，85.

出编号为“N”的其他语种词汇，再在各个目标文档中进行检索，返回相关信息，完成跨语言信息检索。① 具体映射过程如图 5-2 所示。

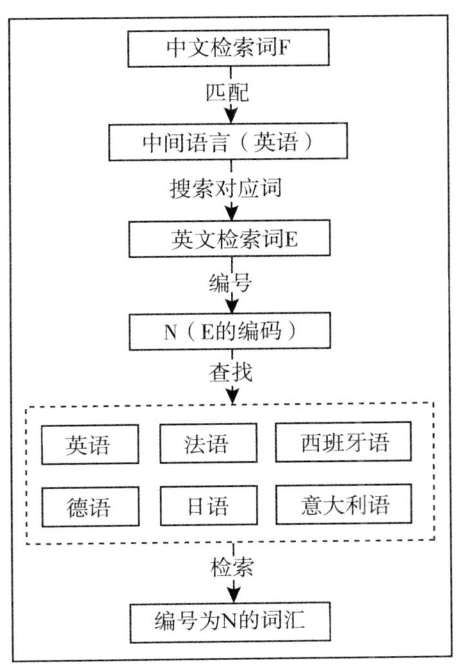

图 5-2 Cindor 概念中间语言的多语种映射过程

(3) 非翻译方法

非翻译方法是指不对查询语言或目标语言进行翻译就能实现跨语言信息检索。基于偏最小二乘理论的中间语义的跨语言信息检索方法就是一种非翻译方法。② 其不对查询语言或者目标语言进行翻译，而是通过建立两种语言

---

① 吴丹，王惠临．本体在跨语言信息检索中的应用机制研究［J］．图书情报工作，2006，50（9）：10-13.

② 黄国斌，王明文，叶浩．一种新的基于中间语义的跨语言信息检索模型［J］．中文信息学报，2009（2）：77-82.

的平行语料库，将两种语言都投影到一个更小的语义空间，并建立好对应的中间语义对，实现语义关联，此种方法避免了对查询语言或目标语言进行翻译过程中导致的语义偏离。针对两种以上的语言，亦可通过这种方法实现多语言之间的跨语言信息检索，如构建中法跨语言信息检索模型，其实现过程是在中英平行语料库和蒙特利尔大学提供的英法平行语料库基础上，先对双语语料库的文档进行分析建模，建立中英、英法跨语言信息检索模型，并利用英语作为过渡语言，实现了中法跨语言信息检索模型的构建。①

（4）术语抽取技术

多语术语抽取可实现不同语种概念之间的匹配，实现跨语言信息检索中的语义关联。目前，可通过构建语料库实现双语术语抽取。语料库是指由大量经过整理的文本形成的具有既定格式与标记的文本集。② 基于语料库的方法主要有基于平行语料库和可比语料库两种方法。③ 第一种利用平行语料库进行双语核心术语抽取。首先将专业领域文档的关键词作为候选核心术语，利用中文和英文的专业领域分类语料，通过关键词抽取、术语度计算等关键技术，分别进行中文和英文的核心术语的识别；接着，以中英文专业领域平行语料为基础，利用双语对齐技术，自动生成中英文对照的双语核心术语列表，实现中英双语核心术语对的抽取。④ 第二种利用可比语料库抽取中英双语术语对，在给定的主题领域下，选取中英文专业语料，从中分别获取中英文关键词，根据词语共现统计获取该主题领域的其他相关关键词；以这些关

① 邹小芳．基于潜在中间语义的多语言信息检索研究［D］．南昌：江西师范大学，2009：27-32.

② 黄国斌，王明文，叶浩．一种新的基于中间语义的跨语言信息检索模型［J］．中文信息学报，2009（2）：77-82.

③ 章成志，王惠临．面向数字图书馆应用的多语言领域本体学习研究［J］．图书情报工作，2011，55（2）：11-15，94.

④ 章成志，王惠临．基于专业领域平行语料的双语核心术语抽取研究［C］//北京语言大学．中国计算机语言学研究前沿进展（2007—2009）．第十届全国计算语言学学术会议，2009：358-363.

键词作为查询入口，通过学术搜索引擎从网络获取候选可比语料；对可比语料进行定量评估，以剔除不符合要求的语料，最终得到特定主题领域的可比语料库，实现中英双语术语对的抽取。①

（5）多语言本体

本体能够很好地描述概念的内涵及概念间关系，具有良好的概念层次结构，支持逻辑推理。多语本体是本体在不同语种中的具体表现形式，利用多语本体构建领域知识，能减少不同语言转换过程中的语义损失和曲解。② 在多语本体库构建中，引入了同义词规范，使各语种的概念之间能够相互对照。③ 多语本体将源语言与目标语言的对应实例统一在本体概念下，如用户用源语言输入一个查询式，系统在源语言本体库中找到其对应的概念，然后映射到目标语言本体库，找出对应的实例反馈给用户。在此过程中，对查询表达和检索对象进行语义标注是利用多语本体实现语义关联的重要环节。④ 以下是使用查询表达和检索对象进行语义标注的过程。①在查询表达的语义标注中，采用遍历的方法，将查询用词与源语言本体库中对应的本体术语以及相关的概念术语建立映射，再通过源语言本体库与目标语言本体库已建立的概念映射关系，最终将查询用词转换为目标语言概念术语。②在检索对象的语义标注中，从目标文档中抽取特征词汇，根据词汇的统计词频或者文档创建者赋予的标志，为每个特征词赋权值，以表示它们在检索中的重要程度。通过本体库的查询，查看本体中的每个术语的每一种语义，看其是否存在于已抽取出的特征词汇中，从而把文档（带有权值信息）作为该领域本体

---

① 康小丽，章成志．用于双语术语抽取的专业领域中英文可比语料库构建［J］．现代图书情报技术，2012（2）：28-33.

② 郝嘉树，王惠临，刘耀．基于本体的跨语言信息检索模型和关键技术研究［J］．情报科学，2009（2）：271-275.

③ 刘伟成，孙吉红．多语言本体构建及其在跨语言信息检索中的应用［J］．武汉科技大学学报（社会科学版），2008，10（4）：73-76，98.

④ 吴丹，王惠临．本体在跨语言信息检索中的应用机制研究［J］．图书情报工作，2006，50（9）：10-13.

的一个实例与领域本体关联起来。

此外，主题图属于一种简单的本体，在揭示语词概念之间的语义关系和多语言支持方面具有优越性。① 它是一种用于描述信息资源知识结构的元数据格式，可以定位某一知识概念所在的资源位置，也可以表示知识概念间的相互联系。主题图克服了简单字符级匹配的缺陷，能够实现语义检索，主要由主题、资源实体及关联性 3 个部分组成。② 夏立新和王忠义提出基于主题图的跨语言检索模型，③ 其实现语义关联的过程为：先通过分别提取中文信息资源和英文信息资源中的元数据，在主题图模板和规则文档的支持下生成中文主题图和英文主题图，将中文主题图翻译为汉英双语主题图，再将汉英双语主题图与中文主题图合并，对合并后的主题图中未经翻译的汉语主题进行翻译，最终生成综合的汉英双语主题图，实现使用中文或英文任一语种的提问式检索，均可获得两种语言的相关信息。

5.1.2 语义关联方法技术的适用性

我们对实现跨语言信息检索中语义关联的 5 种方法和技术的适用性进行了分析，如表 5-1 所示。在跨语言信息检索语义关联实现的过程中，以上方法和技术并非完全独立，可互相结合或与其他技术结合使用。如可考虑将概念中间语言与本体技术、非翻译方法与平行语料库、术语抽取技术与词共现技术相结合，实现跨语言信息检索中的语义关联。①将概念中间语言与本体技术相结合。基于本体的跨语言信息检索的关键技术是多语本体库的相互映射，映射的关键在于利用中间语言来规范多语本体库中的概念，使源语言与目标语言内涵表达一致，并根据含义建立多语映射。如 Cindor 系统采用中间

① 夏立新，王忠义．基于主题图的英汉跨语言检索模型构建［J］．图书情报工作，2008，52（11）：70-74.

② 艾丹祥，张玉峰．利用主题图建立概念知识库［J］．图书情报知识，2003（2）：48-50，53.

③ 夏立新，王忠义．基于主题图的英汉跨语言检索模型构建［J］．图书情报工作，2008，52（11）：70-74.

语言翻译技术来实现跨语言检索，以多语本体作为其跨语言转化的核心机制。① ②非翻译方法与平行语料库相结合。基于偏最小二乘理论的中间语义的跨语言信息检索属于非翻译方法，其通过建立好的中英文平行语料库，将两种语言都投影到一个更小的语义空间中，并建立好对应的中间语义对。利用对应的中间语义对，在这个中间语义空间中计算查询和文档直接的相似度，实现 CLIR。③术语抽取技术与词共现技术相结合。在使用可比语料库进行双语术语对抽取时，需要使用到词共现技术，用于获取领域内相关的关键词。

表 5-1 **语义关联方法技术的适用性**

方法技术适用性	适用范围
同义及近义关系推荐	属于基本语义类型，应用于双语种（如中英文）之间的同义及近义关系挖掘
概念中间语言	一般应用于不能直接翻译的不同语种之间的映射，使提问式和文献在表达上统一
非翻译方法	将查询语言和目标文档投影到中间语义空间，建立中间语义对②
术语抽取技术	可与语料库结合，用于双语术语对的抽取；应用于双语术语词典编撰、双语本体构建、机器翻译③
多语本体	刻画不同语言中对应的领域知识；将提问式转换为本体中的概念表达，对检索对象进行语义表达，建立概念索引④；应用于跨语言之间的概念转换；对用户的查询进行扩展

① 吴丹．本体驱动的跨语言信息检索研究［J］．现代图书情报技术，2006（5）：22-26，85.

② 黄国斌，王明文，叶浩．一种新的基于中间语义的跨语言信息检索模型［J］．中文信息学报，2009（2）：77-82.

③ 章成志，王惠临．基于专业领域平行语料的双语核心术语抽取研究［C］//北京语言大学．中国计算机语言学研究前沿进展（2007—2009）．第十届全国计算语言学学术会议，2009：358-363.

④ 吴丹，王惠临．本体在跨语言信息检索中的应用机制研究［J］．图书情报工作，2006，50（9）：10-13.

本节探讨了跨语言信息检索中语义关联的方法和技术，以及这些方法技术的适用性。主要包括如下5种方法技术：同义及近义关系推荐、概念中间语言、非翻译方法、术语抽取技术、多语本体。同义及近义关系推荐方法能帮助用户扩展与提问式有语义关系的同义词及近义词；概念中间语言通过选择英语作为中间语言完成不同语种之间的映射，实现不同语种词汇之间的语义关联；非翻译方法（指基于偏最小二乘理论的中间语义的跨语言信息检索方法）通过建立各语言的平行语料库，将各语言都投影到一个更小的语义空间，并建立好对应的中间语义对，实现语义关联；多语术语抽取通过平行语料库与可比语料库抽取不同语种的核心术语对；多语本体将源语言查询词映射到源语言本体中，再通过源语言本体与目标语言本体的映射关系，查找出与查询词对应的目标语言概念。以上方法技术不局限于传统检索中字符级的匹配，而是提升到概念匹配的层次，将这些方法技术应用到跨语言信息检索系统中，能更好地实现跨语言信息检索中的语义关联。

5.2 我国多语言语料库研究进展

语料库是指根据一定的方法收集的自然出现语料构成的电子数据库。①按语种划分可分为单语言、双语言和多语言语料库，后两者根据语料的组织形式又可以分为平行语料库和可比语料库。平行语料库又称对齐语料库，是由原文本和对应的翻译文本构成的语料库，语言之间是完全对等的、互译的，是译文关系，多用于机器学习、双语词典；而可比语料库又称类比语料库，是表述相同主题的多种语言文本的集合，源语言和目标语言没有严格的翻译关系，多用于语言对比研究，比如针对同一事件不同语言的新闻报道的集合等。

自20世纪90年代初世界上第一个多语言语料库“加拿大议会会议录英

① 胡开宝．语料库翻译学概论［M］．上海：上海交通大学出版社，2011.

法平行语料库”在加拿大建成以来,① 国内外陆续出现了一些多语言语料库，如厦门大学海外教育学院主持开发的英汉双语平行语料库（厦大 E-C Corpus)、② 北京大学中国语言学研究中心开发的汉英双语语料库、③ 北京外国语大学日本研究中心研制的中日对译语料库、④ 香港理工大学研制的双语旅游语料库、上海交通大学的科技英语可比语料库（JDEST)、绍兴文理学院创建的《红楼梦》汉英平行语料库⑤等。国内学者对多语言语料库的研究以双语平行语料库为主，涉及 3 种及 3 种以上语种的语料库较少。据我们统计，英汉语料库的研究文献（包括学术论文、学位论文、会议论文）占总文献的 55.9%。语料库的语种以英汉语为主，其次是维汉语，另外还包括俄语、日语、法语、藏语等与汉语的结合。我们研究的多语言语料库是包括两种及两种以上语言的语料库。

5.2.1 关于多语言语料库构建的关键技术研究

(1) 语料资源（网页）的获取技术研究

①平行网页获取技术研究。平行网页是指存在于两个不同的网页中的、相互翻译的两种语言的网页对，如武汉大学官网的中英文版本网址分别是 URL：http：//www. whu. edu. cn 和 http：//en. whu. edu. cn。其网页中包含的高质量双语语料是平行语料库构建的重要来源，常用 URL 命名规律或 HTML

---

① 王克非，黄立波．国外双语库研制与应用评析［J］. 外语电化教学，2012（6）：3-10.

② 英汉双语平行语料库检索页面［EB/OL］.［2015-11-15］. http：//www. luweixmu. com /ec-corpus /query. asp.

③ 北京大学中国语言学研究中心．CCL 汉英双语语料库［EB/OL］.［2015-11-15］. http：// ccl. pku. edu. cn：8080 /cclcorpus/.

④ 北外语料库语言学．语料库语言学年表［EB/OL］.［2015-11-15］. http：//www. Bfsu-corpus. org /content /chronology-corpus-linguistics-yu-liao-ku-yu-yan-xue-nian-biao.

⑤《红楼梦》汉英平行语料库［EB/OL］.［2015-11-15］. http：//corpus. usx. edu. cn /hongloumeng /.

结构信息来发现平行网页。熊文新对“中外对话”环保网站的中英文文本的存放、文件的命名方式及页面的构成规律进行分析，并构建双语平行语料库；① 徐春通过一定的网页分析算法预测候选 URL 与目标网页的相似度或与主题的相关性，从而抓取平行网页；② 姜子进等根据 HTML 特征建立 HTML 树，以 HTML 树结构来识别网页正文内容的特征，然后根据正文内容信息相似性提取网页；③ 莫源源等根据网页内容及候选网页对间的余弦相似度等特征和最大熵模型训练的分类器对平行网页进行识别，以获取柬英（柬埔寨语与英语）平行网页；④ 刘奇等先利用 HTML 结构实现平行网页的递归访问，再使用 URL 模式优化遍历平行网站的拓扑顺序来获得平行网页。⑤ ②混合网页是指互为翻译的文本存在于同一个网页内，即网页中既有源语言，又有目标语言。要获取混合网页，就要先检测网页是否含有所需要语种的正文文本。王琳琳分别使用基于 Unicode 字符编码分布和 N-Gram 的语种识别两种方法进行句子的语种识别，并进行对比实验，以发现混合网页。⑥

（2）对齐技术与方法研究

对齐是指从互译的语言文本中找到其互译片段的过程，根据对齐粒度的大小可以分为篇章、段落、句子、短语、词等多个层次。国内学者对对齐技术与方法的研究主要集中在词对齐和句子对齐两方面。①词对齐方法研究。张亚军等基于统计方法依次使用 IBM 模型 1、IBM 模型 2 构建出一个词对齐

---

① 熊文新．Web、语料库与双语平行语料库的建设［J］．图书情报工作，2013（10）：128-135.

② 徐春．汉、英平行语料库的研究与构建［J］．科技信息，2011（17）：104-105.

③ 姜子进，吐尔根·依布拉音，赛依旦·阿不力米提，等．Web 环境下自动获取汉、维语料库［J］．计算机应用与软件，2011，28（12）：19-21，70.

④ 莫源源，潘丽同，严馨，等．基于最大熵模型的柬英平行网页获取［J］．计算机工程，2016，42（5）：194-200.

⑤ 刘奇，刘洋，孙茂松．URL 模式与 HTML 结构相结合的平行网页获取方法［J］．中文信息学报，2013，27（3）：91-99.

⑥ 王琳琳．面向 Web 的多语平行句对挖掘技术研究［D］．哈尔滨：哈尔滨工业大学，2014：27-30.

系统。[①] 刘鹏远等基于 HowNet 以及 WordNet 进行相似度计算，然后设定相似度阈值来进行词义过滤，以改进词对齐技术中的错误累计问题。[②] 陈亮提出基于语言模型的多词对齐算法，解决词对齐过程中存在的一对多和多对多的对齐问题。[③] ②句子对齐方法研究。张艳与柏冈秀纪提出了以基于长度的统计对齐方法为主，以基于标点的方法作为对齐的后处理部分的汉英句子对齐的扩展方法；[④] 于新等针对藏文语言的特殊性提出了基于词典的汉藏句子对齐算法；[⑤]塞麦提·麦麦提敏等将词汇信息和长度信息相结合，识别出锚点句对，并将其作为分割标志对全文进行分段，进而实现各片段内的句子对齐；[⑥] 才藏太提出了一种藏文句子的边界识别方法，即利用特殊规则和词表对藏文句子进行识别，然后利用最大熵模型对有歧义的句子进一步识别；[⑦] 刘智颖建立了句子级语义标注语料库，探讨句子级语义标注语料库的标注内容、标注方法和标注难点。[⑧] 此外，李康熙从语言学角度出发，重点结合象征单位和翻译单位等概念探讨了双语对齐中存在的问题；[⑨] 赵莲提出了基于跨语言信息检索与特征过滤相融合的方法来建立源语言文档与目标语言文档间的对

---

① 张亚军，贺琛琛．汉语-维吾尔语的一对一词对齐研究［J］．昌吉学院学报，2012（6）：80-83.

② 刘鹏远，赵铁军，李生等．利用语义相似度解决双语词汇知识获取的错误累计问题［J］．哈尔滨工程大学学报，2006，27（Z1）：575-579.

③ 陈亮．基于英汉平行语料库的机器翻译知识获取研究［D］．北京：北京交通大学，2012：16-19.

④ 张艳，柏冈秀纪．基于长度的扩展方法的汉英句子对齐［J］．中文信息学报，2005（5）：31-36.

⑤ 于新，吴健，洪锦玲．基于词典的汉藏句子对齐研究与实现［J］．中文信息学报，2011，25（4）：57-62.

⑥ 塞麦提·麦麦提敏，侯敏，吐尔根·伊布拉音．基于锚点句对的汉维句子对齐方法［J］．计算机工程，2015（4）：166 -170.

⑦ 才藏太．基于最大熵分类器的藏文句子边界自动识别方法研究［J］．计算机工程与科学，2012，34（6）：187-190.

⑧ 刘智颖．基于 HNC 的现代汉语句子级语义标注语料库的研究和建立［M］．北京：中国社会科学出版社，2015.

⑨ 李康熙，杨勇．平行语料库对齐技术的语言学思考［J］．合肥工业大学学报（社会科学版），2009，23（3）：83-86.

应关系，以确保可比较语料库的对齐质量。①

(3) 对应单位抽取技术研究

对应单位是指源语言和目标语言文本中任何可以识别的相互对应的语块或者片段，在部分文献中又称为翻译对、互译对，可用于双语词典编纂和统计机器翻译。梁铭对双语语料中的名词和短语进行统计并生成候选术语集，使用翻译概率计算公式计算每个英文候选术语与相关的中文间的翻译概率，并通过设定随词频变化的阈值以及贪心算法来选取中文翻译；② 任高举等提出了一种改进的短语抽取算法，先考虑词对齐矩阵中一个汉语词与多个维吾尔语词的对齐情况，然后利用 Och 的短语抽取算法抽取短语对，最后考虑维吾尔语 SOV 语序（即主语+宾语+谓语语序）的结构特点，抽取双语短语；③ 唐亮等提出基于多策略过滤方法，即先从一种语言中抽取多词短语，然后通过一系列过滤措施得到质量较高的单语言多词短语，最后通过相似度计算抽取并整合翻译对；④ 刘颖等用正则期望从汉语专利语料库中抽取并过滤汉语短语，利用词对齐工具 Giza++ 和 Moses 从汉英平行语料库中抽取汉英短语，根据两者的交集得到翻译对；⑤ 严灿勋等基于 C#正则表达式的英汉翻译对抽取方法，从机读电子词典、含英汉翻译对的网页等资料中提取有固定模式的翻译对；⑥ 徐会芳从可比语料库中分别抽取中、英文多词术语，再使用最小

---

① 赵莲. 大规模中英可比较语料库构建 [D]. 大连：大连理工大学，2010：30-36.

② 梁铭. 基于英汉平行语料库术语词典的自动抽取 [J]. 电脑知识与技术：学术交流，2009，5（7）：5081-5083.

③ 任高举，吐尔根·伊布拉音，艾山·吾买尔. 统计机器翻译中汉维短语对抽取的研究 [J]. 新疆大学学报（自然科学版），2010，27（3）：349-352.

④ 唐亮，李倩，许洪波，等. 基于多策略过滤的汉日多词短语抽取和对齐 [J]. 山东大学学报（理学版），2015（9）：21-28.

⑤ 刘颖，铁铮，余畅. 汉英短语翻译对的自动抽取 [J]. 计算机应用与软件，2012，29（7）：69-72.

⑥ 严灿勋，刘慧敏，宋兰. 基于 C#正则表达式的英汉翻译对抽取 [J]. 科技信息，2011（26）：1-2.

化样本风险算法来调节特征权重，得到术语匹配对，并使用阈值限定法过滤正确的术语对。①

(4) 其他技术研究

其他技术研究涉及文本分类与去重技术。熊超等通过考虑双语平行语料文档与文档、文档与词和词与词之间的语义对应关系，提取原始文档的潜在语义对，构建潜在语义对偶空间，把双语文档映射到此概念空间后，实现跨语言文本分类。② 申文明等利用整体相似因子和局部相似因子计算句子的相似度，并借鉴 KMP 算法的匹配思想，提出中文字符串匹配的类 KMP 算法，以实现平行语料库中形似句子的去重。③

5.2.2 关于多语言语料库应用的研究

(1) 在翻译中的应用

①应用于翻译共性研究。翻译共性是指译文中呈现的有别于原文的一些典型的、跨语言的、有一定普遍性的特征。④ 研究集中在翻译的显化、隐化、简化和范化等方面。董敏与冯德正基于自建的平行语料库，检索与汉语对应的英文逻辑连接词，进而分析英汉翻译逻辑关系显化策略的动因；⑤ 黄立波基于双语平行语料库，对汉英和英汉翻译中连接成分和人称代词主语的转换

---

① 徐会芳．可比语料中双语多词术语互译对抽取方法研究［D］．大连：大连理工大学，2013：I.

② 熊超，王明文，吴福英，等．基于潜在语义对偶空间的跨语言文本分类研究［J］．广西师范大学学报（自然科学版），2010，28（1）：157-160.

③ 申文明，黄家裕，刘连芳．平行语料库的相似语句去重算法［J］．广西科学院学报，2009，25（4）：248-250，256.

④ 柯飞．翻译中的隐和显［J］．外语教学与研究（外国语文双月刊），2005，37（4）：303-307.

⑤ 董敏，冯德正．英汉科技翻译逻辑关系显化策略的语料库研究［J］．外语教学，2015，36（2）：93-96.

进行考察，以发现语言形式手段差异与翻译中显化和隐化的关系；① 武光军以汉英类比语料库作为实证研究平台，以搭配作为研究对象，分别分析了翻译汉语、英语文本的整体搭配特征，以加深对翻译共性的认识。②

②应用于词汇及古籍翻译。借助领域多语言语料库对具体词的用法进行分析和研究，能够对译名进行统一与规范，获得作品、短语的最佳翻译方式。易焱与王克非基于英汉、汉英双向平行语料库，对现代汉语人称代词“大家”和它在英语中的对应项进行分析，以加强对人称代词在翻译语言中使用规律的认识；③ 王子颖利用中国大陆和香港地区法律法规汉英平行语料库，研究了 shall 和 may 两个情态动词在肯定和否定形式下的不同用法；④ 胥逸萌选取 5 年的《政府工作报告》建立了一个小型双语平行语料库，研究报告的翻译团队对“推进”一词的用法；⑤ 刘克强基于自建的《儒林外史》汉英句对齐平行语料库，对该书中服饰、习俗、戏曲等方面的翻译进行分析。⑥

③应用于译者风格研究。通过语料对比分析，可以考察译者在传承原作风格之外的自我显现。刘泽权利用语料库检索软件对《红楼梦》的 4 个英译本在词汇和句子层面的基本特征进行数据统计和初步的量化分析，比较其在翻译风格上的异同；⑦ 宋伟华通过自建的《六祖坛经》汉英平行语

---

① 黄立波．基于汉英/英汉平行语料库的翻译共性研究［M］．上海：复旦大学出版社，2007.

② 武光军．基于汉英类比语料库的翻译文本中的搭配特征研究［M］．北京：中国社会科学出版社，2014.

③ 易焱，王克非．基于平行语料库的“大家”的对应研究［J］．外语与外语教学，2013（3）：49-54.

④ 王子颖．法律语篇中 shall 和 may 的翻译对比研究［J］．上海翻译，2013（4）：52-57.

⑤ 胥逸萌．《政府工作报告》中“推进”的概念隐喻用法实证研究［J］．读与写：教育教学刊，2012（8）：34-35.

⑥ 刘克强．儒林外史语词典型翻译——基于平行语料库的研究［M］．北京：光明日报出版社，2015.

⑦ 刘泽权，刘超朋，朱虹．《红楼梦》四个英译本的译者风格初探——基于语料库的统计与分析［J］．中国翻译，2011，32（1）：60-64.

料库对该典籍最早的两个英译本进行分析，探讨导致两个译本方式不同的因素[①]；卢晓娟根据鲁迅小说的3位不同译者的英译本建立语料库，从译者所运用的翻译策略、翻译风格等角度，探讨影响译者风格形成的因素。[②]

④应用于翻译教学。多语言语料库可以为教学翻译提供句子及篇章级的英汉对译，提高课堂教学效果。香港城市大学开发了“英汉汉英翻译远程教学系统”，以篇章语言学、系统功能语言学、文体学和话语研究等为理论支撑，对语料进行手工标注。[③] 贺文照使用平行语料库和词典等常规参考资源作为实验组和对照组进行实证研究，发现平行语料库能提高翻译方面的工作效率和质量；[④] 蒋丽平以某IT学院大三的软件开发专业学生为实验对象，来验证IT英汉平行语料库在辅助翻译方面的质量和效率。[⑤] 熊兵研究了英汉双语平行语料库的翻译教学模式，并重点分析翻译教学模式的教学内容编排、实施原则及操作方式等问题。[⑥]

(2) 在双语词典构建中的应用

多语言语料库的建立方便了词典编撰，如《新时代英汉大词典》是我国国内借用现代语料库研编大中型英汉词典的开山之作。[⑦] 曾文等在实现汉英

---

① 宋伟华.《坛经》黄茂林英译本与Dwight Goddard英译本比较[J].中国科技翻译，2013（1）：19-22.

② 卢晓娟.语料库驱动下的鲁迅小说译者风格研究[M].北京：中央编译出版社，2015.

③ 王惠.“精加工”平行语料库在翻译教学中的应用[J].中国翻译，2015（1）：50-54.

④ 贺文照.平行语料库辅助翻译实践实证研究[J].嘉兴学院学报，2013，25（2）：64-69.

⑤ 蒋丽平.IT文本英汉平行语料库辅助翻译实践的实证研究[J].中南林业科技大学学报（社会科学版），2014，8（4）：110-113.

⑥ 熊兵.基于英汉双语平行语料库的翻译教学模式研究[J].外语界，2015（4）：2-10.

⑦ 吴晓昱，王安民.平行语料库与汉英词典编纂的对接[J].译林（学术版），2012（2）：169-176.

句子级对齐后，对双语语料分别进行分词和词性标注处理，通过抽取汉英词语单元并计算其关联概率来实现汉英的词语对齐，生成双语词典。① 吴玥在可比语料库双语词表构建的基础上，提出了基于依存上下文来构建中-英词表的方法。② 安纪霞等以对数相似性模型为基础，采用迭代策略实现了翻译词典获取，并在自建的小型英汉平行语料库“测试语料”上进行了相应的试验。③ 李德俊探讨了基于语料库的词典编纂系统的方法。④ 刘克强以《水浒传》4 个英语全译本为对象，在建立平行语料库的基础上编写了《水浒传翻译大辞典》。⑤

(3) 在机器翻译中的应用

平行语料是机器翻译模型不可缺少的训练数据，机器翻译系统能从语料库中自动提取与待翻译语句相同或相近的例句，并模仿例句自动生成译文。黄瑾在已有的双语平行语料库中选出与待翻译文本相似的数据构造自适应的训练语料，再通过加权调整已有资源的数据分布，在不增加大数据规模的基础上生成更为优化的模型参数，以提高机器翻译的质量。⑥ 刘粤钳与姚红玉用《人民日报》中、法文网络版的部分文章建立了一个小型的汉法平行语料库，然后利用改进的 Yamada 算法构建了一个汉法机器翻译系统。⑦ 李梅等针对机器翻译中出现的典型性错误，进行二次加工，即做译后编辑的自动化

---

① 曾文，王惠临，徐红姣．汉英双语词典的自动构建技术研究［J］．情报学报，2011，30（4）：402-409.

② 吴玥．基于依存上下文的中-英词表构建方法［J］．信息通信，2013（7）：95-96.

③ 安纪霞，李锡祚，宋冰，等．服务于词典编纂的特定领域专业术语自动抽取［J］．计算机与数字工程，2007（11）：53-56.

④ 李德俊．语料库词典学［M］．江苏：译林出版社，2015.

⑤ 刘克强．水浒传翻译大辞典［M］．北京：中央编译出版社，2014.

⑥ 黄瑾，吕雅娟，刘群．基于信息检索方法的统计翻译系统训练数据选择与优［J］．中文信息学报，2008，22（2）：40-46.

⑦ 刘粤钳，姚红玉．一类基于平行语料统计的汉法机译解决方案［J］．计算机技术与发展，2008，18（4）：114-117.

处理以过滤这些典型性错误，从而加快机译速度并提高机译质量。①

(4) 在信息服务平台构建中的应用

王传英利用双语平行语料库二次开发图书馆公共信息服务平台，以解决读者利用文献时的语言障碍问题，并辅助读者阅读、写作。② 赵衍以中英文平行语料库为基础，设计了一种跨语种的 Web 产品评论挖掘系统，并将其应用于高尔夫轿车的产品性能挖掘。③ 纳吉米设计与实现了汉维哈平行语料库系统的文档导入及对齐功能，以构建面向电力行业信息系统的汉维哈自动翻译引擎。④

(5) 在跨语言信息检索中的应用

多语言语料库是跨语言信息处理的重要资源。房璐等从多语言语料库中抽取翻译知识，并应用于跨语言信息检索系统的查询翻译中，以改善跨语言信息检索的性能。⑤ 罗远胜等基于双语平行语料库中两种语言的潜在语义空间，提出双语偏最小二乘双语主题相关模型，以克服跨语言潜在语义索引模型中存在的不足。⑥ 邹小芳等基于自建的中英平行语料库和蒙特利尔大学的英法平行语料库，对平行文档进行分析建模，提取语言之间的潜在语义对应

---

① 李梅，朱锡明. 译后编辑自动化的英汉机器翻译新探索 [J]. 中国翻译，2013 (4)：83-87.

② 王传英. 基于双语平行语料库的信息服务平台建设 [J]. 图书馆工作与研究，2010 (12)：79-82.

③ 赵衍. 基于中英文平行语料库的 Web 产品评论挖掘 [J]. 上海管理科学，2012 (5)：42-46.

④ 尼加提·纳吉米. 面向电力行业的汉维哈文档对齐工具的设计与实现 [J]. 电脑知识与技术，2014 (36)：8657-8658，8663.

⑤ 房璐，葛运东，洪宇，等. 可比较语料库构建及在跨语言信息检索中的应用 [J]. 广西师范大学学报 (自然科学版)，2010，28 (3)：126-130.

⑥ 罗远胜，王明文，勒中坚，等. 跨语言信息检索中的双语主题相关模型 [J]. 小型微型计算机系统，2013，34 (12)：2758-2763.

关系，在潜在中间语义空间中进行检索。① 胡小鹏等利用 n-元词串、关键词簇等自动抽取技术挖掘三元组可比语料库中本族语言模型的双语资源，改进和发展跨语言处理应用。②

2000 年，我国研究者开始关注多语言语料库，十几年来其研究热度持续上升。我们在大量的文献调研基础上，对我国多语言语料库的研究进展进行了分析。在学科领域上，语言学领域对多语言语料库的研究最多，其次是计算机领域。具体来说，语言学领域主要是利用多语言语料库来研究语言翻译问题，即探讨基于语料库的特定领域、不同语种之间的翻译以及翻译教学研究，部分语言学学者会自行构建小型多语言语料库来辅助研究。计算机科学与图书情报领域则更多地聚集在多语言语料库的关键技术方面，包括针对语料库中某个技术的实现提出具体的解决方案、新的算法以及多语言语料库的应用问题等。通过对文献的主题分析发现，我国对多语言语料库的研究大致可以分为两大块，一是多语言语料库关键技术研究；二是多语言语料库应用研究。在构建多语言语料库的过程中，研究最多的技术是网页获取技术、对齐技术和术语抽取技术。网页获取技术是多语言语料库的语料来源，是构建多语言语料库的基础；对齐技术、术语抽取技术可广泛应用于多语词典、不同语种的同义词词表和机器翻译中，但是术语抽取技术对多语言语料库的数量、质量、精确度要求较高。多语言语料库的应用以翻译、词典构建、机器翻译为研究热点。在未来，要加强多语言语料库的评价研究，提出定量和定性的评价指标，以提高语料库构建的质量。此外，丰富的网络信息资源已为可比语料库的发展提供了契机，通过爬虫工具可以从互联网上获得大量的可比较文本，未来还应加强对可比语料库关键技术、构建方法的研究。

---

① 邹小芳，王明文，左家莉，等．新的基于中间语义的多语言信息检索模型［J］．小型微型计算机系统，2010（4）：696-701.

② 胡小鹏，袁琦，耿鑫辉，等．构建和剖析中英三元组可比语料库［J］．计算机工程与应用，2014（13）：153-157，186.

5.3 基于跨语言信息检索的可比语料库构建

5.3.1 可比语料库的特点及其应用领域

1995年，Baker首次提出了可比语料库的概念，他认为特定语言的非翻译源文本资源和该文本资源的其他语言译本共同构成了可比语料库（Comparable Corpus）。[①] 因而，可比语料库是一种资源仓储，其资源是对同一主题、不同语种的文本资源进行系统化、规范化处理之后，形成的文本对数据。通过对相关研究成果的深入分析，我们发现可比语料库主要有以下特点：①侧重于源文档和目标文档是否是对同一件事的描述，是否具有同一个主题，而非句子与句子之间的对齐；②库中的翻译词对受语料库质量的影响更加显著；③对未登录词（通常指自然语言处理所用词典中未包含的词，它既可以是随着技术和社会发展新出现的词，也可能是在构建词典过程中遗漏的词[②]）的处理能力较强。由于其主要通过互联网收集语料，获取未登录词的可能性相对较高。[③]

由此可见，可比语料库应用于CLIR，其优势主要表现在主题关联方面，有助于关联主题的检索。同时，由于其语料来源于网络，还可在语料规模和文本对质量方面为大型CLIR系统的构建及运行提供资源保障。相关研究对阿拉伯语-英语跨语言信息检索系统的调研数据表明，可比语料库对CLIR任务有效，可单独将其作为资源模块运用于CLIR系统。[④] 可比语料库主要借

---

① Baker M. Corpora in translation studies: an overview and some suggestions for future research [J]. Target, 1995, 7 (2): 223-243.

② 段宇锋，等. 条件随机场与领域本体元素集相结合的未登录词识别研究 [J]. 现代图书情报技术，2015 (4): 41-49.

③ 康小丽，等. 基于可比语料库的双语术语抽取研究述评 [J]. 现代图书情报技术，2009 (10): 7-13.

④ Azadeh S, Chengxiang Z. Leveraging comparable corpora for cross-lingual information retrieval in resource-lean language pairs [J]. Inf Retrieval, 2013 (16): 1-29.

助网络爬虫技术智能获取语料，语料规模可根据系统需求进行扩展，因而有助于大型 CLIR 系统的开发与构建。① 此外，可比语料库对语料的对齐处理不再局限于严格的形式对齐，而是强调源语言文档与目标语言文档的主题关联性，可有效提高 CLIR 系统的资源检准率，更加贴近用户需求。②

国内目前所构建的可比语料库以双语可比语料库为主，大多为中英可比语料库。且多数采用单向翻译构建模式，一般是将同一主题的中英文文档分别作为源语言文档和目标语言文档，通过单向翻译（在关键词抽取和文档检索上采用单向处理，将源语言文档关键词翻译为目标语言检索词进行检索，不再对目标语言文档进行关键词抽取及翻译）和对齐处理形成可比文档对，构成语料库。由此可见，我国在可比语料库建设方面采用的方法较为单一，除单向翻译构建模式外，对其他构建方法的研究及运用相对较少。基于此，我们结合相关研究及实践，对目前几种较为常见的可比语料库构建方法的基本原理进行了探讨，并提出构建国内可比语料库的相关建议。

5.3.2 基于 CLIR 的可比语料库构建方法

(1) 提问式翻译构建法

目前，提问式翻译构建法是构建可比语料库较普遍的方法。其基本原理是：将源语言文档中的关键词翻译为目标语言，再对目标语言文档进行单语检索，形成对齐文档对。在实际应用中，该方法又可分单向与双向翻译两种构建方式。

1）单向翻译构建法

利用单向翻译法构建可比语料库的基本流程主要涉及 5 个环节，即文档搜集→关键词提取→关键词单向翻译→检索查询→文档对齐，如图 5-3

① Homa B. et al. Mining a persian-english comparable corpus for cross-language information retrieval [J]. Information Processing and Management, 2014, 50 (2): 384-398.

② Tuomas T, et al. Creating and exploiting a comparable corpus in cross-language information retrieval [J]. Acm Transactions on Information Systems, 2007, 25 (1): 79-82.

所示。①

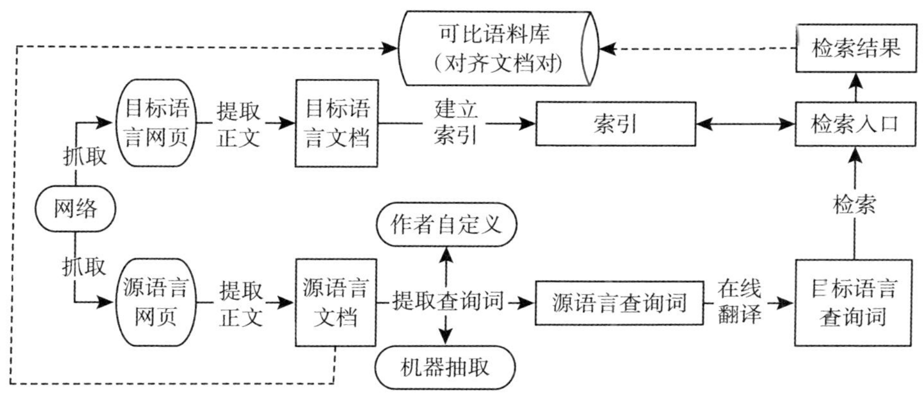

图 5-3 可比语料库单向翻译构建方法

具体步骤如下：

①文档搜集。文档搜集大多通过网络爬虫技术抓取网页信息加以实现。目前，常用的爬虫工具主要有 Python、MetaSeeker、Heritrix、Nutch 等。由于其在开发语言、运行环境以及网页处理方式等方面存在着差异，在搜集文档时应充分考虑系统兼容性和功能需求选择合适的爬虫工具。

②关键词提取。可比语料库的构建更多地采用了基于主题特征的关键词提取法。该方法根据 LDA（Latent Dirichlet Allocation）文档主题生成模型中主题和词的分布情况，使用给关键词赋值的方法直接抽取文档关键词，抽取出各主题的代表性词汇。② 一般情况下，关键词提取分为 5 个步骤，即：a. 预处理；b. 主题分析；c. TF-ITF 权值计算；d. 候选关键词合并；e. 冗余短语消除。③

① 房璐，等．可比较语料库构建及在跨语言信息检索中的应用［J］．广西师范大学学报，2010，28（3）：126-130.

② 刘俊，等．基于主题特征的关键词抽取［J］．计算机应用研究，2012，29（11）：4224-4227.

③ 朱泽德．网络双语语料挖掘关键技术研究［D］．合肥：中国科技大学，2014：56.

关键词提取的关键是利用 TF-ITF 算法计算词在文档中的频率与其逆文档频率的权值，获取词汇对文档的权重。TF-ITF 是关键词提取的基本算法，假设关键词 j 至少存在于一个文档 d（$d_j \neq 0$），d_j/N 是包含某个关键词的文档数占整个文档集合的比例，则其逆文档频率 IDF_j 为：

$$\mathrm{IDF}_j = \mathrm{Log}_2 N - \mathrm{Log}_2 d_j$$

关键词 j 对文档 i 的权重 W_{ij}（TF-ITF 值）被定义为关键词 j 在文档 i 中的频率乘以其逆文档频率，其计算公式为：

$$W_{ij} = f_{ij} \cdot (\mathrm{Log}_2 N - \mathrm{Log}_2 d_j)$$

注：N：文档集合中的文档总数，d_j：包含关键词 j 的文档数，f_{ij}：关键词 j 在文档 i 中的频率，W_{ij}：关键词 j 在文档 i 中的权重。①

③关键词单向翻译。在 CLIR 中，可比语料库系统通常采用基于在线双语或多语词典的方法对关键词或查询词进行翻译。在线词典翻译速度快，词汇量丰富且交互性强。目前，常用的在线翻译词典（软件）主要有 Google 翻译、有道词典、金山词霸等。但基于在线词典的翻译方法仍然存在以下问题：a. 未登录词问题，即尽管网络词典词汇丰富，但仍有些词找不到其对应的翻译；b. 一词多译问题，即同一个词有不止一条翻译结果；② c. 全文翻译问题，即在线翻译系统尚无法有效识别不同语言之间的语法和文字对应规律。③

④文档检索与对齐。这是构建可比语料库的关键环节。完成关键词抽取工作之后，需要借助一定的检索算法对所抽取的关键词进行规范化处理，形成检索式。通过可比语料库检索系统利用检索式查询目标语言文档，形成文档对并做对齐处理。在可比语料库系统中，用于信息检索的开源系统主要有 Lueene、Zettair、Smart 、Lemur 及 Indri（Lemur 子项目）等。其中，Indri 以其在结构化查询方面的强大功能优势和灵活易用性得以被广泛应用。④ 最初

---

① IA El-Khair. TF-ITF [J]. Encyclopedia of Database Systems, 2009 (12).

② 房璐．英汉可比语料库的构建与应用研究［D］. 苏州：苏州大学，2011：20.

③ 李韩芬．互联网免费在线翻译工具述评［J］. 农业网络信息，2007（4）：87-88.

④ 陈燕．基于 Indri 的动态索引机制探讨［J］. 电子设计工程，2014，22（9）：13-15.

的对齐方法主要是通过检索系统对查询结果按照相关度进行初步排序，根据发布日期以及语料库规模选择与源语言文档相似度较高的目标语言文档形成可比文档对。

2）双向翻译构建法

利用双向翻译法构建可比语料库，其基本原理与单向翻译构建法相似，如图 5-4 所示。但该方法在关键词抽取和文档检索上采用双向处理，即在文档收集工作完成之后，分别提取源语言文档与目标语言文档的关键词来代表当前文档，并将提取出来的关键词进行互译。以中英文语料为例，即将中文关键词翻译成英文、英文关键词翻译成中文，并对其进行规范化处理，分别形成检索式。利用英文检索语句到英文文档集合中检索候选英文文档，利用中文检索语句到中文文档集合中检索候选中文文档。最后，通过发布日期和相似度对候选文档进行过滤，形成可比文档对。①

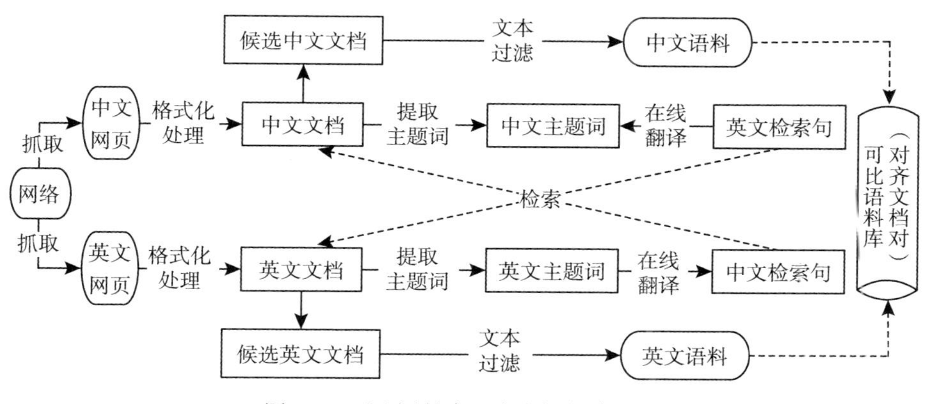

图 5-4　可比语料库双向翻译构建方法

（2）特征过滤构建法

基于特征过滤的方法是对提问式翻译构建法的进一步完善，主要用于构建大规模的双语可比语料库。这种方法是在单向翻译检索的基础上，通过基

① 王珊珊．中英可比语料库的构建［D］．大连：大连理工大学，2013：27-35.

于日期、相似度等特征指标对已生成的文档对进行过滤，目的是过滤掉相关性小的文档对，如图 5-5 所示。具体来说，其从检索构建的可比文档对中抽取 3 个特征值进行过滤，这 3 个特征指标分别是日期（Date），即新闻文档的发布日期；文档对相似度（Similarity of Document Pair，SDP），即由 Indri 检索系统返回的查询语句与目标语言文档的相似度；关键词集合相似度（Keywords Similarity of Docuemts，KSD），即源语言文档与目标语言文档对应关键词间的相似度。①

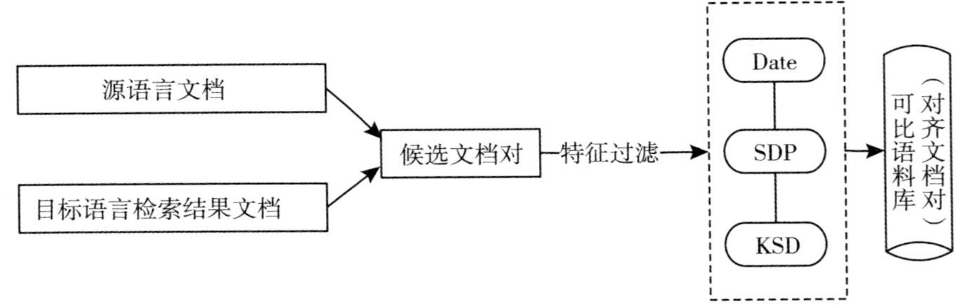

图 5-5　候选文档对特征过滤

Date 指标：在通过单向翻译检索词检索目标语言文档时，优先考虑日期与源语言文档相近的目标语言文档。为了更好地衡量文档日期间的差异，可把检索范围限制在日期与源语言文档相同或前后相差最近的目标语言文档中。

SDP 指标：在相关文档池中，按相似度大小选取 n 个相似度最大的文档与源语言文档组成可比文档对。然后，再将这些可比文档对按照相似度大小进行排序，并设置相似度阀值进一步过滤。

KSD 指标：该指标主要通过 FIS 关键词频度信息分值来衡量（与 FIS 值呈正相关），测算过程基于以下假设：翻译后的关键词在某个目标语言文档中出现的频次越多，则该目标语言文档与源语言文档越相关。FIS 算法的基

① 赵莲．大规模中英可比语料库构建［D］．大连：大连理工大学，2010：34.

本思想是：在累计两篇文档相似度时，为每对词赋权值以适当增加或削减其对整个文档间相似度的影响。① 具体测算方法为：定义源语言文档：d_s，目标语言文档：d_t，从 d_s 中抽取的关键词集合：k_s，翻译后关键词集合：kt_s，利用词频、逆文档频率等信息为 k_s 及 kt_s 分配权重，则计算结果为：

$$\text{Score}_{\text{FIS}} = \sum_{i=1}^{kt_s\text{Len}} (\text{BM25}(x_i, d_s) \cdot \text{IDF}(x_i) \cdot \text{BM25}(y_i, d_t) \cdot \text{IDF}(y_i) / \text{norm}(\text{Dif}(x_i, y_i)))$$

注：kt_sLen：kt_s 集合的大小，x_i：k_s 中的元素；y_i：kt_s 中的元素（y_i 与 x_i 互译）；BM25（w，d）：w 在文档 d 中的标准化词频（TF）；IDF：逆文档频率；Dif（x，y）：BM25（x，d_s）与 BM25（y，d_t）的差值。

上述计算过程中，主要考虑了 TF · IDF 和 Dif（x，y）两类参数。TF · IDF 的主要思想是：如果某个词或短语在某篇文档中出现的频率 TF 较高，且在其他文档中的逆文档频率 IDF 也较高，则该词或者短语对这篇文档具有较好的类别区分能力，同时也最能反映文档主题。② 因此，当 x_i 与 y_i 为互译关系时，关键词对 x_i、y_i 在文档 d_s、d_t 中的 TF · IDF 值越高，文档 d_s 与 d_t 的相似度就越高。Dif（x，y）为词频差值，即两篇文档内容越相似，其关键词信息也越相似，则词频差值越小。

（3）中间语言翻译构建法

中间语言翻译法是为解决源语言与目标语言间翻译资源不存在或极少的问题而开发的一种可比语料库构建模式。该方法引入除源语言与目标语言之外的一种中间语言，把源语言与目标语言都翻译成中间语言，再以中间语言进行文档的检索和匹配，如图 5-6 所示。在实际应用过程中，这种通过中间

---

① Tao T, Cheng Xiang Z. Mining comparable bilingual text corpora for cross-language information integration [C] //Proceedings of the 11th ACMSIGKDD International Conference on Knowledge Discovery in Data Mining. Chicago, USA, 2005: 691-696.

② TF-IDF [EB/OL]. [2016-04-23]. http://baike.so.com/doc/433640-459181.html.

语言翻译的方法进行源语言与目标语言之间的转换，大大降低了可比语料库系统开发过程中的跨语言翻译难度。

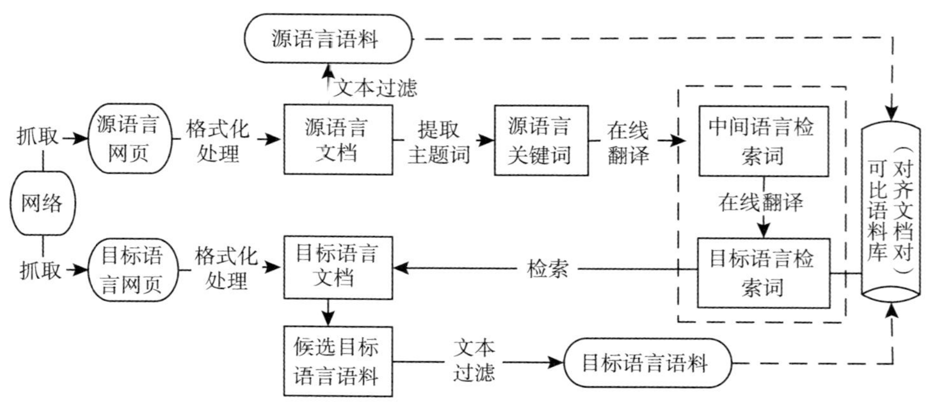

图 5-6　可比语料库中间语言翻译构建方法

利用中间语言翻译法构建可比语料库的核心问题在于：①中间语言的确立。作为中间语言必须满足两个条件，其一是该语言为泛在语言，具有较广泛的适用范围，便于语料库资源的充分利用；其二是通过在线翻译能够实现该语言与源语言和目标语言文档之间的语义对齐处理，以保证可比语料库资源的质量。在实际应用过程中，研究人员或系统开发者通常会根据当前网络翻译资源的语种分布情况和语言的覆盖范围进行选择，中间语言通常以英语居多。②翻译工具的选取。CLIR 的关键即源语言与目标语言之间的翻译问题，很多翻译方法依赖于机器翻译、双语字典或语料库等翻译工具。就目前实际情况而言，词汇量规模和翻译准确度通常是翻译工具选取过程中应考量的重要因素。

（4）其他构建方法

除提问式翻译构建法、特征过滤构建法、中间语言翻译构建法之外，相关研究者和系统开发人员还尝试通过其他方法来构建可比语料库，主要包括文献翻译法和同源匹配法。与提问式翻译方法不同，文献翻译法通过把信息库中用目标语言描述的文献全部翻译成用源语言描述的形式，再进行检索。运用该方法进行 CLIR，检索结果是用源语言描述的。由于目前文本机器翻译技术的正确率较低，而且把信息库中目标语言描述的文献翻译为源语言的工作量也是巨大的，所以文献翻译方法只有在语料库规模不大且文档内容相对简单的情况下才具有可行性。同源匹配法主要依据两种不同语言词语的书写形式或者语音方面的相似性来判断它们之间的匹配程度，无需翻译转换。由于该方法主要是通过词语的形式特征来进行匹配，文本对的语义对齐程度较低，因此在可比语料库的实际构建过程中，同源匹配构建法应用较少。

5.3.3 构建我国可比语料库的建议

(1) 根据需求选择适用的构建方法

构建方法的选取是可比语料库建设的关键问题。由前文分析可知，目前我国可比语料库的构建仍以单向翻译构建法为主，在方法的采用上相对比较单一。但要真正满足不同层次用户的需求，提高库内资源的利用率，就必须充分结合实际情况选择最佳建设方案。目前，除特定需求外，借助文本翻译或同源匹配方式构建的小型可比语料库已无法适用于现有信息环境。中间语言翻译法主要解决的是翻译资源极少或者不存在的可比语料库的构建问题，在实际应用过程中对小语种可比语料库的构建将会发挥重要作用。提问式翻译构建法是当前发展较为成熟的可比语料库构建方法，大多研究者和系统开发人员借助于该方法进行可比语料库系统的研发。特征过滤构建法是对提问式翻译构建法在文本对齐方面的进一步完善，能够有效提高语料库质量，应用前景比较广阔。随着数据量的迅速增长和用户信息需求的不断升级，我国在可比语料库的建设过程中，可在充分了解用户需求的基础之上，对现有的几种构建方法进行适用性分析，做出最适合的建设方案。

（2）完善文本翻译及术语抽取技术

由前文分析可知，可比语料库构建过程中主要涉及网页爬虫、机器翻译、术语抽取等相关技术。其中，文本翻译准确率较低、提取的关键词对文档揭示度不高是国内可比语料库建设面临的较为普遍的问题。未来我国在关键技术方面可从以下两个方面着手：①文本翻译方面，可借鉴 Google 在线机译模式，除单词、语句常规翻译之外，开发文档翻译模块，对语料库文档进行全文翻译。同时，建立在线翻译社区，对文本翻译中的术语表达、文本结构、语义分析等问题进行交流互动和探讨，不断提高语料库资源质量。②术语抽取方面，为克服基于主题特征的关键词提取法在文档语义揭示方面的不足，可借鉴 Dhouha 等于 2013 年提出的基于 WordNet 的语义相似度度量的词义消歧处理法，该方法以单义词作为消除歧义的种子集来推断多义词的翻译意思，提高双语词汇提取性能。①

（3）优化文本对齐方式

文本对齐处理效果的优劣在很大程度上决定着语料库数据资源质量的高低。目前，我国可比语料库构建过程中多采用提问式翻译法，其在文本对齐方面通常是通过日期和相似度等传统指标对候选文档对进行过滤，可在一定程度上排除相似度较低的文档对，但在文档对的语义对齐上仍需进一步完善，提高语料库资源的质量。特征过滤构建法的特色在于文档对齐方面的突破，该方法结合传统的日期、相似度等特征指标，同时融合了 KSD 指标，采用 FIS 算法对候选文档对进行系统过滤，改进了传统的文本对齐方法，有效提高了文档对相似度。因此，在文本对齐处理方面，可尝试借鉴特征过滤法，对候选文档对进行更加精细的对齐处理，同时也可在特征指标上做进一步的研究及拓展。

---

① 胡小鹏，袁琦，耿鑫辉，等．构建和剖析中英三元组可比语料库［J］．计算机工程与应用，2014，50（13）：153-157.

为满足用户多元化、跨语言的信息需求，研究者和系统开发人员尝试采用不同的方法构建可比语料库，以提高 CLIR 效率。这些构建方法各具特点：提问式翻译构建法开发较早，并与现有查询检索系统具有较高的契合度，目前在研究和实践中已得到较为广泛的关注。但其在文本对齐方面以传统的日期、相似度指标进行文本对齐处理，使语料库质量难以得到有效保障。特征过滤构建法针对这一问题进行了改进和完善，通过 KSD 指标和 FIS 算法有效提高了可比语料库中文本对的相似度，这对大规模可比语料库的构建具有重要意义。中间语言翻译构建法引进中间语言翻译机制，解决了翻译资源较少或没有对应的翻译资源时可比语料库的构建问题，是对提问式翻译构建法和特征过滤构建法的有益补充。文献翻译构建法和同源匹配构建法，由于目前全文翻译和字形、语音智能识别等技术的发展尚不成熟，只能用于构建小规模的本地语料库，并且构建成本较高。因此，我国可比语料库建设过程中，应在充分考虑系统整体性能的前提下，在对不同构建方法进行比较分析的基础上，注重关键技术的引进与完善、文本对齐处理问题的优化，选择真正适合用户需求的构建策略。

6　多语言领域本体的构建

现有的多语言本体构建主要分为两类：一类是利用机器学习技术进行多语言本体自动化构建方法；另一类为手工半自动构建多语言本体，主要利用多语言本体映射方法。从研究趋势来看，利用机器学习技术自动化构建多语言本体更受研究学者的青睐，但现阶段机器学习技术的应用和实践尚不成熟。因此，我们选取多语言本体映射方法，半自动构建植物多语言本体。针对多语言本体映射方案及植物学领域分类，我们还请教了该领域的相关学者专家，以更加规范和专业地完成多语言本体的构建。

6.1　植物多语言领域本体构建流程设计

本体分为通用本体、任务本体及领域本体等，我们构建的植物多语言领域本体属于领域本体，需要针对领域特点设计好方法路线来指导，有利于领域本体的规模化及标准化建设。植物多语言领域本体构建前期流程设计将从以下几个方面进行论述，包括构建方法及原则、本体构建工具选择、本体表示语言，最后是本体建模，并分析多语言本体构建关键子任务。

6.1.1　领域构建方法与原则

目前，还没有一套标准的方法和技术路线用于构建领域知识本体，由于领域本体具有很强的领域属性，Uschold 曾提出知识本体的构建方法，但同时指出这种方法并不是一套规范性的指南，其目的是该方法在特定的研究环境和领域中能发挥作用。①

不同领域学者在各自研究和开发的经验基础上提出了许多本体构建原则，这对于实际本体系统开发有很强的方案性，其中 Gruber 提出的本体构建五原则是被广泛认同的：②

①明确性和客观性：本体中概念术语的定义是明确的、客观的；

②完整性：对概念术语的定义是完整的，能表达特定术语的含义；

③一致性：知识推理产生的结论与术语本身的含义不会产生矛盾；

④最大单向可扩展性：向知识本体中添加通用或专用术语时，不需要修改已有的内容；

⑤最少约束：对建模对象应尽可能少地列出限定约束。

目前主要的领域本体构建方法有 7 种，分别是：TOVE 法、METHONTOLOGY 法、骨架法、KACTUS 工程法、SENSUS 法、IDEF5、七步法。通过对比 7 种方法体系，我们选取七步法作为植物多语言本体的指导方法进行领域知识本体的构建。

七步法是由斯坦福大学医学院开发的主要用于领域本体构建的方法。顾名思义，七步法由 7 个步骤模块构成，详见图 6-1。

①确定知识本体的专业领域和范畴。此步骤阶段需要明确以下几个问题：本体所面向的专业领域是什么？构建该领域本体的目标是什么？领域本体能回答哪些类型问题？等等。这些基本问题可随着领域本体设计的深入进行调整，但在一定范畴内要相对稳定。

②考察复用现有知识本体的可能。现阶段，已有的本体资源相对比较丰富，本体的复用也是领域学者研究的热点，在构建领域本体时，充分利用现有的本体资源也是构建领域本体的一种有效方法。

---

① Uschold M, Gruninger M. Ontologies: principles, methods and applications [J]. The Knowledge Engineering Review, 1996, 11 (2): 93-136.

② Karp P D, Gruber T R. A generic knowledge-base access protocol [J]. Artificial Intelligence Center, SRI International, Menlo Park, CA, 1994: 1-66.

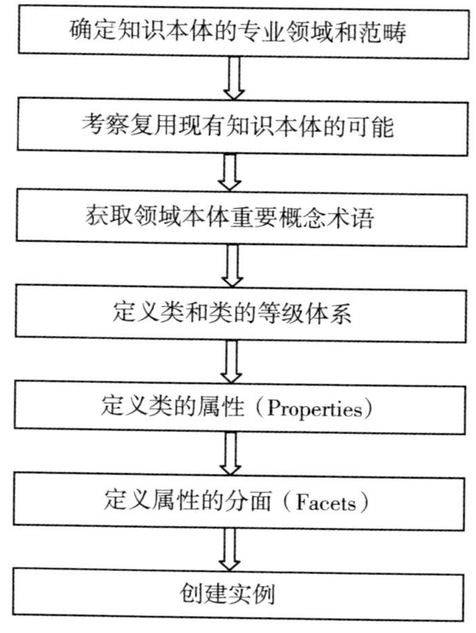

图 6-1　七步法构建领域本体流程图

③获取领域本体重要概念术语。获取领域本体概念术语是构建领域本体的关键任务之一。全面的概念术语是构建领域知识本体的基础资源，也为下一步构建概念等级体系奠定基础。

④定义类和类的等级体系。构建完善的等级体系有 3 种方法：a. 自顶向下法：由领域内最顶级概念开始，再往下细分；b. 自底向上法：由底层最小类开始，然后将细化的类组织在更加综合的类下；c. 综合法：即综合以上两种方法，首先定义大量重要的概念，然后分别将它们进行恰当归纳和演绎，再将它们与一些中级概念类关联起来。

⑤定义类的属性。在完成领域本体概念等级体系构建之后，需要对概念间的内在结构进行描述。

⑥定义属性的分面。一个属性可能包含多个“分面”，一个“分面”就是属性取值的一个特征。

⑦创建实例。

6.1.2 植物多语言本体表示语言

人工智能领域最早提出本体语言，如 CycL、Loom、OCML、KIF 等，随后基于 Web 的本体表示语言陆续被提出，如 RDF、RDF-S、SHOE、OIL、XOL、DAML、DAML+OIL、OWL 等。其中，OWL 是 W3C 推荐的本体描述语言，具有较强的本体描述能力，通过定义类及类的属性来形式化地描述一个领域的知识体系。我们将选取 OWL 语言进行本体表示，表 6-1 列举了部分 OWL 对本体类和属性的描述：

表 6-1　**OWL 类和属性的描述**

OWL 类和属性	描　　述
owl：Thing	一般类，任何类都是其子类
owl：Nothing	空类，任何类都是它的父类
owl：disjiontWith	声明类不相交
owl：equivalentClass	声明类等价
owl：ObjectProperty	将对象与其他对象相关联
owl：DatatypeProperty	将对象和数据类型的值关联起来
owl：equivalentProperty	声明属性等价
owl：allValuesFrom	指明全部值所在的类
owl：someValuesFrom	指明部分值所在的类
owl：hasValue	指明属性具有的具体值
owl：onProperty	指明作用的属性
owl：Restriction	约束声明

6.1.3 构建植物多语言本体的工具

随着本体技术开始在越来越多的领域得到应用，领域专家们开发了一系列的本体开发和管理工具支持本体技术的发展，例如：Ontosaurus、

Ontolingua、WebOnto、WebODE、OILEd、OntoEdit、OntoBuilder、Protégé 等。我们将选取 Protégé 软件作为植物多语言本体开发的工具。Protégé 由美国斯坦福大学研制，最初应用于医学领域，其优势在于它是一个开源软件，用户可免费下载，在使用和操作上也较为简单方便，可扩展性好，并提供多种语言形式进行本体存储。我们选取的是 Protégé4. 3 版本，操作界面如图 6-2 所示：

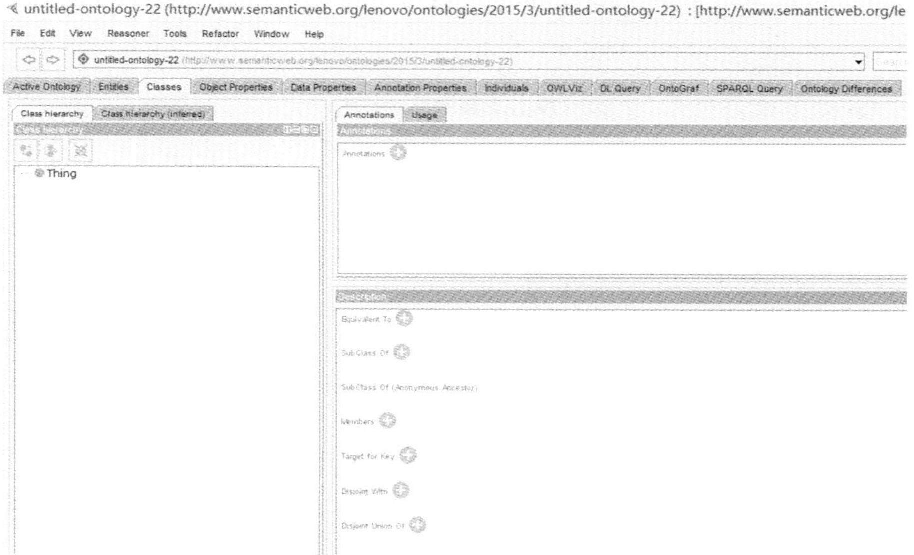

图 6-2 Protégé4. 3 操作界面

6. 1. 4 植物多语言本体构建模型

通过比较分析，我们采用自顶向下的技术路线，结合本体构建七步法，通过 Protégé 软件，利用 OWL 语言对植物多语言本体进行形式化表达。基于上述思路，我们构建了珞珈山植物多语言本体构建模型，见图 6-3。该模型分为 5 个关键子任务：

①确定植物多语言本体知识范畴：植物学领域的知识范畴十分广阔，我

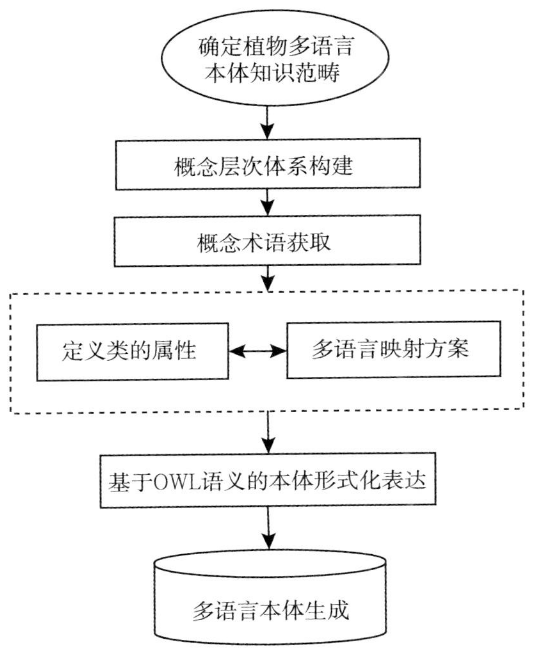

图 6-3 植物多语言本体构建模型

们选取珞珈山为特定区域，构建珞珈山植物多语言本体，研究该区域植被覆盖与植被演变现状和特征，揭示植物与环境、植物与人类的关系。

②概念层次体系构建：由于领域本体的独特性，在构建时可对通用本体构建方法进行灵活变动。我们构建本体的目的在于揭示植物与环境以及植物与人类的关系，首先需确定植物本体的上层概念体系，作为概念获取的依据。

③概念术语获取：概念术语是整个多语言领域本体的基础。根据上一步骤中确定的上层概念体系，需要获取珞珈山植被种类、植物分布地区、植物资源的类型（植物与人类的关系）等模块的概念术语。

④定义类的属性：此部分工作作为我们所构建植物多语言本体的核心模块，通过定义类的属性，实现多语言本体映射，后文将详细论述该方法，我

们将选取中文、英文及拉丁文三种语种构建多语言本体。

⑤基于 OWL 语义的本体形式化表达：此部分将利用本体构建工具 Protégé，对本体进行形式化表达，生成多语言本体。

6.2 植物多语言本体上层概念体系构建

6.2.1 植物概念体系构建背景

珞珈山位于武汉市东湖之滨，属于亚热带湿润季风气候，适宜南北各地植物的引种和驯化。珞珈山由一大三小共四座山峰组成，分别是珞珈山、狮子山、侧船山和半边山。主山珞珈山现如今称为半自然混交林，主要植被有小叶栎、樟、马尾松，后槲栎、青冈栎等树种也开始入侵。小叶栎不论密度还是盖度均占绝对优势，是该群落的优势树种。但人工种植的马尾松种群则更新不良，多为老熟大树，幼苗稀少。与珞珈山主峰相对的狮子山（樱园）后坡有以栎为主的杂木林，主要是锐齿槲栎、槲栎林、樟林及小叶栎林。槲栎类和小叶栎自然更新良好，林中灌丛以山胡椒和粉团蔷薇为主。侧船山及半边山则以侧柏林为主，这些侧柏林大多有 60 年的历史，另外有其他如马尾松、樟、朴树、石楠等上层优势树种。

此外，校内其他地区也分布着丰富的植被种类。湖滨小龟山分布有青冈林，为亚热带绿叶阔叶林重要组成树种；人文馆东至新法学院大楼谷底分布着枫香树，这批树种为 1963—1965 年定植，现演替为枫香-水竹—渐尖毛蕨群丛。从目前的现状来看，树木林和校园没有严格的区分。校园内现有丰富的植物种类，据统计，种子植物有 120 科 558 属 800 多种，还有苔藓植物、蕨类、真菌类近百种。

从珞珈山植被现状来看，植物物种与生态环境及人类活动等密切相关，这是构建植物多语言本体概念体系的重要参考依据。

6.2.2 植物多语言本体上层概念体系

植物是整个生态系统中的一部分，与其他学科密不可分，如生态学、细胞学、遗传学等。同时植物不仅与环境有关系，与人类的关系亦是密不可分。我们所构建的珞珈山植物多语言本体将重点对植物物种、植物与环境、植物与人类活动这三种关系进行揭示，并体现在本体分类体系结构上。

基于上述思想，珞珈山植物多语言本体上层概念包括领域类植物物种、形态特征、生态环境、地理分布及植物经济用途。由于植物分类与一般学科知识分类的差异性，因此每一种概念都有其专业通用的分类体系，例如，植物物种分类严格按照“门-纲、亚纲、目、科、属”等级进行分类，植物形态特征包含“根、茎和芽、叶、花序和花”等部分的特征形态。

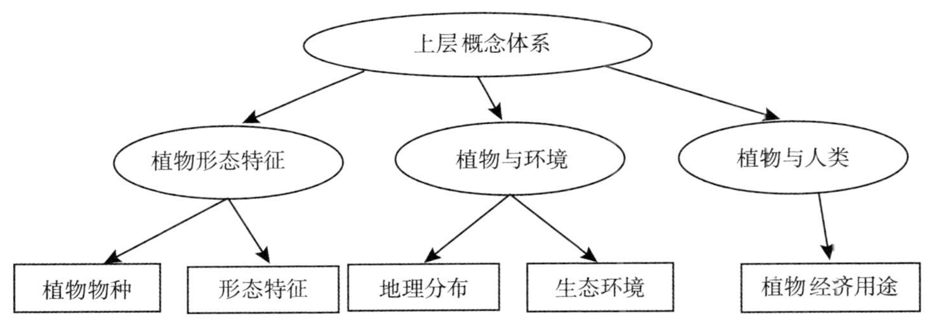

图 6-4　珞珈山植物多语言本体上层概念体系

6.3 植物多语言本体概念术语获取

由于植物分类学是一门专门研究植物界不同类群起源及亲缘关系、进化规律的基础学科，各分支领域都有专业固定成型的分类体系，我们将借鉴学科专业分类体系获取多语言本体概念术语。概念术语的语种类型为中文、英文和拉丁文。为方便描述，后文将用中文列举相关概念术语，拉丁文及英文对应术语将通过《中国植物志》及谷歌翻译进行检索，并在实验过程中录入。

6.3.1 植物物种类概念

武汉大学生命科学学院植物学系汪小凡等经过多年努力，编辑收录了珞珈山共 151 科 735 种植物，出版了《珞珈山植物图谱》一书，该书内植物分类体系依据现行的《中国植物志》，树种包含大量植物图片，是植物鉴定的“活字典”。

本章植物物种概念来源于汪小凡及黄双全教授编撰的《珞珈山植物图谱》一书，书中收录了珞珈山内 151 科 735 种植物，其分类体系依据现行的《中国植物志》（http：//frps. iplant. cn//），其原理是基于对植物形态特征的比较，按照划分科、属、种的标准和特征，选择一对明显不同的特征，将植物分为两类，然后在每一类中再根据其他相对应的特征再次作出同样的划分。著者将珞珈山内植物大类分为 5 类，分别是蕨类植物、裸子植物、被子植物（双子叶离瓣花类）、被子植物（双子叶合瓣花类）、被子植物（单子叶类），这五类植物同属于维管植物类。表 6-2 展示了一部分珞珈山植物的层次体系及各层级概念术语，共三层，第四层为植物物种实例。

表 6-2 珞珈山植物物种概念层次体系

一级类	二级类	三级类	四级类
植物种类	蕨类植物	凤尾蕨科	蕨菜
			蜈蚣草
		铁线蕨科	铁线蕨
			荷叶铁线蕨
		铁角蕨科	凤尾铁角蕨
			华中铁角蕨

续表

一级类	二级类	三级类	四级类
植物种类	裸子植物	柏科	圆柏
			龙柏
		杉科	落羽杉
			水杉
		松科	雪松
			黄山松
	被子植物（双子叶离瓣花类）	胡桃科	胡桃
			野核桃
		杨柳科	加杨
			垂柳
			旱柳
	被子植物（双子叶合瓣花类）	杜鹃花科	杜鹃
			比利时杜鹃
			锦绣杜鹃
		菊科	百日菊
			万寿菊
	被子植物（单叶子类）	棕榈科	棕榈
			棕竹
		眼子菜科	眼子菜
			光叶眼子菜
		茨藻科	纤细茨藻
			茨藻

6.3.2 植物形态特征类概念

植物形态特征属于植物形态学的研究范畴，是研究植物体内形态和结构、器官形成和发育，细胞、组织、器官在不同环境中以及个体发育和系统发育过程中的变化规律的科学，是植物分类学、植物生理学等的基础。

描述植物形态特征的术语包括两类：一类是植物生活型特征，另一类是植物组成部分的形态特征。植物生活型是植物对生态环境长期适应而具有的一定的形态外貌、结构和习性，同样是生态学中的分类单位，与植物分类学的单位是两种不同的分类单位。国际上，1904 年丹麦植物学家克里斯登·劳恩凯尔（Christen C Raunkiær）提出植物生活型分类，称为劳恩凯尔植物生活型分类系统，后来许多学者对其框架进行了调整和修订，植物生活型分类依据《珞珈山植物图谱》中对植物生活型的描述。植物组成部分包括几大部分：根、茎、叶、花，每一部分再进行细分。具体植物形态特征概念术语层级如表 6-3 所示：

表 6-3 **植物形态特征概念层级**

<table>
<tr><th>一级类</th><th>二级类</th><th>三级类</th><th>四级类</th></tr>
<tr><td rowspan="10">生活型</td><td rowspan="3">草本植物</td><td>一年生草本</td><td></td></tr>
<tr><td>二年生草本</td><td></td></tr>
<tr><td>多年生草本</td><td></td></tr>
<tr><td rowspan="4">木本植物</td><td rowspan="2">乔木</td><td>常绿乔木</td></tr>
<tr><td>落叶乔木</td></tr>
<tr><td rowspan="2">灌木</td><td>常绿灌木</td></tr>
<tr><td>落叶灌木</td></tr>
<tr><td rowspan="2">藤本植物</td><td>木质藤本</td><td></td></tr>
<tr><td>草质藤本</td><td></td></tr>
<tr><td rowspan="6">根</td><td rowspan="4">生长场所</td><td>地生根</td><td></td></tr>
<tr><td>水生根</td><td></td></tr>
<tr><td>气生根</td><td></td></tr>
<tr><td>寄生根</td><td></td></tr>
<tr><td rowspan="2">根系</td><td>直根系</td><td></td></tr>
<tr><td>须根系</td><td></td></tr>
</table>

续表

一级类	二级类	三级类	四级类
茎	生长方向	直立茎	
		斜久茎	
		斜倚茎	
		平卧茎	
		匍匐茎	
		攀缘茎	
		缠绕茎	
	地下茎	根状茎	
		块茎	
		球茎	
		鳞茎	
叶	单叶		
	复叶	羽状复叶	
		掌状复叶	
花	对称型	辐射对称	
		两侧对称	
		不对称	
花序	无限花序	穗状花序	
		柔荑花序	
		肉穗花序	
		总状花序	
		圆锥花序	
		头状花序	
		隐头花序	
		伞形花序	
		伞房花序	

续表

一级类	二级类	三级类	四级类
花序	有限花序	二歧聚伞花序	
		单歧聚伞花序	
		多歧聚伞花序	
果	单果		
	聚合果		
	聚花果		

6.3.3 地理分布类概念

由于珞珈山范围较小，研究植物地理分布没有太大价值，因此我们扩大地理分布范围，依据《中国植物志》的地理分布，扩大至全国。查询有关资料，中国地理分区有不同的定义，这里我们选用七大地理分区标准，一级地理区域划分为：东北、华北、西北、西南、华南、华东和华中。具体见表6-4：

表6-4 **中国七大地理分区概念层级**

一级类	二级类
华东	上海市
	江苏省
	浙江省
	安徽省
	江西省
	台湾省
	山东省
	福建省

续表

一级类	二级类
华北	北京市
	天津市
	山西省
	河北省
	内蒙古
华中	湖南省
	湖北省
	河南省
华南	广东省
	广西壮族自治区
	海南省
	香港特别行政区
	澳门特别行政区
西南	重庆市
	四川省
	贵州省
	云南省
	西藏自治区
西北	陕西省
	甘肃省
	宁夏回族自治区
	新疆维吾尔自治区
	青海省
东北	黑龙江省
	吉林省
	辽宁省

6.3.4 生态环境类概念

植物与生态环境有着密切的联系，也是一对互相影响的关系。我们所要探究的主要是不同植物所生长的生态环境，生态环境与生态因子密不可分。生态因子包括光照、温度、水分、土壤和生境等①。我们考察了《中国植物志》及《珞珈山植物图谱》对植物生长环境的描述，其中《中国植物志》对植物的生态环境描述较为全面，这里我们将主要描述植物的温度、水分和土壤三种生态因子，具体如表 6-5 所示：

表 6-5 **植物生态环境概念层级**

<table>
<tr><th>一级类</th><th>二级类</th><th>三级类</th></tr>
<tr><td rowspan="5">温度</td><td>热带</td><td></td></tr>
<tr><td>亚热带</td><td></td></tr>
<tr><td>暖温带</td><td></td></tr>
<tr><td>温带</td><td></td></tr>
<tr><td>寒温带</td><td></td></tr>
<tr><td rowspan="8">水分</td><td rowspan="3">陆生</td><td>湿生</td></tr>
<tr><td>中生</td></tr>
<tr><td>旱生</td></tr>
<tr><td rowspan="5">水生</td><td>挺水植物</td></tr>
<tr><td>浮叶植物</td></tr>
<tr><td>沉水植物</td></tr>
<tr><td>漂浮植物</td></tr>
<tr><td>湿生植物</td></tr>
<tr><td rowspan="2">土壤</td><td>酸性土壤</td><td></td></tr>
<tr><td>碱性土壤</td><td></td></tr>
</table>

① 陆树刚，陈风．论蕨类植物生态类型的划分问题［J］．云南大学学报（自然科学版），2013（3）：407-415.

6.3.5 植物经济用途概念

我国有关植物资源分类体系的研究，最早在1983年由吴征镒、周俊、裴盛基提出一个新的分类体系，首先区分栽培与野生植物资源两大类，其下再区分为5大类26小类，为了便于叙述，将植物资源按植物系统区分为微生物、藻类、地衣、真菌、蕨类和种子植物。在种子植物中按用途区分为8大类23小类，我们也将借鉴此分类体系揭示植物的经济用途，见表6-6：

表6-6 **植物经济用途概念层级**

一级类	二级类	三级类
经济用途	食用植物	淀粉糖料
		食用油脂
		维生素植物
		食用色素植物
		甜味剂
		蜜源植物
		野生果树
	工业用植物	鞣料植物
		香料植物
		工业用油脂
		树脂
		树胶
		纤维类
		经济昆虫寄主
		木材类
	药用植物	
	保护和改造环境植物	花卉植物
		防风固沙
		固氮植物

续表

一级类	二级类	三级类
	有毒植物	
	牧草、饲用植物	
	种质	特有植物
		农作物品种
	栽培植物	粮食作物
		蔬菜作物
		果树

6.4 植物多语言本体概念间关系

概念间关系是本体的重要元素之一，完善的概念关系是实现本体推理的基础。我们借鉴叙词表中的语义关系类型，建立植物多语言本体中的语义关系网络。中国国家标准（GB/T13190-1991）均明确说明叙词表中包含了三种基本语义关系：等同关系、等级关系和相关关系，《汉语主题词表》的语义关系也分为上述分类，分别用"用（Y）、代（D）、属（S）、分（F）、族（Z）、参（C）"来表达①。归纳起来，主要是两类关系，即等级关系与非等级关系。

根据前文所述，OWL 语句中的主要关系类型有四类：等级关系、等同关系、相关关系及并列关系。我们所构建的珞珈山植物多语言本体旨在揭示植物与环境以及植物与人类的关系，通过语义分析可发现，在植物本体模型中以植物物种为核心，存在以下几种关系：

① 王知津，赵梦菊．论知识组织系统中的语义关系（下）[J]．图书馆工作与研究，2014（9）：67-71.

①概念间的等级关系。

例如，植物物种的属种关系：卷柏科为蕨类植物下位类。

②概念间的同义关系。

同义关系是植物本体中的一个重要关系。植物名称在不同语种中拥有不同的表达方式，例如，“粉团蔷薇”的中文别名为“红刺玫”，两者在概念体系中属于同义关系。

③植物物种—经济用途的关系。

植物的经济用途意指植物物种的经济价值，如药用、食用等。例如，“玫瑰花可蒸制芳香油，花瓣可制馅饼、玫瑰酒、玫瑰糖浆”，说明玫瑰可用作香料及食用。

④植物物种—地理分布的关系。

植物物种的地理分布意指不同物种在不同地理区域的分布情况。有些物种广泛分布于全国，部分植物物种仅分布在少数省份。

⑤植物物种—形态特征的关系。

植物形态包括生活形态以及植物各个组成部分的特征，每一科属物种有不同的形态特征，以此作为植物分类和辨别的依据。植物物种和形态特征之间存在两种关系，一种是整体与部分的关系，例如，根、叶、芽、花是植物物种的一部分；另一种是植物物种具有某种特征，例如，“睡莲为多年生草本植物，根状茎”，描述了睡莲所具有的形态特征。

⑥植物物种—生态环境的关系。

生态环境包括温度、水分和土壤等因子。例如，“水杉生长于气候温和、多雨、酸性黄土壤地区”，揭示了生态环境中的温度、水分和土壤三个要素。

⑦地理分布—生态环境的关系。

不同地理区域的生态环境不一样，才会有不同的植物物种分布。例如，北方地区普遍干旱少雨，南方湿润多雨，地理分布与生态环境是强相关关系。

综合上述与植物本体的语义关系分析，共 7 种语义关系，用 OWL 语句表达如表 6-7 所示。其中有三对逆反关系，在构建时需加以定义。

表 6-7 **植物多语言本体语义关系 OWL 语句表示**

语义关系类型	OWL 语句	语义关系内涵
等级关系	Sub Class Of	上下位类
同义关系	Equals/ Is Synonym Of	等同于/ 是 ** 的同义词
植物物种—经济用途关系	Is Used For	用于 **
植物物种—地理分布关系	Has Distributed/ Is Distribute In	分布有 ** / 分布于 **
植物物种—形态特征关系	Has Mophology Of/ Is A Mophology Of	有 ** 的特征/ 是 ** 一种特征
	Has Part/ Is Part Of	包含 ** 部分/ 是 ** 的一部分
植物物种—生态环境关系	Is Grow In	生长于 ** 的环境
地理分布—生态环境关系	In Relation To	相关关系

6.5 多语言概念之间的映射关系

本节论述结合语义编码与类属性的多语言本体映射方法，该方法用于构建植物多语言本体涉及 3 个关键步骤：构建语义编码、确定语种类型、确定类属性。

6.5.1 语义编码编制

植物多语言本体参考《同义词词林》编码规则，采用字母与阿拉伯数字组配的方式，为每一概念赋予位移编码，基本采取层累制编号法，具体编码方式为：一级为字母+两位数字；二级为两位数字+字母；三级为两位数字+字母+两位数字；四级为两位数字+字母+一位小写字母；五级为两位数字+字母+一位小写字母+三位数字。表 6-8 为植物多语言本体语义编码规则举例：

表 6-8 **植物多语言本体语义编码举例**

类级别	一级	二级	三级	四级	五级
符号举例	P01	P01A	P01A00	P01A00a	P01A00a000

6.5.2 确定多语言本体的语种类型

我们选择中文、英文及拉丁语三种语种类型作为多语言本体语种样本，为方便论述，上文用中文对植物本体概念术语进行了表示。由于植物领域的特殊性，国际上所采用的植物学名是由林奈所创立的“双名法”，即植物的学名统一由属名和种名组成，并统一用拉丁文。

对于所构建的植物多语言本体概念，我们分三类概念进行语种转换处理：

①植物物种概念。

此类概念通过《中国植物志》进行植物物种中文及拉丁文的查询。《中国植物志》提供在线电子版查询，详细列出了植物物种的中文别名和拉丁文异名。图 6-5 为在《中国植物志》在线版中查询的“杜鹃”的物种信息。

②地理分布概念。

我们所构建的植物多语言本体中，地理分布范围限定在中国，因此此类概念在语种转换时，仅考虑中文及英文，不考虑拉丁文。

③其他概念。

除上述两类概念外，其他概念如植物形态特征、生态环境概念等，我们利用《牛津词典》进行翻译。

相关名称 Common Names

拉丁名

Rhododendron simsii Planch.

中文名

杜鹃

拼音

dujuan

别名

唐杜鹃、照山红、映山红、山石榴、山踯躅、杜鹃花、山踯躅

异名

Rhododendron chaoanense T. C. Wu et P. C. Tam
Rhododendron viburnifolium Fang
Rhododendron bicolor Tam
Rhododendron petilum Tam
Rhododendron calleryi Planch.
Rhododendron indicum (L.) Sweet var. *puniceum* Sweet
Rhododendron simsii Planch. var. *albiflorum* R. L. Liu
Rhododendron simsii Planch. var. *strigosostylum* G. Z. Li
Rhododendron indicum (L.) Sweet var. *ignescens* Sweet
Rhododendron indicum (L.) Sweet var. *formosanum* Hayata
Rhododendron indicum (L.) Sweet var. *simsii* Maxim.
Azalea indica L. var. *simsii* (Planch.) Rehder

恩格勒系统（1964）
被子植物门 Angiospermae
双子叶植物纲 Dicotyledoneae
合瓣花亚纲 Sympetalae
杜鹃花目 Ericales
杜鹃花科 Ericaceae
杜鹃属 Rhododendron

相关类群

蝶花杜鹃 R. aberconwayi
腺花杜鹃 R. adenanthum
腺房杜鹃 R. adenogynum
弯尖杜鹃 R. adenopodum
枯鲁杜鹃 R. adenosum
雪山杜鹃 R. aganniphum
迷人杜鹃 R. agastum
亮红杜鹃 R. albersenianum
棕背杜鹃 R. alutaceum
细枝杜鹃 R. amandum
问客杜鹃 R. ambiguum
紫花杜鹃 R. amesiae
暗叶杜鹃 R. amundsenianum
…

图 6-5 《中国植物志》电子版中“杜鹃”物种信息示例

6.5.3 类属性的确定

多语种关系的映射将通过设置类的属性来完成，上一步骤中已构建好编码体系，接下来需对编码体系进行定义和解释，使其具有具体的语义含义。为方便多语种本体的构建，我们选用 Protégé 软件中的“Annotation Properties”属性功能来编码进行定义，该属性为元数据属性，可以用于定义和解释类。我们在该属性下自定义了两种属性：

①hasName 属性。

用 hasName 属性来连接编码体系与语义含义。例如，在植物多语言本体中，“P01D01a”表示“杜鹃”，杜鹃的英文学名为“Rhododendron”，拉丁语学名为“Rhododendron simsii Planch”。通过“hasName”属性将这些不同语种的概念定义为“P01D01a”的语义内涵。

②hasSynonyms 属性。

“hasSynonyms”属性为“hasName”的下位类属性，用于处理不同概念中同义词之间的关系。例如，“杜鹃”的中文别名有“映山红”“山石榴”

"山踯躅"等表达方式，其拉丁文异名有"*Rhododendron bicolor Tam*""*Rhododendron calleryi Planch*"等，利用"hasSynonyms"属性将不同语种的同义词集对应到同义语义编码上。由于"hasSynonyms"是"hasName"属性的附属属性，因此，"杜鹃"这一物种的中文别名及拉丁文异名自动对应到"P01D01a"这一同义编码下。植物多语言本体语种映射关系如图 6-6 所示：

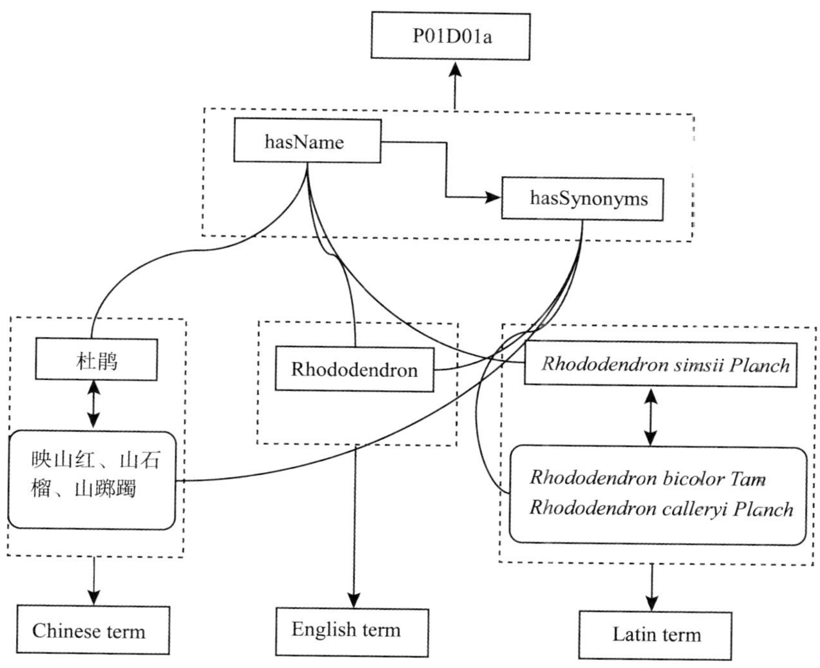

图 6-6　植物多语言本体语种映射关系

6.6　基于 Protégé 的植物多语言本体构建步骤

我们选用 Protégé 4.3 为本体编辑工具，通过图形化和交互式的本体设计环节，将语义本体表达为机器能够识别的 OWL 文件形式保存。下面将对植物多语言本体构建过程进行详细描述。

6.6.1 构建植物多语言本体类及类的层次

在 Protégé 4.3 中建立新的文件，在建立项目文件时，选择 OWL/XML Filles。在类关系窗口添加同级类或子类。

图 6-7 为 Protégé 4.3 中显示的植物本体的部分类及类层次关系图；图6-8 为 Protégé 4.3 的 OWLVizTab 标签中显示的植物本体的部分类层次图。Protégé 软件提供多种插件，可使本体结构以图形可视化方式呈现。若要实现 OWLVizTab 标签功能，需提前安装 Graphviz 插件。

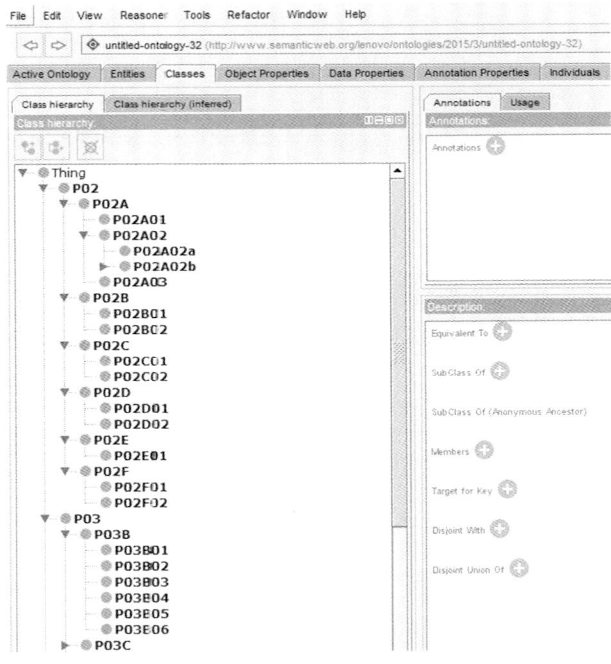

图 6-7 植物本体的部分类及类层次结构

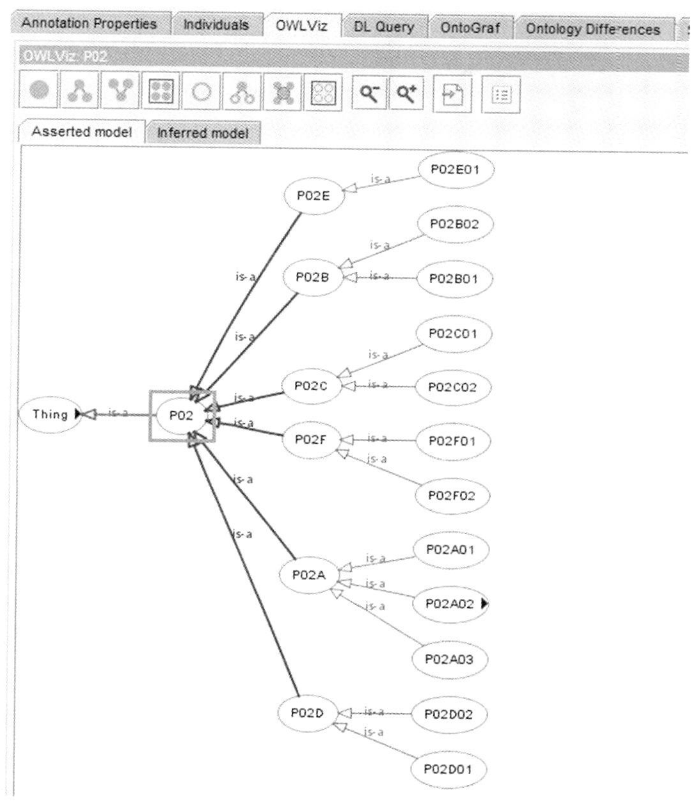

图 6-8 部分类层次的可视化

6.6.2 定义概念间关系

上文已对植物本体中的语义关系进行了分析，共定义了 7 类语义关系。在 Protégé 中，在“Object Properties”中定义关系类型，值得注意的是，在所构建的语义关系中，有三对逆反关系：“Has Distributed/Is Distribute In”“Has Mophology Of/Is A Mophology Of”“Has Part/Is Part Of”。在构建关系类型时，需通过 Protégé 中的“Inverse Of”功能对逆反关系予以定义。具体如图 6-9 所示。

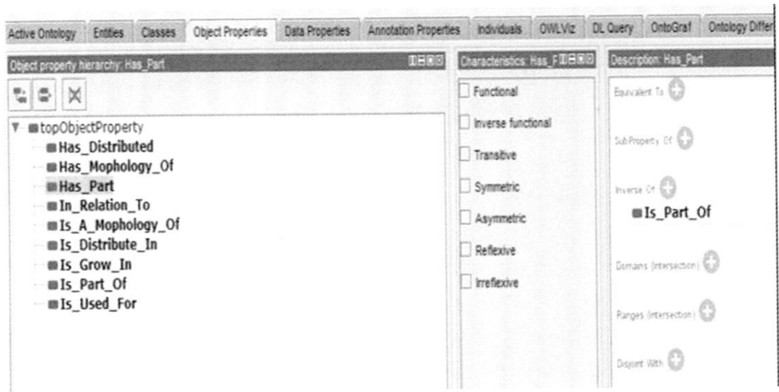

图 6-9　植物本体关系类型定义

类的关系定义完成后，需要通过定义的关系将所对应的类进行关联，例如，“漆姑草”语义编码为“P01C17f”，“全草可入药”，说明该物种具有药用价值，则可用“Is Used For”关系进行关联，如图 6-10 所示。

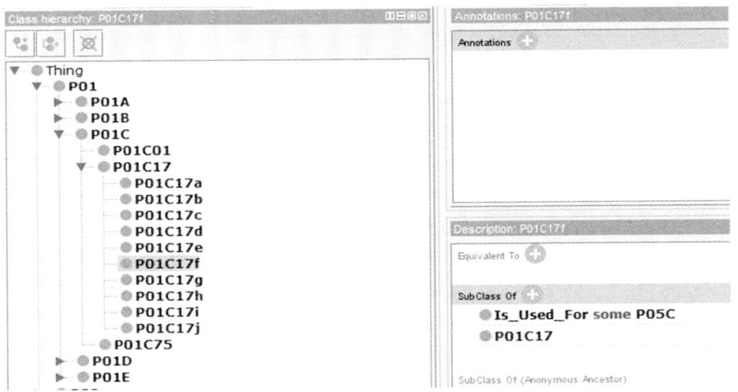

图 6-10　植物本体中类的关系定义

6.6.3　多语种概念的映射

首先在 Protégé 中的“Annotation Properties”下定义“hasName”及其下位类属性“hasSynonyms”，如图 6-11 所示。

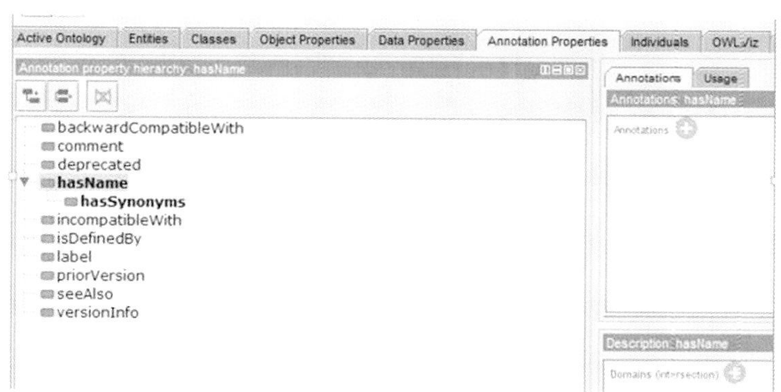

图 6-11 多语种映射的属性定义

其次，通过两类属性进行多语种之间的映射，图 6-12 所示为“P01D01a”杜鹃类的多语种映射示例，首先添加中文概念“杜鹃”，并标记语言为“zh”，代表中文，其他语言及同义词操作方法相同，结果如图 6-13 所示。图 6-14 为植物多语言本体的 OWL 语言片段。

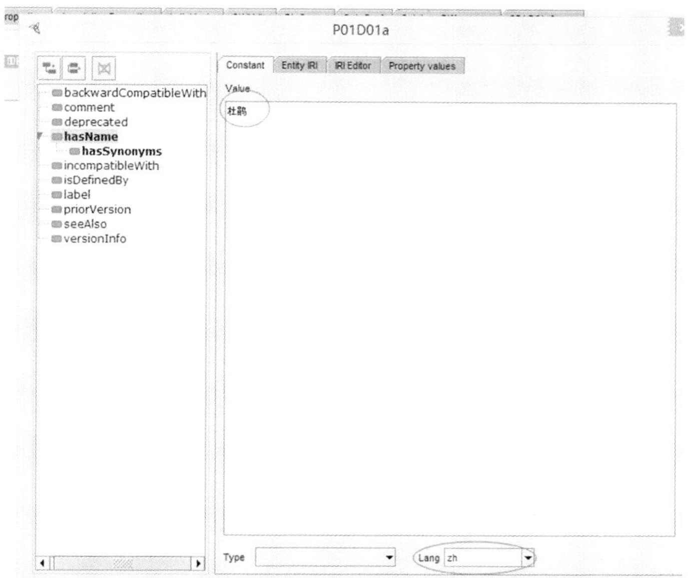

图 6-12 植物本体多语种映射操作示例

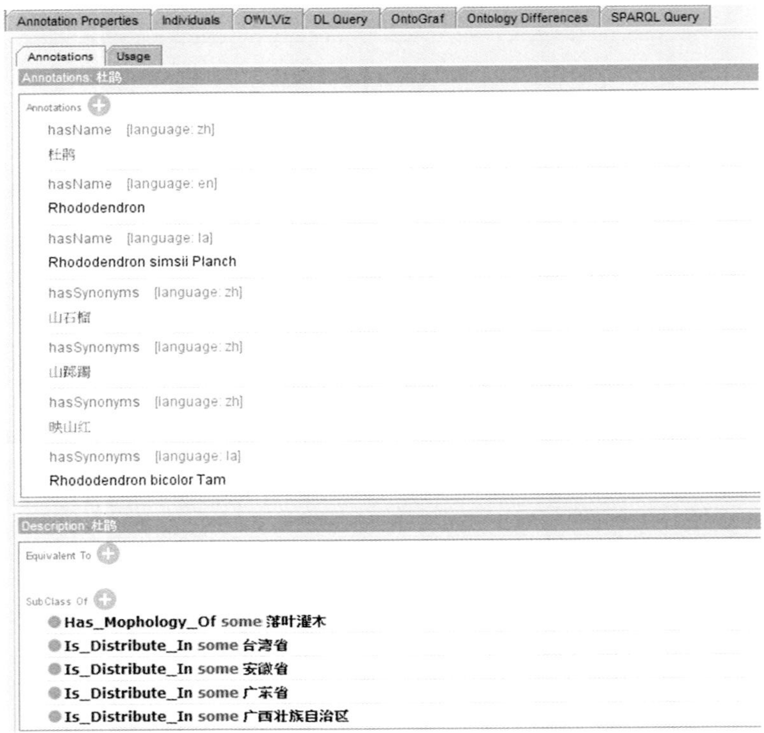

图 6-13　多语种概念映射关系


```
<AnnotationAssertion>        <AnnotationProperty IRI="#hasName"/>        <IRI>#P01D01a</IRI>
     <Literal xml:lang="en" datatypeIRI="&rdf;PlainLiteral">Rhododendron</Literal>
</AnnotationAssertion>    <AnnotationAssertion>        <AnnotationProperty IRI="#hasName"/>
    <IRI>#P01D01a</IRI>        <Literal xml:lang="la"
datatypeIRI="&rdf;PlainLiteral">Rhododendron simsii Planch</Literal>    </AnnotationAssertion>
   <AnnotationAssertion>        <AnnotationProperty IRI="#hasName"/>
<IRI>#P01D01a</IRI>        <Literal xml:lang="zh" datatypeIRI="&rdf;PlainLiteral">杜鹃
</Literal>    </AnnotationAssertion>    <AnnotationAssertion>        <AnnotationProperty
IRI="#hasSynonyms"/>        <IRI>#P01D01a</IRI>        <Literal xml:lang="la"
datatypeIRI="&rdf;PlainLiteral">Rhododendron bicolor Tam</Literal>    </AnnotationAssertion>
 <AnnotationAssertion>        <AnnotationProperty IRI="#hasSynonyms"/>
<IRI>#P01D01a</IRI>        <Literal xml:lang="la" datatypeIRI="&rdf;PlainLiteral">Rhododendron
calleryi Planch.</Literal>    </AnnotationAssertion>    <AnnotationAssertion>
<AnnotationProperty IRI="#hasSynonyms"/>        <IRI>#P01D01a</IRI>        <Literal
xml:lang="zh" datatypeIRI="&rdf;PlainLiteral">山石榴</Literal>    </AnnotationAssertion>
<AnnotationAssertion>        <AnnotationProperty IRI="#hasSynonyms"/>
<IRI>#P01D01a</IRI>        <Literal xml:lang="zh" datatypeIRI="&rdf;PlainLiteral">山踯躅
</Literal>    </AnnotationAssertion>    <AnnotationAssertion>        <AnnotationProperty
IRI="#hasSynonyms"/>        <IRI>#P01D01a</IRI>        <Literal xml:lang="zh"
datatypeIRI="&rdf;PlainLiteral">映山红</Literal>    </AnnotationAssertion>
<SubAnnotationPropertyOf>        <AnnotationProperty IRI="#hasSynonyms"/>
<AnnotationProperty IRI="#hasName"/>    </SubAnnotationPropertyOf></Ontology><!-- Generated by
the OWL API (version 3.4.2) http://owlapi.sourceforge.net -->
```


图 6-14　植物多语言本体的 OWL 语言片段

6.6.4 本体语义关系可视化

Protégé 软件提供许多可视化插件，在“OntoGraf”中可搜索相关概念并展现其语义关系。图 6-15 为语义编码“P01D01a”的搜索结果，不同颜色的线条代表不同的关系。

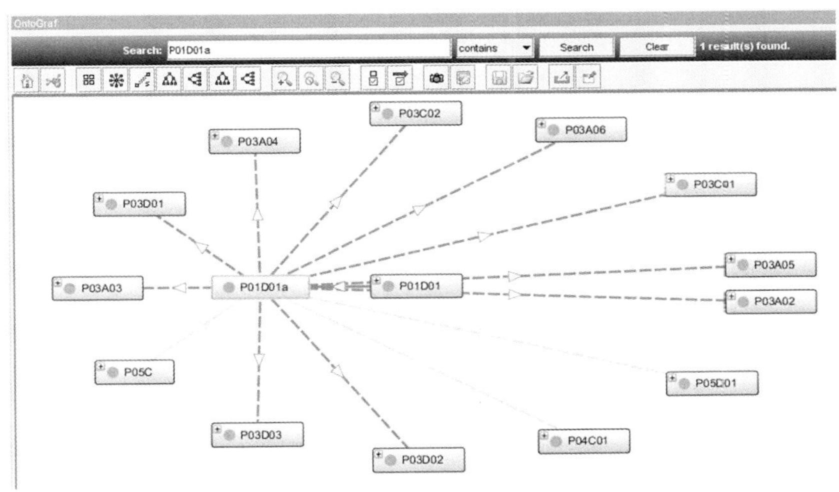

图 6-15 语义编码“P01D01a”的语义关系图

Protégé 提供了不同的视图场景，选择属性视图场景，在“OntoGraf”中搜索“杜鹃”，可出现如图 6-16 所示语义关系图。图中可清楚看到“杜鹃”这一概念与其他概念之间的关系，其上级概念为“杜鹃花科”，同类概念为“比利时杜鹃”“锦绣杜鹃”，地理分布区有“浙江省、安徽省、江西省、广东省、广西壮族自治区”等地，并可做“药用植物”及“花卉植物”，属于“落叶灌木”，并生长在“酸性土壤”中。若展开地理分布概念，可发现“杜鹃”主要分布在华东、华中和华南三个地理区域内。

由于 Protégé 中语义关系展示的是对象属性的关系，即类与类之间的关系，不同语种概念可用对应语种进行查询。图 6-17 为用“杜鹃”同义词“山石榴”进行检索的结果，由于两者之间通过“hasSynonyms”属性进行了定义，因此显示的语义结果与“杜鹃”相同。

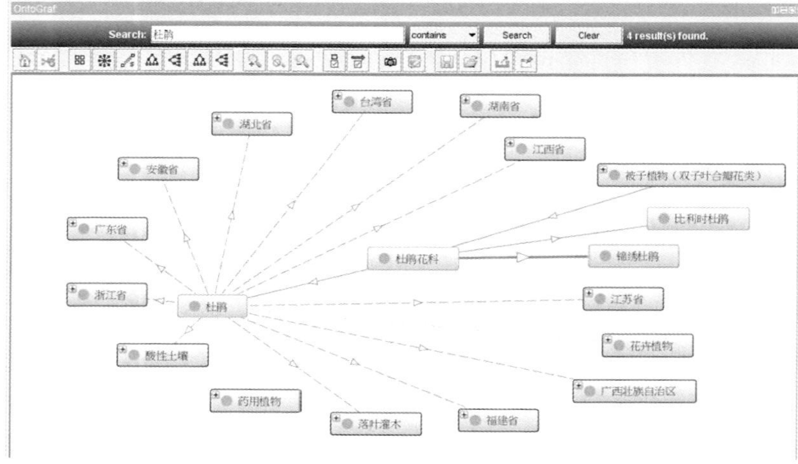

图 6-16 “杜鹃”的语义关系图

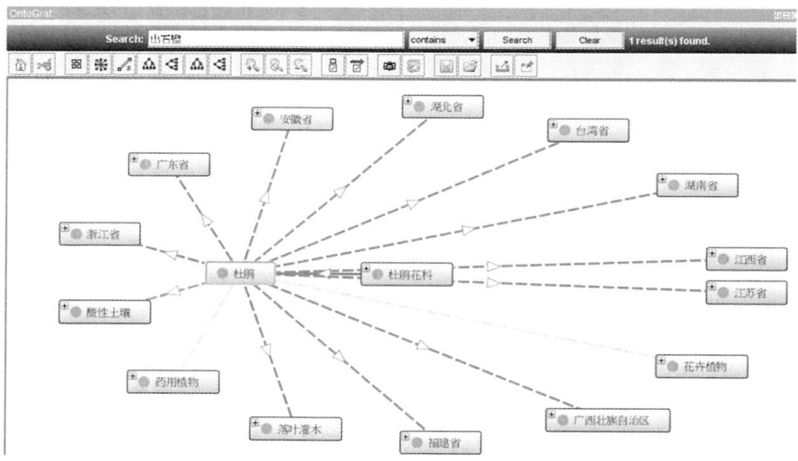

图 6-17 “山石榴”的语义关系图

6.7 基于植物多语言本体的本体查询

本节将通过SPARQL查询语言对构建的植物多语言本体进行语义关系的查询，进一步验证多语言本体构建方法的有效性。

6.7.1 SPARQL本体查询语言

SPARQL（Simple Protocol and RDF Query Language）语言的查询规范已成为W3C的推荐标准。SPARQL语言可用于异构数据的查询，是查询RDF和OWL本体的首选语言。SPARQL的查询类型主要有4种，详见表6-9。

表6-9 **SPARQL语言的查询类型**

查询类型	描述
SELECT	返回同变量相绑定的全部结果集或子集，适合以表的形式显示
CONSTRUCT	返回一个图（一组RDF命题），可以将一个图或者OWL本体中的数据转换为另一种RDF图或者WOL本体中的数据，适合检索和转换RDF
ASK	返回一个布尔道，说明是否存在查询的结果
DESCRIBE	依赖于实现，接受一个资源并返回描述该资源的图

SPARQL查询的是基于三元组结构模式的RDF查询语言，三元组的主谓宾是变量，如表6-10所示。我们对植物多语言本体的查询主要用到SELECT查询类型。SELECT查询由3个部分组成：①SELECT用于指定查询应用返回的内容；②FROM指向使用的数据集或者本体文件；③WHERE子句是由三元组模式组成的查询条件。图6-19展示了RDF三元组形式的查询与原子查询的抽象语法形式对比。①

① 刘言．基于OWL的双语领域本体构建方法研究［D］．呼和浩特：内蒙古师范大学，2014：30.

表 6-10　　　　　　　　**原子查询与对应的三元组形式**

查询的抽象语法形式	主、谓、宾的三元组形式
Type（a，C）	<a，rdf：type，C>
PropertyValue（a，p，v）	<a，p，v>
sameAs（a，b）	<a，owl：sameAs，b>
differentFrom（a，b）	<a，owl：differentFrom，b>
subClassOf（C1，C2）	<C1，rdfs：subClassOf，C2>
equivalentClass（C1，C2）	<C1，owl：equivalentClass，C2>
Disjointwith（C1，C2）	<C1，owl：Disjointwith，C2>
subPropertyOf（p，q）	<C1，owl：subPropertyOf，C2>
equivalentProperty（p，q）	<p，owl：equivalentProperty，q>
ObjectProperty（p）	<p，rdf：type，owl：ObjectProperty>
DataTypeProperty（p）	<p，rdf：type，owl：DataTypeProperty>
FunctionalProperty（p）	<p，rdf：type，owl：FunctionalProperty>
InverseFunctionaly（p）	<p，rdf：type，owl：InverseFunctional>
TransitiveProperty（p）	<p，rdf：type，owl：TransitiveProperty>
SymmetricProperty（p）	<p，rdf：type，owl：SymmetricProperty>
Domain（p，C）	<p，rdfs：domain，C>
Range（p，C）	<p，rdfs：range，C>

为实现植物多语言本体的不同查询方式，需要构建相对应的 SPARQL 查询语句。例如，查询“贯众”的上位类，其 SPARQL 查询语句如下：

PREFIX rdf：<http://www. w3. org/1999/02/22-rdf-syntax-ns#>

PREFIX owl：<http://www. w3. org/2002/07/owl#>

PREFIX xsd：<http://www. w3. org/2001/XMLSchema#>

PREFIX rdfs：<http://www. w3. org/2000/01/rdf-schema#>

PREFIX xin：<http://www. semanticweb. org/lenovo/ontologies/2015/4/untitled-ontology-39#>

```
SELECT ? x
WHERE {
Owl:银杏 rdf:type ? y.
? y rdf:subClassof ? a.
 ? x rdf:type ? a.}
```

PREFIX 表示词汇的命名空间前缀，SELECT 后面是检索变量，WHERE 子句后面为检索条件。

6.7.2 植物多语言本体的语义关系查询

根据 SPARQL 查询语句的规范，我们以“杜鹃”本体概念为例，查询与“杜鹃”有关的全部语义关系以及同义词关系。

(1) 语义关系查询

在 Protégé 中，调用“SPARQL qury”模块，编辑 SPARQL 查询语句，查询与“杜鹃”有关的所有语义关系结果，具体语句如下：

```
PREFIX rdf: <http://www.w3.org/1999/02/22-rdf-syntax-ns#>
PREFIX owl: <http://www.w3.org/2002/07/owl#>
PREFIX xsd: <http://www.w3.org/2001/XMLSchema#>
PREFIX rdfs: <http://www.w3.org/2000/01/rdf-schema#>
PREFIX xin:<http://www.semanticweb.org/lenovo/ontologies/2015/4/untitled-ontology-39#>
SELECT *
WHERE {
? subject ? relation ? object.
 ? subject xin:hasName "杜鹃"@zh}
```

图 6-18 和图 6-19 显示了“杜鹃”概念的 SPARQL 查询结果，从图中可以看到，执行 SPAQL 查询语句后，返还了所有与“杜鹃”有关的语义关系，

这些语义关系均对应到同义语义编码下“P01C01a”，即“杜鹃”所对应的语义编码。其语义关系包括对象属性关系（Object Properties）和数据属性关系（Annotation Properties），对象属性关系有相关关系（InRelationTo）、地理分布关系（IsDistributedIn）等。数据属性关系展示的是多语种关系，包括同义词和对应的其他语种概念。

subject	relation	object
杜鹃	hasSynonyms	"Rhododendron"@en
杜鹃	subClassOf	IsDistributeIn some 安徽省
杜鹃	type	Class
杜鹃	hasSynonyms	"Rhododendron petilum Tam"@la
杜鹃	hasName	"杜鹃"@zh
杜鹃	type	Class
杜鹃	hasSynonyms	"Rhododendron calleryi Planch."@la
杜鹃	hasSynonyms	"山石榴"@zh
杜鹃	hasName	"Rhododendron simsii Planch."@la
杜鹃	hasSynonyms	"山踯躅"@zh
杜鹃	subClassOf	杜鹃花科

图 6-18 SPARQL 查询“杜鹃”概念的语义关系（a）

杜鹃	hasSynonyms	"映山红"@zh
杜鹃	subClassOf	InRelationTo some 酸性土壤
杜鹃	type	Class
杜鹃	subClassOf	IsUsedOf some 花卉植物
杜鹃	type	Class
杜鹃	subClassOf	HasMophologyOf some 单叶
杜鹃	type	Class
杜鹃	subClassOf	IsDistributeIn some 江苏省
杜鹃	type	Class
杜鹃	hasName	"Azalea"@en
杜鹃	subClassOf	IsDistributeIn some 浙江省
杜鹃	type	Class

图 6-19 SPARQL 查询“杜鹃”概念的语义关系（b）

（2）同义词查询

除了对本体概念全部语义关系的查询，也可通过 SPARQL 语句查询概念的其他关系。我们通过 SPARQL 语句对“杜鹃”概念的同义词进行了查询，具体代码如下：

```
PREFIX rdf: <http://www.w3.org/1999/02/22-rdf-syntax-ns#>
PREFIX owl: <http://www.w3.org/2002/07/owl#>
```

```
PREFIX xsd: <http://www.w3.org/2001/XMLSchema#>
PREFIX rdfs: <http://www.w3.org/2000/01/rdf-schema#>
PREFIX xin: <http://www.semanticweb.org/lenovo/ontologies/2015/4/untitled-ontology-39#>
SELECT *
WHERE {
? subject xin:hasSynonyms ? object.
 ? subject xin:hasName "杜鹃"@zh}
```

通过上述语句查询，结果如图 6-20 所示。从图中可看出执行 SPARQL 查询语句后，结果返还“杜鹃”的其他语种概念以及所有的同义词概念结果。这是由于在进行属性定义时，“hasName”属性与“hasSynonyms”属性为上下位类属性，执行 SPARQL 语句查询“hasSynonyms”自动推理出其父类属性的相关结果。

subject	object
P01C01a	"Rhododendron"@en
P01C01a	"Rhododendron petilum Tam"@la
P01C01a	"山石榴"@zh
P01C01a	"Rhododendron calleryi Planch."@la
P01C01a	"山踯躅"@zh
P01C01a	"映山红"@zh

图 6-20 SPARQL 查询“杜鹃”概念的同义词关系

通过 SPARQL 本体查询语言对植物多语言本体进行查询的结果，进一步验证了利用语义编码方法构建多语言本体的可行性，并且通过 SPARQL 语句能够查询本体概念丰富的语义关系，将其应用于多语言信息检索能很好地改进传统跨语言信息检索的效果。

7 基于多语言本体的跨语言信息检索技术与模型实现

7.1 以多语本体库为核心的跨语言信息检索映射技术

7.1.1 国内外多语言本体领域映射技术研究现状

（1）国外研究现状

国外对跨语言信息检索映射机制的研究主要集中在跨语言信息检索系统映射技术或工具的开发、映射框架的构建等方面。Cssia 等提出了多语言描述逻辑（Description Logics，DL）本体的映射框架。该映射框架使用词汇数据库或字典将 DL 源本体语言翻译为目标本体语言，生成 DL 翻译本体，即映射过程的结果。研究将目标本体和翻译本体作为映射输入资源，重点探讨了 DL 翻译本体的生成过程。① Hishiyama 提出了基于从句和基于字符映射的集成化模型，用于支持佛教经文文稿的分析和利用，其基于从句的跨语言映射

① A framework for multilingual ontology mapping［EB/OL］.［2015-10-25］. http://www.researchgate.net/publication/220746110_A_Framework_for_Multilingual_Ontology_Mapping.

词典作为语言网格上的局部语言资源，可用于理解多语言手稿之间的关系。① Mancilla 对多语言映射工具 Omega 进行分析，在展示其设计和开发过程的基础上，认为开发工作的重点应集中于用户界面的优化、存储机制的完善与交互性能的提高等方面。② Dragoni 认为多语本体映射是一项旨在将语义资源进行有序化以促进信息再利用的工作，最终实现相应本体中知识和数据表示的互操作，提出将映射系统集成到知识管理平台上，使其作为平台系统的一个功能组件统一运行和得到维护。③ Cervenka 等对多语言背景患者的语言映射问题进行了实证研究，提出了 Electrocorticography（ECoG）图谱多语映射技术，用于电生理学监测和病理分析。④ 与此同时，Maris 等也展开了相关方面的研究。⑤ 此外，Ellouze 等认为关系数据库和领域本体的构建有赖于基于规则的映射技术，并对主题地图的构建方法和技术中所包括的映射规则、基于规则的映射方法等进行介绍。⑥

---

① Hishiyama R. Effects of character-based and clause-based multilingual min studies of historical buddhist scriptures [C/OL]. The 5th International Conference of Digital Archives and Digital Humanities (DADH2014), Academia Sinica [2015-03-15]. https://www.researchgate.net/publication/273521994_Effects_of_Character-based_and_Clause-based_Multilingual_Mapping_in_Studies_of_Historical_Buddhist_Scriptures.

② Mancilla B. Omega for multilingual mapping [EB/OL]. [2015-10-26]. http://www.cse.unsw.edu.au/~mancilla/pubs/eurotex2004.pdf.

③ Dragoni M. Multilingual ontology mapping in practice: a support system for domain experts [J/OL]. Springer International Publishing [2015-11-03]. http://link.springer.com/chapter/10.1007/978-3-319-25010-6_10.

④ Cervenka M C, Boatman-Reich D F, Ward J, et al. Language mapping in multilingual patients: electrocorticography and cortical stimulation during naming [J/OL]. Frontiers in Human Neuroscience [2015-11-01]. http://www.ncbi.nlm.nih.gov/pmc/articles/PMC3044479/.

⑤ Maris M. Intra-operative language mapping in a native-greek speaking, multilingual patient [C] //Archives of Clinical Neuropsychology. Great Clarendon ST, Oxford OX2 6DP, England: Oxford Univ Press, 2012, 27 (6): 580-580.

⑥ Ellouze N, Lammari N, Métais E. CITOM: an incremental construction of multilingual topic maps [J]. Data & Knowledge Engineering, 2012, 74 (3): 46-62.

(2) 国内研究现状

国内相关研究主要集中于对国外成功实践的对比分析、英汉双语映射问题的研究以及影响跨语言映射实现的干扰因素等方面。吴丹等通过对EuroWordNet和Cindor多语本体库的对比分析，探讨了本体应用于跨语言信息检索的映射方法，认为采用中间语言作为概念表示并通过词典进行翻译对照，再与不同语种的词汇建立链接关系是实现多语本体映射的有效途径。① 王效岳等以WordNet和SUMO本体为研究对象，分析了两者之间的映射动机，提出了自然语言词汇、WordNet同义集和SUMO本体概念之间的映射模型。② 夏菽兰等以基于状态映射的中英跨语种自适应方法为研究对象，将状态映射应用于跨语种自适应中，对数据映射和变换映射两种映射信息的方式进行了比较分析。③ 常春等设计了基于映射数据和叙词表数据，开发跨语言检索系统的方案，通过模型设计，演示跨语言检索过程，并对该系统可能存在的问题进行了讨论。④ 陈淑君研究了知识组织系统中多语词汇的语义映射问题，对知识组织系统（Knowledge Organization System，KOS）在不同语言（英语和中文）间的运行情况、词汇等价关系的类型以及不同概念结构之间的相似程度等问题进行了探讨。⑤ 邓盼盼等从资源整合、跨语言检索的角度讨论了映射干扰的影响因素，包括分类深度、多义项、语义关系矛盾、映射方向等，提出了基于等同关系、词表内组代关系和暗含组配情况、多重属分

---

① 吴丹，王惠临．本体在跨语言信息检索中的应用机制研究［J］．图书情报工作，2006，50（9）：10-13.

② 王效岳，胡泽文，白如江．WordNet与SUMO本体之间的映射机制研究［J］．现代图书情报技术，2011，1（1）：22-30.

③ 夏菽兰，赵力．基于状态映射的跨语种自适应研究［J］．微电子学与计算机，2015，32（4）：134-137.

④ 常春，卢文林．基于叙词表映射的农业跨语言检索系统设计［EB/OL］．［2008-03-18］．http：//www.paper.edu.cn/releasepaper/content/200803-469.

⑤ Chen Shujiun，Chen Hsuehhua. Mapping multilingual lexical semantics for knowledge organization systems［J］. The Electronic Library，2012，30（2）：278-294.

关系以及分类思想的几种解决方案。① 牛亚萌研究了跨语言信息检索中的语言翻译和信息检索方法，设计了采用提问式翻译和语义映射的跨语言信息检索模型，尝试解决跨语言信息检索中的翻译歧义性问题。② 由国内外相关研究成果可知，在跨语言信息检索映射机制研究方面，国外已步入系统研发、框架构建阶段，很多研究成果也相继应用于实践。国内在该方面的研究尚处于起步阶段，多数研究集中于对国外相关实践的对比分析、英汉双语映射等问题。部分研究对多语词汇的语义映射、跨语言信息检索映射机制影响因素等问题进行了探讨。但在跨语言信息检索映射机制的研究中，对数据库的设计、本体构建、概念存储以及其他相关问题的关注还不够。从已有研究中发现，EuroWordNet 作为目前最成功的跨语言语义网络系统之一，其所采用的中间语言索引映射机制可为国内跨语言信息检索映射问题提供解决思路。

7.1.2 EuroWordNet 多语本体库的中间语言索引映射机制

EuroWordNet 由欧洲委员会远程信息处理与应用研究项目人类语言技术部提供赞助与支持，该项目于 1999 年 6 月完成（项目参考号：LE -2 4003&LE -48328）。③ 目前，EuroWordNet 的协作框架已经得到了全球语义网协会（Global WordNet Association）的认可。④

EuroWordNet 是基于 WordNet 且面向欧洲语言的语义网络系统。随着词汇规模的扩大，WordNet 自 1989 年至今已有多个不同版本，EuroWordNet 的中间语言索引本体库以 1995 年 3 月开发的 WordNet 1.5 为基础。⑤ 以每种语言开发的 WordNet 通过存储在 ILI 本体库中的语际链接而相互关联。

---

① 邓盼盼，常春，曾建勋．中英文词表概念映射关系及处理方案研究［J］．情报杂志，2013，10（32）：127-130，192.

② 牛亚萌．跨语言信息检索技术的研究与实现［D］．西安：西安电子科技大学，2011：7-29.

③ EuroWordNet［EB/OL］．［2015-10-12］．http：//www.illc.uva.nl/EuroWordNet/.

④ Global WordNet Association［EB/OL］．［2015-10-12］．http：//www.cltl.nl/projects/centres-associations/global-WordNet-association/.

⑤ WordNet 简介［EB/OL］．［2015-11-26］．http：//www.docin.com/p-644265117.html.

EuroWordNet 的特征主要有：①包含除英文以外的其他语言的语义词典；②每一个 WordNet 都反映了其内部语言系统关系；③包含了从每种 WordNet 到英文词义的多语言关系；④每个 WordNet 都与一个语言独立的顶级本体及领域标签相关联。①

(1) 基于 ILI 的 EuroWordNet 数据库设计

EuroWordNet 数据库设计过程中主要涉及 Princeton WordNet 结构、WordNet 特定语言结构、语言内部关系和多语言间的关系 4 个方面的因素。这些关系构成了一个中间语言索引，ILI 是 EuroWordNet 多语本体库相互映射的关键。EuroWordNet 多语本体库的特色在于其多语言化的数据库设计和 ILI 的联动嵌入，具体而言：①在数据库格式方面，采用的是 Novell 索引和压缩格式。②在功能开发方面，对 Novell 概念网工具进行了适应性改造，开发了 Polaris 系统。其功能主要在于：输入或输出 WordNet (s) 可选词汇；在 WordNets 中编辑和添加概念、变量和关系；访问 ILI 和本体，通过 ILI 实现 WordNets 与本体之间的转换；基于关系的提取；输入和输出观点集群；比较同义词（簇），并将同义词（簇）从一个 WordNet 映射到另一个 WordNet；输入新记录或改编过的 ILI 记录，并将 ILI 参照更新到新的 ILI 记录中。③在结果展示方面，EuroWordNet 采用 Periscope 进行数据库图形界面展示。②

目前多语本体库主要采用两种映射机制：①源语言和目标语言本体之间的映射机制；②中间语言索引映射机制。EuroWordNet 所采用的是 ILI 中间语言索引方式，通过 ILI 实现不同 WordNet 之间的映射（EuroWordNet 数据库的体系结构见图 7-1）。具体而言，首先，每种特定语言会建立各自的词汇条目表，且在词汇内部建立语言相关链接，实现特定语种内部的同义词或近义词的语义关联，形成特定语种关联词库，从而为从特定语言到 ILI 记录之间

---

① WordNet-Euro WordNet-Global WordNet [EB/OL]. [2015-10-12]. http://wenku.baidu.com/link? url = yieW-OhJGR00kWbz5-njfJ3n5vVivoQvxVUxSXYbBZ1Yab_MCIx57wA8AYZLIfYSyI1qBO13iVbYkn33uWfIgQLMjBd4vyd1qE1dCq3xTLO.

② WordNet-Euro WordNet-Global WordNet [EB/OL]. [2015-10-12]. http://wenku.baidu.com/link? url = yieW-OhJGR00kWbz5-njfJ3n5vVivoQvxVUxSXYbBZ1Yab_MCIx57wA8AYZLIfYSyI1qBO13iVbYkn33uWfIgQLMjBd4vyd1qE1dCq3xTLO.

的映射关联提供映射条件。其次，建立从具体语言到 ILI 的关联链接，即不同语种的 WordNet 可从相应的词汇条目表中抽取词汇，实现与 ILI 本体库中的同义词或近义词汇进行匹配，这是实现多语映射的关键。此外，ILI 与领域本体和顶层本体之间采用语言独立链接，该链接可通过词汇之间的复杂等价关系实现相关词汇的上位词链接，解决同属下位类词汇的词义匹配问题。图 7-1 以中间语言索引记录“drive”为例，展示了 EuroWordNet 数据库的多语映射原理，即从英语、西班牙语、意大利语和荷兰语词汇条目表中抽取表示“drive”的同义词或近义词记录与 ILI 本体库中的相应记录“drive”进行匹配，以中间记录为媒介，实现多语种词汇间的互操作。与此同时，系统经过上位类匹配会将 ILI 记录“drive”分别与领域本体和顶层本体中的“Road”和“Location”相关联，从而形成“drive”一词的映射关联网。

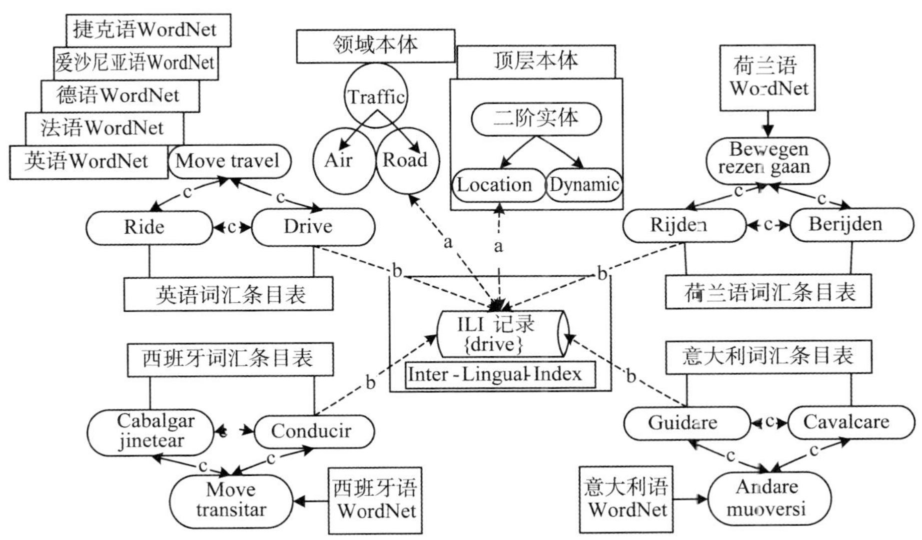

图 7-1 EuroWordNet 数据库结构

注：①a：语言独立链接；b：从特定语言到 ILI 的映射关联；c：语言相关链接。

②图片译自：WordNet-Euro WordNet-Global WordNet［EB/OL］.［2015-10-12］：http：//wenku. baidu. com/link？url＝yieW-OhJGR00kWbz5-njfJ3n5vVivoQvxVUxSXYbBZ1Yab_MCIx57 wA8AYZLIfYSyI1qBO 13iVbYkn33uWfIgQLMjBd4vyd1qE1dCq3xTLO.

(2) 基于 ILI 的本体构建

首先选取每种语言中能够代表某领域的最重要的基本概念（Basic Concept），对这些概念进行人工比较与融合，得到通用基本概念集（Common set of Base Concepts）；其次，找到通用基本概念集在 WordNet 中的名词同义词群和动词同义词群的相应含义，组成一个由 87 个概念构成的上位本体（Top-ontology），再将不同语种的同义词群通过中间语言索引链接到上位本体。EuroWordNet 的上位本体包括顶层本体和领域本体两个部分。顶层概念本体独立于语言概念层，是 EuroWordNet 词汇表在不同语义领域的典型词汇。顶层概念本体中的词汇概念之间会体现出明确的对立关系（如“有生命的”和“无生命的”），这种对立关系在映射过程中以二阶实体的形式进行划分和呈现。领域本体（或标签）是在脚注或主题限定的基础上涉及相关概念。顶层本体和领域本体（或标签）均可通过以下两个步骤实现不同 WordNets 元间的语义转移：①从 ILI 记录到特定语义的等价关系；② EuroWordNet 语言内部关系，即特定语言内部词汇间的相关关系。顶层本体通过 ILI 和 EuroWordNet 语言内部关系在荷兰语和意大利语之间实现语义转移，见图 7-2。①

(3) 基于 ILI 的概念存储

从本质上看，中间语言索引 ILI 是一个非结构化的概念存储机制，其唯一目的就是为跨语言的概念词汇集提供有效映射。其概念存储主要面向欧洲语言：a. 语言覆盖：EuroWordNet-1（LE2-4003），有英语、荷兰语、西班牙语、意大利语；EuroWordNet-2（ LE4 -8328），增加了德语、法语、捷克语、爱沙尼亚语。b. 词汇量规模：EuroWordNet-1，30 000 种概念、50 000 种词义；EuroWordNet-2，扩充了 15 000 种概念、25 000 种词义。c. 词汇类型：某种语言中最常见的词汇，所有需要与具体概念联系起来的概念。基于 ILI

① EuroWordNet：a multilingual database for information retrieval［EB/OL］.［2015-10-28］. http：//wenku. baidu. com/link？ url = J4CR3FhjCIDV0KlOYTKPuqVHtu4srdaAcn9breVm9O4ZGCN9zv3kk8SGDu0eeIT7G-tIxhM6oEyZaYMJ5ESupq-Ks_4f9qC1YRXaW9FMf03.

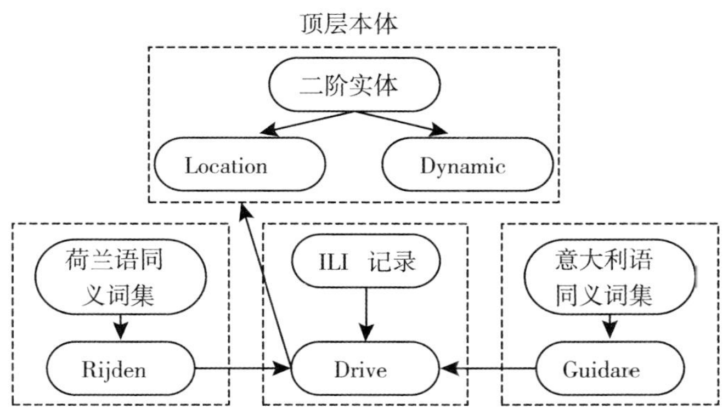

图 7-2 顶层本体在荷兰语和意大利语同义词集间的语义转移

的概念存储对于词汇的要求主要有：

①有效的颗粒度级别。ILI 概念存储不是对单个词汇的机械式保存和抽取，而是对每个词汇的词性与词义都进行了界定，使得不同语种的 WordNets 之间的词义匹配度更加精准。表 7-1 以“break”一词为例，展示了 ILI 在概念存储过程中对其所存储词汇的词性和词义进行的细粒度分解，“break”一词的 3 种词性及含义分别与具体语种（荷兰语、西班牙语、意大利语）词汇网中的相应词汇进行对照，从而实现不同语种词汇间的细粒度映射，提高跨语言信息检索的效率。

表 7-1 **ILI 概念存储词汇细粒度分析示例**

ILI 记录	WordNet	特定语言
{break} “He broke the glass”（“打破”“弄坏”）	breken	荷兰语
{break; cause to break}（“破裂”“间断”）	breken	荷兰语
{break; damage} inflict damage upon（“伤害”）	romper	西班牙语
	rompere	意大利语

②建立跨语言的概念超级集合（Superset of Concepts），即如果在现有的 ILI 概念存储中找不到合适的对应词汇，就会用复杂等价关系将该词的含义

链接到另一条 ILI 记录上，由此将产生一条潜在的 ILI 新记录。例如，荷兰语中的“klunen”，其概念含义是“to walk on skates”，但在现有的 ILI 概念存储中找不到与之匹配的对应词汇，此时，系统将会对“klunen”的含义进行分析，通过复杂等价关系将该词汇的含义链接到其上位词“walk”。在此过程中，“klunen”与“walk”之间的潜在关联就形成了一条新的 ILI 映射记录。如此系统便可以对所有潜在的 ILI 新记录进行收集，并通过特定语言的网络站点对其进行重复验证。更新 ILI 记录的提议将被分发至所有站点，并且必须得到证实，此时所有站点将要重新考虑与新记录具有潜在关联的所有词汇含义之间的等价关系。这个过程使得 ILI 概念存储由原来的基本概念集合扩展为跨语言的概念超级集合。

(4) 基于 ILI 的多语文化差异映射处理

ILI 解决的是不同语种之间的词义映射问题，其通过建立语义概念间的复杂等价关系，对多语种之间的同义词（或近义词）、上位词和下位词的关联进行映射，在很大程度上解决了 EuroWordNet 的多语文化差异映射问题。具体而言：①同义词（近义词）关系（eq-near-synonym），同义词关系的建立主要体现为两个方面：其一是多重目标，表示某种含义的词汇将会与 WordNet 1.5 中与之相近的至少 4 种含义进行匹配，例如，荷兰词汇“schoonmaken（to clean）”将会与所有表示该含义的词汇建立一个 eq-near-synonym 关联。其二是多重资源含义，表示建立了 eq-near-synonym 关联的同义词集可以链接到 ILI 中的相同目标记录，或者链接到其同义或近义关系的词汇。②上位词关系（has-eq-hyperonym），上位词关系在多语文化差异映射处理方面的作用主要表现为：英语中的某些常用概念在特定语言中并无单一形式的同义或近义词汇与之相对应，例如：荷兰语中的“hoofd”仅指人类的“头”，“kop”仅指动物的“头”，但在英语里都用“head”来表示，两者并无差别，再者，西班牙语中的“cajera”与英语中“cashier”的用法也有差别，具体见表 7-2。此时，ILI 将会通过前文所述的概念超级集合将该词的含义与其上位词建立关联，实现多语映射。③下位词关系（has-eq-hyponym），在实际使用过程中，一方面，WordNet 1.5 提供的条目记录相对较少；另一方面，由于各国文化不同，各语种的词汇含义存在语境方面的差异。在这种情况下，某些特定语言中的概念表达并不能通过单一形式的英语词汇完成。例如：意大利语中的“dito”和西班牙语中的“dedo”都是用来表示手指和脚趾的统称，而英文作为中间语言则是通过“finger”和“toe”分别来表示“手指”和“脚趾”的含义，在ILI多语言翻译映射过程中，这些问题都可以通过EuroWordNet多语本体中的概念组配，如“dito”一词的跨语言映射问题可通过其下位词“finger”和“toe”的匹配得到解决。在此过程中，ILI可用于获取最有效的组词含义，具体如表7-2所示：

表7-2 **ILI上位词、下位词映射关系**

ILI记录	词间关系	WordNet	特定语言
{cashier}	eq-hyperonym	cassiere	荷兰语
	eq-hyperonym	cajera	西班牙语
{female cashier}	eq-hyponym	cassiere	荷兰语
	eq-hyponym	cajera	西班牙语

7.1.3 EuroWordNet映射机制的启示

(1) 数据库设计方面

由EuroWordNet数据库结构设计可知，首先，语言内部关系和语际间的关系是多语本体数据库设计的核心要素，尤其是多语种之间的复杂等价关系应被纳入到系统设计的重点工作当中。其次，通过采用嵌入式的多语映射机制，未来可以不用重构映射系统结构而实现多语本体数据库的扩展。在功能开发过程中，可借助Novell、D2R等现有成熟工具或根据系统功能需求对其进行适应性改造，实现概念链接、变量编辑以及关系提取等方面功能的拓展和完善，节省系统开发成本。最后，用户界面的可视化效果是衡量多语本体数据库设计成功与否的重要指标，多语本体库系统的界面设计应朝着智能、简洁、个性化互操作的方向发展。因此，国内多语本体映射机制在数据库设计方面可考虑以 EuroWordNet 嵌入式数据库结构为“蓝本”，结合国内需求现状进行系统开发。

(2) 本体构建方面

近年来，国内对本体构建问题的关注度有所上升，但依然未对跨语言信息检索系统中本体构建问题展开系统研究。EuroWordNet 通用基本概念集合的使用和不断推广充分说明概念选取在词间关系处理及概念融合方面的重要性。由此可知，未来国内多语本体映射机制过程中应充分考虑以下两方面因素：①基本概念的选取，这是构建多语本体的基础工作，应选取每种语言中最能代表某领域的基本概念，再对这些概念进行充分比较和融合，建立通用基本概念集；②基本概念与不同语种中相应名词和动词同义词集对应关系的界定。对于采用中间语言索引映射机制的数据库系统而言，通用基本概念集与不同 WordNets 中名词同义词群和动词同义词群的含义匹配是实现多语映射的关键。

(3) 概念存储方面

中间语言索引可被视为一个概念仓储，用于不同 WordNets 之间概念关系的建立。EuroWordNet 以 WcrdNet 为母体，实现了跨语言方面的突破，其概念存储机制相对较完备，可在语言覆盖范围、词汇规模、词汇类型等方面为国内多语映射机制建设提供参考和借鉴。EuroWordNet 基于 ILI 的概念存储机制，其优势在于对概念的细粒度揭示和跨语言概念超级集合的应用。多语言的语义映射过程是对不同语种的 WordNets 中概念含义的深度挖掘和匹配过程，细粒度的概念存储对于多语言映射机制效用的发挥至关重要。未来国内多语本体检索系统映射机制的建设应将其纳入重点工作范畴。国内多语本体在概念存储机制建设过程中可充分利用现有语言资源，以目前应用较为成熟的 Hownet 为依托，根据用户跨语言信息检索的实际需求进一步对接国际资源，扩充概念仓储。

(4) 词汇关系处理方面

如前所述，ILI 通过复杂等价关系的建立实现了多语种之间的关联映射，为多语言映射过程中不同语种之间客观存在的语境、文化差异问题提供了一种切实可行的解决方案。单纯通过字面层面的概念组配无法完整诠释特定语言文化下某些词汇的概念内涵。从目前国内的实际应用情况来看，虽然国内跨语言信息检索系统映射机制构建和词汇关系处理问题主要涉及中文与英文两种语种，但随着用户需求的多元化，将会涉及除中英文之外的其他语言的词汇关系处理问题。因此，我们在研究和实践过程中也应考虑借鉴 ILI 的成功实践经验，尝试通过同义词（或近义词）、上位词、下位词等多语种词间关系的建立实现精确映射，达到预期映射效果。

总之，本节立足于国内跨语言信息检索系统映射机制建设的现实需求，对国外成功实践案例 EuroWordNet 多语本体库的 ILI 映射机制进行了全面而深入的分析。经研究发现，EuroWordNet 基于 WordNet，同时与语言内部系统（Language-Internal-System，LIS）相连接，在系统设计过程中通过嵌入 ILI 使得一种语言中的词汇与其他语言中对应的同义或近义词汇实现关联，嵌入式的 ILI 在数据库设计、本体构建、概念存储以及词汇间的匹配关系处理等方面均实现了不同程度的突破。目前，国内学界有关跨语言信息检索系统映射技术的研究尚处于起步阶段，且研究成果多集中于对英汉双语映射问题的探讨，业界对多语本体库映射技术的研发和推广大多停留在宣传设计层面，系统应用实践发展尚不成熟。因此，未来国内多语本体库映射机制的建设一方面有赖于政府、学界和业界的支持，另一方面也可将 EuroWordNet 等国外成功实践案例作为参考依据，节约建设成本。

7.2 基于多语言本体的语义查询扩展

查询扩展作为提高信息检索性能的关键技术，自 20 世纪 60 年代提出以来就逐渐受到关注。尤其是近年来，在计算机技术、云计算、物联网、用户创造内容等多重因素的推动下，Internet 已成为一个海量且仍在迅猛增长的信息库，与此同时，网络信息语种的多样化和网络用户分布的国际化日益显著，实现多语言信息组织与检索，使用户方便获取多语言信息，成为信息检索系统发展的趋势。然而，不同语言概念之间的准确对应始终是制约多语言信息检索的瓶颈。本体表达概念语义和推理的能力较强，可消除自然语言理解中的歧义，并能根据相关概念进行推理，在多语言信息检索中实现基于本体的语义查询扩展，将有效提高多语言信息检索的查全率和查准率，从而促进全球知识交流与共享。

7.2.1 现有的查询扩展技术

传统信息检索系统利用简单的词匹配法则，即计算文档特征值与检索词之间的相似度，往往只能检索到包含查询词的那些资源。而用户输入的89.9%的检索查询只包含一个词，平均查询词为1.73个，① 这样，与用户查询请求相关但未包括检索词的那部分资源便无法被命中。可见，实现用以提高查全率的查询扩展是极为必要的。查询扩展的基本思想是对用户输入的初始查询词进行修正和扩充，构建更明确清晰的查询表达式，以改善信息检索的查全率和查准率。扩充的查询词有两大类：一是查询词的同义或近义词，二是加入全新的词汇。

目前，查询扩展常用的方法有3种：①基于用户相关反馈的查询扩展；②基于全局分析的查询扩展；③基于局部分析的查询扩展。其中，第一种要求用户对查询结果进行相关性判断，系统对用户判断后的相关文档进行计算，选取一些词扩展查询式进行二次检索，如此反复直至用户满意，该方法可以很好地满足用户需求，但对用户要求较高、负担较重。第二种是系统自动对全部文档中的词或词组进行相关分析，将与查询词关联度较高的词作为初始查询词的扩展词来生成新的查询式，其缺点是当文档数量较多时，计算量会比较大。第三种不需要用户参与，系统自动将查询结果中的前K篇文档作为相关文档，计算后选取扩展词进行重新检索，但容易发生“查询漂移”现象，即扩展后的查询主题偏离了用户原来的查询意图。

---

① 胡保祥．基于查询日志的查询扩展研究［D］．北京：北京邮电大学，2013：26.

7.2.2 基于多语言本体的查询扩展方法

(1) 基本原理

传统的跨语言信息检索最常用的方法是提问式翻译，即将用户输入的提问式翻译为系统支持的其他语言，然后进行单语言检索。① 这种方法的缺点是提问式往往没有语境支持，这种简单的关键词翻译难以避免翻译过程中的歧义性问题。由于多语本体具有丰富的概念关系和强大的推理能力，使得基于多语本体的查询扩展能够将提问式与文档的对照和匹配提升到语义层面，从而有效地完成消歧工作。在多语本体中，不同语种的概念术语通过映射进行关联，当用户输入一种语言的查询语句时，系统在源语言本体库中检索相应的查询结果，并自动映射到其他语种，搜索与目标语言概念相同或相近的结果反馈给用户。多语本体在多语言信息检索中的作用主要体现在两个方面：一是在转换查询语言时对提问式进行分词和概念提取，并与多语本体库中的内涵进行对比，根据不同对应情况作不同处理；二是在多语言信息检索时，对检索对象进行语义层面的处理，计算潜在文档与查询提问式之间的语义相关性，并按从高到低的顺序排列，将查询结果返还给用户。

(2) 查询扩展模型

定义用户的初始查询为 Q，对 Q 进行分词、提取概念等预处理后可表示为 $Q=\{q_1, q_2, q_3, \cdots, q_n\}$，然后判断 $Q=\{q_1, q_2, q_3, \cdots, q_n\}$ 的查询模式类型，按照不同的算法借助多语本体库进行语义扩展，得到候选查询扩展词集 $Qe=\{q_{n+1}, q_{n+2}, q_{n+3}, \cdots, q_{n+n}\}$，计算初始查询词 q_i 与 Qe 中的每个候选扩展词 q_{n+i} 之间的相似度 sim（q_i，q_{n+i}）。为了避免查询扩展词过多而影响查询扩展的精度和检索结果的查准率，引入阈值 λ（通过实验得到）来

① 吴丹．本体驱动的跨语言信息检索研究［J］．现代图书情报技术，2006（5）：22-26，85.

对扩展词进行一定的控制。比较每个 sim（q_i，q_{n+i}）值与给定阈值 λ 的大小，并保留 Qe 中 sim（q_i，q_{n+i}）$>\lambda$ 的扩展词 q_{n+i}，作为最终的查询扩展词集。根据以上描述，基于多语本体的查询扩展模型如图 7-3 所示。

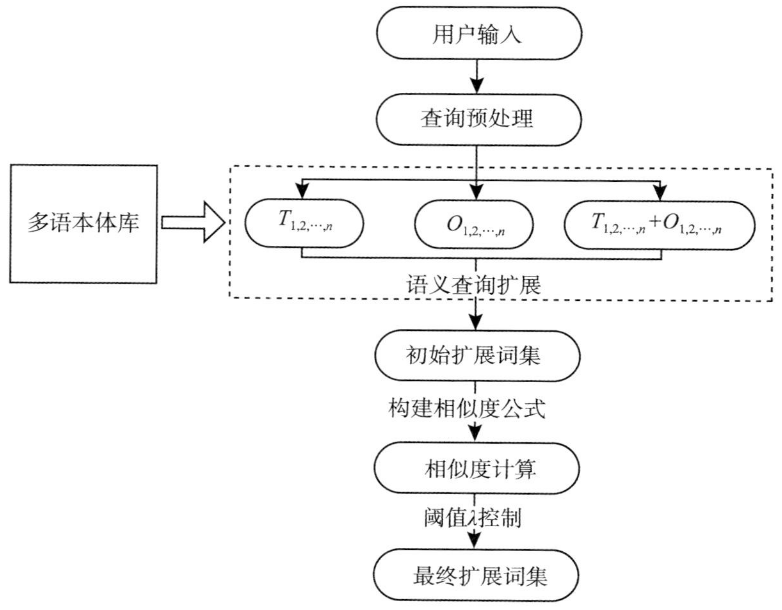

图 7-3　基于多语本体的查询扩展模型

1）查询预处理

查询预处理即接收用户输入的查询词，并进行分词、切词、句法语义关联分析、提取概念、去除停用词及多余符号等预处理，得到有检索意义的关键词集合 $Q=\{q_1, q_2, q_3, \cdots, q_n\}$。在预处理查询之前，应当在一定程度上了解用户的查询行为。如在查询词方面，用户输入查询词时虽各有偏好，但大致可归纳为三类：单个关键词查询，多个关键词查询，自然语言查询，可分别以“杜鹃花”“湖滨杜鹃花”“武汉大学湖滨有杜鹃花吗？”为例。了解用户的查询行为，有助于对用户输入的初始查询词进行有效处理。

2）语义查询扩展

对用户查询预处理后，判断 $Q = \{q_1, q_2, q_3, \cdots, q_n\}$ 的查询模式类型。用户的查询模式主要分为 3 种类型：一是 $T_{1,2,\cdots,n}$模式，即用户输入的关键词 $Q = \{q_1, q_2, q_3, \cdots, q_n\}$ 不是多语本体中的概念或者实例；二是 $O_{1,2,\cdots,n}$模式，即用户输入的关键词 $Q = \{q_1, q_2, q_3, \cdots, q_n\}$ 是多语本体中的概念或者实例；三是 $T_{1,2,\cdots,n}+O_{1,2,\cdots,n}$模式，也称混合模式，即用户输入的关键词 $Q = \{q_1, q_2, q_3, \cdots, q_n\}$ 既有多语本体中的概念或者实例，也包含不在本体库中的词汇。① 根据用户不同的查询模式，借助多语本体运用不同方法完成语义扩展。

①$T_{1,2,\cdots,n}$模式的语义查询扩展

查询关键词不在多语本体中，使用词典翻译关键词 t_i，采用基于关键词匹配的方法检索，获取每一个 t_i的相关文档，并统计这些文档中出现的 t_i和本体概念及其各自出现的频次，选择前 n 个本体概念作为扩展概念，并完成对普通关键词的扩展。其基本思想是每个关键词常常会出现在某个相应的语境中，在该语境中同时出现的词往往与查询关键词有着密切的关联，同理，在该语境中出现的本体概念也与查询关键词有某种联系。② 通过这样的方式把用户输入的普通关键词语义化，这些本体概念作为关键词的扩展词也有着相当的语义价值。

②$O_{1,2,\cdots,n}$模式的语义查询扩展

直接将查询词与多语本体库中概念的内涵进行映射，找出合适的本体概念以及相关的术语、关系、实例等。由于在多语本体中，不同语种的概念术语通过映射进行了关联，当用户输入一种语言的查询语句时，系统在源语言本体库中检索对应结果，系统可以自动映射到其他语种，搜索与目标语言概念相同或相近的结果反馈给用户。例如，若以中文、英文和日文建立珞珈山植物多语本体库，用户输入中文关键词“映山红”，系统首先调用中文库，

① 王进，陈恩红，张振亚，等．基于本体的跨语言信息检索模型［J］．中文信息学报，2004（3）：1-8，60.

② 高敏．基于本体的语义查询扩展研究［D］．济南：山东科技大学，2008：35.

与本体中的术语进行匹配，把“杜鹃”“山石榴”“唐杜娟”等同义词汇选出来，再把与这些词汇相关的上级概念、同类概念、地理分布等关系找出来；利用多语本体的映射关系找出英文、日文中对应的术语及其相关概念，如“rhododendron”“ツツジ”等，系统以“映山红”及其中文、英文、日文三种语言的扩展词进行检索，从而实现语义查询扩展和多语言信息检索。

③$T_{1,2,\cdots,n}+O_{1,2,\cdots,n}$模式的语义查询扩展

此模式是上述两种模式混合的情况。在用户的查询中既有多语本体中的概念，也有多语本体不能直接处理的普通关键词。这种模式有两种情况，第一种是 $T_{1,2,\cdots,n}$中的信息与 $O_{1,2,\cdots,n}$中的属性的取值相关，第二种是 $T_{1,2,\cdots,n}$中的信息与 $O_{1,2,\cdots,n}$中的属性的取值并不相关。① 仍以珞珈山植物多语本体库为例，如在“湖滨有杜鹃花吗?”查询中，“杜鹃花”是多语本体库中的概念，“湖滨”是杜鹃花地理分布范围的值，可在多语本体库中找出这一关系，返还给用户相关文档；而在“rhododendron DuFu”查询中“rhododendron”是多语本体库中的概念，“DuFu”则不在本体库中，运用多语本体库扩展出“rhododendron”的相关词“杜鹃”“山石榴”“唐杜娟”“ツツジ”等（$O_{1,2,\cdots,n}$模式），使用词典找到“DuFu”的对应翻译词“杜甫”（$T_{1,2,\cdots,n}$模式），再使用“杜甫”与“rhododendron”及其扩展词匹配检索，返回用户需求的信息。

3）语义相似度计算

语义相似度是指两个词语在语义层次上的相似程度，即它们在上下文语境中能够在不改变句法的前提下相互交换的程度，② 其取值在［0，1］之间，两个完全相同的词语语义相似度为 1，如“映山红”和“杜鹃”；两个不能互相代替的词语语义相似度为 0，如“映山红”和“杜甫”等。

当要准确计算出两个概念间的相似度时，首先必须清楚影响语义相似度

① 高敏．基于本体的语义查询扩展研究［D］．济南：山东科技大学，2008：35-36.

② 谭睿哲．基于本体和用户日志的查询扩展研究［D］．长沙：湖南大学，2013：21.

的因素，主要有：a. 语义距离 Dis（X，Y），即两个概念 X、Y 在层次网中的距离，一般用两个概念各自对应的节点在层次树中的最短路径来衡量。语义距离越小，两个概念间的语义相似度越大，Sim（X，Y）值越接近于1；相反，语义距离越大，两个概念间的语义相似度越小，Sim（X，Y）值越接近于0，两者呈反比关系。b. 概念节点的深度 Depth（X），即概念 X 在本体中与根节点的最短长度，Depth（X）= Lenth（root，X），这里有两种情境，一是在本体中处于同一层次的概念间的相似度大于不同层次的概念间的相似度；二是当语义距离相同时，在本体层次树中距离根节点远的概念节点间的相似度大于离根节点近的概念节点间的相似度。c. 概念节点的宽度 Width（X），即概念 X 在本体中同一层次概念子节点的数量，子节点越多，说明细化程度越大，分类越具体，概念间的语义相似度也越大，反之则越小。d. 语义重合度 Match（X，Y），即本体内部两概念结点 X、Y 之间包含相同的上位概念在总节点中所占的比例，其基本思想是两个概念拥有共同父节点的数量越多，表明两者关联度越高，相似度越大。

4）阈值控制

阈值控制即引入阈值 λ 对扩展词的数量进行一定的控制，以保证查询扩展的精度。阈值 λ 的值需要通过实验获取。利用语义相似度计算公式计算初始查询词 q_i 与每个候选扩展词 q_{n+i} 之间的相似度 sim（q_i，q_{n+i}），删除相似程度低于阈值 λ 的候选扩展词，同时保留概念间语义相似度值大于阈值 λ 的词汇，形成最终的查询扩展词集。这样不仅对用户输入的查询词进行了语义层面的操作，而且通过限制搜索范围避免了查准率降低的问题，从而使查询扩展更符合用户需求，保证检索结果的全面性和精确性。

(3) 查询扩展实现过程

综上，具体的基于多语本体的查询扩展实现过程如下：

①利用多语词典等相关资源和本体构建工具建立一个多语言领域本体库。

②用户输入查询式，系统对查询式进行分词、去除停用词、提取概念等处理，把用户查询式表示为 $Q = \{q_1, q_2, q_3, \cdots, q_n\}$。

③根据 $Q = \{q_1, q_2, q_3, \cdots, q_n\}$ 所属的查询模式类型及其各自的查询扩展算法，借助多语本体库进行语义扩展，将查询词与源语言本体库中概念的内涵进行映射，找出合适的本体概念以及相关的术语，并自动映射到其他语种，查找其他语言中相对应的概念，得到包含各语种的查询扩展词集 $Qe = \{q_{n+1}, q_{n+2}, q_{n+3}, \cdots, q_{n+n}\}$。

④利用语义相似度公式计算出初始查询词 q_i 与每个候选扩展词 q_{n+i} 之间的相似度 sim（q_i，q_{n+i}），并与阈值 λ 比较，把 sim（q_i，q_{n+i}）>λ 的词汇加入到扩展词集中。

⑤将最终查询式 $Q \cup Q_e$ 提交给搜索引擎实施检索。

我们在传统跨语言信息检索的基础上提出一种基于多语本体的查询扩展方法，描述了多语本体在跨语言信息检索中的应用原理，建立并详细介绍了基于多语本体的查询扩展模型，使跨语言信息检索由关键词匹配进化为语义匹配，能够在一定程度上改善信息检索性能，实现多语言信息检索的语义扩展，有效提高获取全球知识的效率。将该方法运用于跨语言信息检索的前提是要建立一个优秀的多语本体库，并设计合适的算法，我们尚未使用实际的系统进行实验以验证该方法的有效性，有待我们在下一步的研究工作中实现。

7.3 基于多语言本体的跨语言信息检索模型及实现

随着互联网在世界各地的普及，全球互联网信息多语言化已成趋势。如何将互联网上存在的海量多语言信息提供给具有不同文化背景和语种背景的用户群体，以及如何让只精通一种语言的用户轻松获取到不同语言的信息资源以实现跨语言信息检索，成为语言学、计算机科学和图书情报学等领域的学者共同关注的话题。本体是对概念及概念之间关系规范化、形式化、可共享、明确化的描述，是一种表达、共享、重用知识的方法，① 可用于信息资源的语义表达。而多语言本体（Multilingual Ontology）是本体在不同语种中的具体表示形式，类似于不同语言的语义词典，是实现跨语言信息检索的关键工具，其主要特征是跨语言同义词规范，即不同语种的本体库对应的概念内涵是一致的。② 因此，多语言本体更可以作为语义层，应用于跨语言信息检索系统之中，以提供查询扩展和语义关联等功能。我们构建了一个基于数字出版领域本体的中英跨语言信息检索模型，并对模型进行了编程实现，用户利用该模型，不论使用中文或者英文都可获取中、英语种的信息资源。

7.3.1 相关研究进展

目前，学者根据不同的标准对跨语言信息检索模型的类型进行划分。刘伟成和孙吉红根据对相关文档判定方法的不同，将跨语言信息检索模型划分为布尔模型、向量空间模型、概率模型、统计语言模型和本体模型；③ 而吴丹和齐和庆则根据发展情况，将跨语言信息检索模型划分为经典模型、统计语言模型和语义处理模型三大类。④ 近年来，国内外学者在跨语言信息检索模型研究的侧重点上略有不同。

（1）国外研究进展

在国外，学者主要集中研究跨语言信息检索中的统计语言模型。Kraaij 等以网页为资源自动建立平行语料库应用于统计翻译模型的测试，并将设计

① 司莉．信息组织原理与方法［M］．武汉：武汉大学出版社，2011：269.

② 吴丹，王惠临．本体在跨语言信息检索中的应用机制研究［J］．图书情报工作，2008，52（9）：10-13.

③ 刘伟成，孙吉红．跨语言信息检索模型应用研究［J］．情报杂志，2007（10）：55-57.

④ 吴丹，齐和庆．信息检索模型及其在跨语言信息检索中的应用进展［J］．现代情报，2009（7）：215-221.

好的翻译模型嵌入到跨语言信息检索系统之中，通过对比实验显示，基于网页的翻译模型检索效能超过机器翻译；① Rahimia 等通过二步法，即关联词提取和词汇翻译概率估算，从英语-波斯语可比语料库中建立了一个有效的翻译模型，通过测试该模型可提高跨语言信息检索的翻译质量和性能；② Larkey 和 Connell 使用阿拉伯语和西班牙语数据集，借助两种词典（常规词典和平行语料库）对跨语言信息检索中的结构化查询翻译模型和语言模型进行对比，发现当不进行查询扩展时，结构化查询翻译模型的检索结果更胜一筹，反之，则是语言模型的检索结果更令人满意。③ 此外，Choe 等为母语是非英语的用户设计了一个基于查询翻译的跨语言输出结果诊断模型（Query Translation Based Cross-Language Diagnosis，Q-CLD），通过开发 3 个模糊贝叶斯模型，并使用 5 种不同类型的输入描述进行评估，准确性大大提升；④ Vulic 等构建了几种基于双语隐含狄利克雷分配模型（Bilingual Latent Dirichlet Allocation，BiLDA），利用该模型提取翻译入选词和语义关联词，在此基础上设计了新的跨语言信息检索统计模型，并在 CLEF 2001—2003 标准试验集比赛中获得最好成绩。⑤

① Kraaij W，NIE J Y，Simard M. Embedding web-based statistical translation models in cross-language information retrieval [J]. Computational Linguistics，2003，29 (3)：381-419.

② Rahimia R，Shakery A，King I. Extracting translations from comparable corpora for cross-language information retrieval using the language modeling framework [J]. Information Processing and Management，2016，52 (2)：299-318.

③ Larkey L S，Connell M E. Structured queries，language modeling，and relevance modeling in cross-language information retrieval [J]. Information Processing and Management，2005，41 (3)：457-473.

④ Choe P，Lehto M R，Allebach J P. Query translation-based cross-language print defect diagnosis based on the fuzzy bayesian model [J]. Journal of Intelligent Manufacturing，2011，22 (1)：43-55.

⑤ Vulic I，Smet W D，Moens M F. Cross-language information retrieval models based on latent topic models trained with document-aligned comparable corpora [J]. Information Retrieval，2013，16 (3)：331-368.

(2) 国内研究进展

目前，我国学者主要在语义领域对跨语言信息检索模型进行研究，其中，基于本体的跨语言信息检索模型是研究的焦点。王进等提出了一种新的基于语义的跨语言信息检索模型 Onto-CLIR，利用本体来刻画不同语言中对应的领域知识，以解决从查询语言到检索语言之间转换过程中出现的语义损失和曲解等问题，该模型有效地提高了查全率和查准率；① 吴丹在分析 Cindor 系统和欧洲八国跨语言信息检索系统运行机制的基础上，设计了一个由双语本体库、索引库、检索主体三部分构成的中英跨语言信息检索模型，并提出其实现方案，以求解决翻译项的歧义问题；② 吴芳以 Lucene 为检索基础，设计了一个旅游领域的汉英跨语言信息检索模型，并使用平均查准查全率曲线对系统的检索性能进行评价，表明该模型不但能够实现跨语言的信息检索，还能够理解查询的隐含信息，返还给用户与其输入查询密切相关的信息；③ 郑德权等结合本体论和统计方法的特性，提出一种混合的跨语言信息检索模型，并利用 NTCIR-3 Workshop 中的中英文跨语言信息检索数据集对该语言模型进行了评价，有效地提高了跨语言信息检索的性能；④ 郝嘉树等在对现有的跨语言信息检索各技术路线优劣进行评价的基础上提出了基于本体的跨语言信息检索模型，经 MINIS -Text 实验室证明，该方法的检索效果达到了单语检索的 75%；⑤ 孙耀采用双语本体与双语词典相结合的方式，提出一种由提问式处理模块、提问式翻译模块、双语本体词典模块、文献处理模

① 王进，陈恩红，张振亚，等．基于本体的跨语言信息检索模型［J］．中文信息学报，2004（3）：1-8，60.

② 吴丹．本体驱动的跨语言信息检索研究［J］．现代图书情报技术，2006（5）：22-26，85.

③ 吴芳．基于本体的跨语言全文检索模型的研究［D］．北京：北京邮电大学，2006：39-54.

④ 郑德权，李生，赵铁军，等．结合本体论和统计方法的跨语言信息检索模型［J］．哈尔滨工业大学学报，2008（1）：77-80.

⑤ 郝嘉树，王惠临，刘耀．基于本体的跨语言信息检索模型和关键技术研究［J］．情报科学，2009（2）：271-275.

块和检索模块构成的基于本体的跨语言信息检索模型，实现查询翻译和查询扩展。①

通过上述研究可以发现，目前学者关于跨语言信息检索模型的研究主要是基于统计语言模型和本体；由于多语言本体本身具有概念结构清晰等特点，使其在不同语种信息资源的语义表达方面具有一定的优势，因此，我们选取多语言本体作为优化跨语言信息检索的途径。我们以数字出版领域为例，设计了该领域的中英双语本体，并在此基础上构建跨语言信息检索模型，以期实现分词、查询扩展和语义关联等功能，促进跨语言信息检索向语义层次发展，为用户使用自己熟悉的语言来获取不同语言的信息资源提供相应的方法与技术支持。

7.3.2 检索模型的设计

我们从中英双语本体设计与构建以及功能模块设计等方面提出了基于数字出版领域本体的跨语言信息检索模型。

(1) 中英双语本体的设计与构建

依据构建过程的自动化程度，本体构建方法可以划分为自动化或半自动化构建方法和手工构建方法。自动化或半自动化构建方法主要通过机器学习的方式，利用模板或者关联规则，从机器可读的知识来源中，抽取或学习本体数据；而手工构建本体的典型方法有骨架法、TOVE 法和七步法等。② 根据本体的数据来源，本体构建方法可划分为基于主题词表构建本体、利用 OWL 构建本体以及利用已有本体构建新本体等。③ 由于目前数字出版领域暂无相关本体资源可以利用，同时该领域的相关术语专业性较强且分散，不便

① 孙耀．基于跨语言信息检索的企业竞争情报收集系统模型研究［D］．济南：山东科技大学，2011：23-37.

② 张云中．基于形式概念分析的领域本体构建方法研究［D］．长春：吉林大学，2009：34-35.

③ 李蓉蓉．面向复杂语义的专利本体构建方法研究［D］．武汉：武汉大学，2014：16-17.

于采取自动化或半自动化构建方法进行构建，因此，我们首先采取手工方法基于主题词表构建数字出版领域中文本体，其次利用该中文本体进一步构建中英双语本体。具体构建步骤如下。①

①获取概念

我们通过人工抽词和文本分词来获取本体所需概念，选取中国知网全文数据库作为数据源，下载国内关于数字出版的研究文献（含期刊论文、会议论文、学位论文、报纸、专利、标准）的题录信息（含题名、摘要），使用Excel 相关函数对题录信息进行去重处理。去重后剩余的5 000 余个概念词中仍存在不适宜直接作为数字出版领域的概念/术语的词汇，故进行基于人工判别的优选工作，概念优选原则如下：a. 剔除并列型概念词，如将“信息发布与服务”拆分为“信息发布”和“信息服务”两个概念；b. 规范概念词的表述形式，如“制订统一技术标准”改为“技术标准制定”；c. 剔除缺乏专指性、无实际检索意义的概念词，如“数字出版实践”“时效性”等；d. 去除一些无关概念词，如“实证研究法”“文献分析法”等；e. 去除文字冗长、不易理解或者其意义可由上级概念词表达的概念词，如“战略性新兴出版业态”“数字出版的稳定模式”等；f. 去除主观性较强的概念词，如“数字出版新模式”“数字出版新业务”等；g. 对一些表述过于简略的概念词进行字面扩充，提升其专指度，如将“维基”改为“维基出版”等。经过此步骤后，概念词总数减少至4 782 个，初步获取了数字出版领域内的重要术语。

人工抽取的术语并不能完全反映领域知识。为避免遗漏，我们选用中国科学院 NLPIR/ICTCLAS 汉语分词系统（2014 版）对《数字出版理论、技术和实践》丛书（电子工业出版社出版，2013 年）中的 9 本专著进行自动分词处理：去掉单字词并进行去重后得到 34 484 个词，其出现频次从 1～13 839；去掉频次低于 3 的词后，剩余 13 573 个词。再按下列程序进行删减：

① 司莉，陈雨雪，庄晓喆．基于主题词表的数字出版领域本体构建［J］．出版科学，2015（6）：80-84.

a. 剩余的词中有大量英文单词，这些单词有很多仅仅出现在代码语句中，没有实际意义，故将其删除，少数单词或缩写词作为入口词保留；b. 概念只能是名词，故将大量动词、形容词、数词、代词、副词等一并删除，剩余名词约 3 000 个；c. 去掉人名、地名、泛指词（频数过高者，如“数据”“信息”；出现在多个学科领域，不能体现出数字出版特点者，如“操作系统”“表单”“回调函数”）以及在教材中缺少相应说明的概念（出现频次较高的机构名称、软件/系统名称和数据库名称作为实例单独列出，没有计入概念的总数中）。经由以上程序，得到 484 个概念。此外，逐个检索人工抽词获取的 4 782 个概念在教材中出现的频次，若频次小于 3 则基本删除（极少数作为入口词保留），再按上述第三条标准进行删减，最终得到 700 余个概念。最后将两部分概念进行比对，去除重复概念后，共有 680 个概念（含非正式概念 100 余个）。

②建立分类体系

我们采取自顶向下的建模原则，初步确定了数字出版领域概念的分类体系，包括一级大类 11 个（见表 7-3），并对已抽取的概念词进行分类，依其内涵分别归入各类目下。编列了前 4 级类目，等级体系的层级一般为 4 级，极少数类目划分到 5 级。最后，依据新的等级体系，在准确把握概念内涵及外延的基础上，将所有概念逐一归入对应的类目之下。

表 7-3　　**分类体系一级类目**

编码	类目	编码	类目
00	理论	06	案例
01	政策法规	07	产业
02	标准规范	08	产品
03	技术	09	相关概念
04	工具	10	机构
05	流程		

③编制主题词表

在分类体系建立之后，需要将获取的概念术语编制成主题词表，以便为创建本体提供参考。从便利性出发，我们采用了前置研究“基于主题词表的数字出版领域本体构建”（国家科技支撑计划项目“面向科技教育领域的动态数字出版标准规范研究”研究成果之一）编制的数字出版领域主题词表以及对应的本体。其中，词表采用混合号码的标记符号，以英文字母与阿拉伯数字相结合，为每个概念赋予唯一编号。采用层累标记制，具体编码方式如下：a. 一级类目的类号为 00～10 的两位阿拉伯数字；b. 二级类目的类号则在其上位类的类号之后加上 1 位大写英文字母，如果该二级类目所在类列下的类目多于 26 个，则从第 27 个开始，加上 2 位大写英文字母，如 AB、AC……；c. 三级类目的类号则在其上位类的类号之后加上 2 位阿拉伯数字，从 01 开始；d. 四级类目的类号则在其上位类的类号之后加上 2 位阿拉伯数字，从 01 开始；e. 五级类目的类号则在其上位类的类号之后加上 1 位小写英文字母；f. 非正式主题词的类号则是在其相应正式主题词的类号之后增加“UF”和 2 位阿拉伯数字，如正式主题词“DRM”，其类号为 00A06，它所对应的非正式主题词“数字权利管理技术”　“数字版权管理”，类号分别为“00A06UF01”“00A06UF02”。

以“技术”类为例，其下位类类号的形式如下：

03 技术--一级类目

03A 版权保护技术-----------------------二级类目

03A01 DRM--------------------------三级类目

D 03A01UF01 数字权利管理技术------非正式主题词

D 03A01UF02 数字版权管理-----------非正式主题词

03A02 访问控制技术-------------------------三级类目

03A03 加密技术-------------------------------三级类目

03A0301 对称加密----------------------四级类目

03A0302 非对称加密-------------------四级类目

03A0303 流媒体加密技术-------------四级类目

03A0304 媒体指纹----------------------四级类目

D 03A0304UF01 数字指纹-----------非正式主题词

03A0306 软加密技术--------------------四级类目

03A0307 数字摘要-----------------------四级类目

03A0308 硬加密技术--------------------四级类目

03A0309 用户身份认证-----------------四级类目

03A0309a 生物特征识别-------五级类目

03A0309b PKI--------------------五级类目

03A0309c 智能卡认证----------五级类目

其中“技术”为一级类目；“版权保护技术”为二级类目；“DRM”“访问控制技术”“加密技术”为三级类目；“对称加密”“非对称加密”“流媒体加密技术”“媒体指纹”“软加密技术”“数字摘要”“硬加密技术”“用户身份认证”为四级类目；“生物特征识别”“PKI”“智能卡认证”为五级类目；“数字权利管理技术”“数字版权管理”“数字指纹”这些类号前面标有“D”的类目都是非正式主题词，它们的类号是在其相应正式主题词的类号之后加上“UF”和2位阿拉伯数字构成的，形成主题词表的用代关系，而参照关系存在于主题词表的其他部分，受篇幅限制，在此不逐一列出。

数字出版领域主题词表可清晰地表达数字出版领域概念之间的等级结构，为后续的本体创建奠定了基础。

④设置与确定概念间语义关系

我们将数字出版领域概念之间的语义关系归纳为以下10种关系：

关系a：Is synonym of（是……的同义词）/ Equals（等同于）。

举例：“著佐权”Is synonym of“Copyleft”。

“Copyleft”Equals“著佐权”。

关系b：Is part of（是……的一部分）/ Has part（包含……部分）。

举例：“STM出版”Is part of“产业”；

“产业”Has part“STM出版”。

关系c：Is type of（是……的一类）/Has type（包括……一类）。

举例：“MArlin”Is type of“技术标准”；

“技术标准”Has Type“MArlin”。

关系 d：Is instance of（是……的实例）/ Has instance（有实例……）。

举例："Windows Media DRM" Is instance of "DRM 系统"；

"DRM 系统" Has instance "Windows Media DRM"。

关系 e：Is tool of（是……的工具）/ Has tool（有工具……）。

举例："平台技术" Is tool of "数字出版平台"；

"数字出版平台" Has tool "平台技术"。

关系 f：Offered by（提供者是……）/ Offer/（提供……）。

举例："微博" Offered by "新浪"；

"新浪" Offer "微博"。

关系 g：Developed by（发明者是……）/ Develop（发明……）。

举例："OpenURL" Developed by "NISO"；

"NISO" Develop "OpenURL"。

关系 h：Is standard of（是……的标准）/ Has standard（有标准……）。

举例："OMArlin" Is standard of "DRM"；

"DRM" Has standard "OMArlin"。

关系 i：Manage by（管理者是……）/ Manage（负责管理……）。

举例："ONIX" Manage by "EDItEUR"；

"EDItEUR" Manage "ONIX"。

关系 j：In relation to（与……相关）。

举例：如 "OXML" In relation to "ODF"。

其中，前 9 种关系均是成对存在，即为两种互逆的关系。确定关系种类之后，便为已有的数字出版领域概念两两建立词间关系，最终共得到 3 500 余对关系，形成关系表。需要说明的是：关系 a 中的"著佐权"是主题词表中的非正式主题词，在介绍概念间语义关系时出现，作为关系："Is synonym of（是……的同义词）/ Equals（等同于）"的实例，非常用词，而 Copyleft 才是其对应的正式主题词。

⑤构建中文本体

利用开源本体编辑软件 Protégé Ontology Editor Version 4.3.0，以编制的数字出版领域主题词表为基础，构建数字出版领域中文本体的等级结构及分类体系，主题词表的等级结构即为本体的等级结构，该本体包括 11 个一级类目，211 个二级类目，349 个三级类目，103 个四级类目，13 个五级类目。具体操作包括：a. 为本体设置 IRI，也就是资源标识符，统一设置为 http://www.whu.edu.cn/digitalpublication.owl#；b. 为每一个概念设置 code、label 等基本属性，即本体概念编码和本体概念名称（中文）等；c. 为概念设置词间关系等。完成本体基本框架创建后，通过 OntoGraf、OWLViz 等 Protégé 可视化插件进行可视化浏览。①

⑥构建中英双语本体。

我们采取基于原单语言本体创建中英双语言本体的方法，使用 Jena Ontology API 将原单语言本体存入数据库中，再通过调用有道翻译 API，对原本体的所有本体概念名称（中文）进行翻译，并将翻译结果存入数据库中作为本体概念名称（英文），再对所有翻译进行人工核对，最终获得数字出版领域的中英双语本体。

（2）模型功能模块设计

所构建的模型共有 4 个功能模块：分词模块、翻译模块、本体模块以及检索模块。该检索模型的流程如图 7-4 所示：

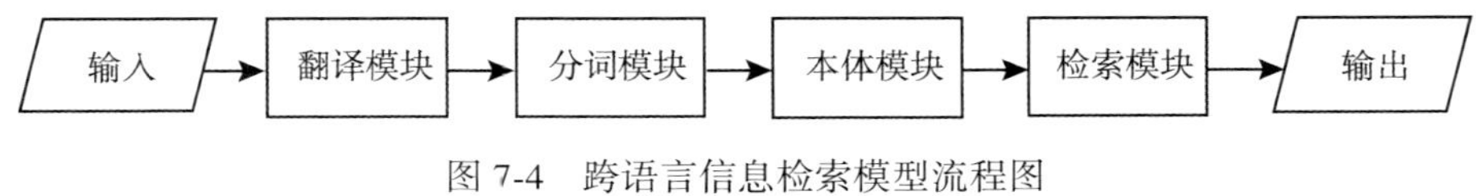

图 7-4 跨语言信息检索模型流程图

①翻译模块

翻译模块提供翻译和语种判断两种功能：翻译功能通过调用有道翻译 API（有道翻译是网易公司开发的一款翻译软件，通过调用该 API，可定制

① 司莉，陈雨雪，庄晓喆．基于主题词表的数字出版领域本体构建［J］．出版科学，2015（6）：80-84.

即时、方便的查词或翻译功能①）实现；语种判断功能通过正则表达式实现。在具体进行检索时，首先由翻译模块对用户输入的检索内容进行语种判断，如果是纯英文，则使用有道翻译 API 进行翻译，将翻译结果和原输入一起加入检索集进行后续的分词处理，如果不是纯英文，则直接进行分词处理。

②分词模块

分词模块导入事先编制好的数字出版领域主题词表作为用户分词词典，对检索集进行分词，并对分词结果进行处理：删除所有单字词及纯数字，使用翻译模块进行语种判断，按语种将分词结果分为中文检索集和英文检索集，并分别进行如下处理：a. 将中文检索集传递给本体模块进行处理，查找已建立的数字出版领域本体的概念是否与中文检索集中的检索词相匹配，若匹配则获取与其建立词间关系的相关概念，将其加入检索相关概念集。b. 将英文检索集传递给本体模块进行处理，查找本体中是否已存在该英文概念，根据本体模块反馈的结果，对英文检索集的处理分为两种情况：其一，若本体中存在该英文检索词，则获取该概念在本体中存储的对应中文翻译，将其加入检索总集，并获取本体中与该概念建立词间关系的相关概念，将其加入检索相关概念集；其二，若不存在，则使用有道翻译 API 对该英文检索词进行翻译，并将翻译结果加入检索总集。

经过分词模块处理后的检索总集包括原分词结果的中文检索集、英文检索集及其翻译，然后将检索总集传递给检索模块进行检索。

③本体模块

本体模块将数字出版领域本体数据持久化到 SQL 数据库，以便检索过程对其进行读取，通过自定义类 OntologyWord 存储本体数据，并提供相应方法实现根据本体概念的编号、概念名进行检索的功能。数据持久化指的是把临时状态的数据永久性地保存到数据库中，以便日后再次从数据库中取出来利

① 有道翻译 API［EB/OL］.［2016-07-22］. http：// fanyi. youdao. com/openapi.

用。我们构建的中英双语本体在模型中的作用有：a. 在分词之后，将英文分词结果与本体中的英文概念名称进行匹配，若本体中存在该英文词，则直接取其在本体中对应的中文概念名称。这样设计的原因在于：数字出版领域的概念具有一定的专业性，机器翻译的结果可能会存在一定的偏差，而中英双语中的翻译是经过人工核对的，能在一定程度上避免这样的偏差产生。b. 将分词结果与本体中的概念进行概念匹配，若本体中存在该概念，则利用本体概念之间的关系，获取与该概念存在词间关系的其他本体概念，并反馈给用户，以便为用户的后续查询提供参考。

④检索模块

检索模块是提供 GUI 与用户进行交互的模块，它通过 Lucene 工具包实现全文检索，Lucene 是基于索引的全文搜索引擎库，开发者无需再另行编写有关搜索引擎的代码，只需将 Lucene 嵌入系统即可为用户提供查询功能。在进行检索之前，需要先为目标文档创建索引，并存储所创建的索引文件，创建索引时所调用的词法分析器需导入事先编制好的数字出版领域主题词表作为用户词典。此外，检索模块还提供高亮显示检索关键字的功能。

7.3.3 检索模型的实现

我们设计的跨语言检索模型所使用的实验环境如表 7-4 所示：

表 7-4　**实验的操作环境和工具**

项　目	具体环境与工具
操作系统	Windows 7（64 位）
本体构建软件	Protégé Ontology Editor
Java 集成开发环境与工具	Eclipse Jee Mars
数据库	Microsoft SQL Server 2005

(1) 分词模块

分词模块采用中国科学院计算技术研究所开发的 NLPIR 汉语分词系统(又名 ICTCLAS2013),导入事先编制好的数字出版领域主题词表作为用户分词词典。以字符串“CNONIX 标准工作组的组建是在新闻出版总署科技与数字出版司的指导下”为测试用例,导入用户分词词典前后的分词结果对比如表 7-5 所示:

表 7-5 导入前后分词结果对比

分词状态	分 词 结 果
未导入用户词典	CNONIX 标准工作组的组建是在新闻出版总署科技与数字出版司的指导下
导入用户词典后	CNONIX 标准工作组的组建是在新闻出版总署科技与数字出版司的指导下

此外,还需要对得到的分词结果进行处理,删除所有单字词(string. length()>1)及纯数字(正则表达式[0-9]+)。以字符串“以爱思唯尔(Elsevier)等为代表的跨国科技出版集团在 10 余年间不断地培育图书馆和学术用户市场”为测试用例,删除所有单字词及纯数字前后的分词结果对比如表 7-6 所示:

表 7-6 删除所有单字词及纯数字前后分词结果对比

分词结果处理状态	分 词 结 果
未删除所有单字词及纯数字	以爱思唯尔(Elsevier)等为代表的跨国科技出版集团 10 余年间不断地培育图书馆和学术用户市场
删除所有单字词及纯数字	爱思唯尔 Elsevier 代表跨国科技出版集团不断培育图书馆学术用户市场

（2）翻译模块

翻译模块的语种判断功能通过匹配中文字符的正则表达式［\u4e00-\u9fa5］实现（\u4e00 和\u9fa5 是 Unicode 表中汉字的头和尾），将分词结果分为中文检索集和英文检索集，以便后续处理。翻译模块的翻译功能通过调用有道翻译 API 实现（API 的使用有一个请求频率的限制，每小时不得超过 1 000 次，否则会被封禁）。

（3）本体模块

本体模块有 3 个类：OntologyWord、OntologyDB、Constants，其中通过类 OntologyDB 读取本地磁盘中的 OWL 文件以获取本体数据；然后将本体数据传递给类 OntologyWord，通过调用类 OntologyWord 中的相关方法将数字出版领域本体的数据持久化到 SQL 数据库，以便在检索时通过 SQL 查询语句对本体数据进行读取，并提供相应方法实现根据本体概念的编号、概念名进行检索的功能。此外，类 OntologyWord 还可用于暂存检索过程中从数据库中读取出来的本体数据。主要使用 Jena Ontology API 读取本地磁盘中的 OWL 文件获取本体数据，核心代码如下：

```
OntModel ontModel = ModelFactory.createOntologyModel(OntModelSpec.OWL_MEM);
ontModel.read (" file: D: /eclipse/OntologyIR/src/root-ontology.owl" ); //读取本体文件，加载本体模型
```

持久化的过程使用了 Java JDBC API 来建立 Java 程序与 SQL 数据库之间的连接，JDBC 可以向 SQL 数据库直接发送 SQL 查询语句，核心代码如下：

```
DBConnect dbc = new DBConnect();
dbc.prepareStatement(sql);
ResultSet rs = dbc.executeQuery();
```

```
dbc.close();
……
```

往数据表 OntWord 中存入本体概念数据的核心代码如下：

```
dbc.prepareStatement("INSERT INTO OntWord (Coding,CNName,ENName) VALUES
        "+"(?,?,?)");
dbc.setString(1, _Coding);
dbc.setString (2, _OntName);
dbc.setString (3, _EnName);
dbc.executeUpdate ();
dbc.close ();
```

往数据表 OntRelation 中存入本体关系数据的核心代码如下：

```
dbc.prepareStatement ( " INSERT INTO OntRelation ( SuperWord, SubWord,
        RelationType"+") VALUES " + "(?,?,?)");
dbc.setString(1, _SuperWord.getOntName () );
dbc.setString (2, _SubWord.getOntName () );
dbc.setString (3, _Type); dbc.executeUpdate ();
dbc.close ();
```

本体词间关系类型由类 Constants 声明，关系类型包括已建立的数字出版领域概念之间的 10 种关系类型及上下位类之间的关系。

(4) 检索模块

检索模块由类 LuceneIR、ResultSet、SearchGUI 三部分构成。

①类 LuceneIR

通过 Lucene 工具包实现基于 Lucene 全文检索的内核类，在进行检索之前，LuceneIR 需要先使用词法分析器（由 Lucene 工具包中的类 Analysis 提供，用于为目标文档创建索引时对关键词进行切分以及对用户输入的检索词进行切分，如果需要使用到其他语种，可以对此类进行扩展）对目标文档进行分词处理，然后根据分词结果，为目标文档创建索引，并存储所创建的索引文件。词法分析器的用户词典也导入了事先编制好的数字出版领域主题词表。创建并存储索引的相关工作由 IndexWriter 完成。索引文件的存储位置有两种，一是内存存储，二是本地文件存储，我们选择本地文件存储，存储于 Eclipse 项目根目录下的 Index 文件夹中。在创建索引的过程中，为索引定义了 3 个字段：path、filename 和 contents，分别用于存储目标文档的文件路径、文件名称和文本内容。由于目标文档是 Microsoft Word 文档，是一种 OLE2 对象，无法直接读取，因此在创建索引之前，需要使用 Apache POI API 对目标文档进行处理。Apache POI API 是一种专门用于读写及处理 Microsoft Documents 的 Java API，POI 中的 HWPF 提供了 Microsoft Word 文档的读写功能。POI 读取 Microsoft Word 文档的核心代码如下：

```
InputStream in = new FileInputStream(files);
WordExtractor w = new WordExtractor(in);
```

类 LuceneIR 中的方法 public List<ResultSet>search（String [ ] fields, String keyword）实现检索功能，返回检索结果集 List<ResultSet>，其中参数 String keyword 为检索集，String [ ] fields 为检索字段，此处以 filename 和 contents 作为检索字段，检索目标文档的文件名称和文本内容。此外，该方法还使用了 Lucene 的 SimpleHTMLFormatter 来提供高亮显示检索结果的功能，SimpleHTMLFormatter 有 2 个构造方法，一是默认的构造方法 SimpleHTMLFormatter（），以<B>关键字</B>作为高亮方式，二是自定义高亮标签的构造方法 SimpleHTMLFormatter（String preTag，String postTag），以传递的参数 preTag 和 posrTag 作为高亮标签，即 preTag 关键字 postTag。

②类 ResultSet

用于存储检索模块返回的检索结果集，通过类 SearchGUI 的图形界面，把最终的检索结果呈现给用户。类 SearchGUI 是展示给用户的图形交互界面，使用了 Swing 和 AWT 两种 JavaGUI 工具包。需事先将 WindowBuilder 插件安装至 Eclipse 中，以便使用该插件进行图形交互界面的编辑。①

③类 SearchGUI

通过 JFrame frmOntologyIR 来创建窗口，由于 JFrame 的默认布局方式为边界布局（BorderLayout），需要调用 frmOntologyIR. getContentPane（）. setLayout（null），将 JFrame frmOntologyIR 的布局方式设置为 null，即空布局，才可以通过设置坐标来确定控件的位置。图 7-5 为使用类 SearchGUI 所创建的图形交互界面，可以分为用户输入模块、检索结果反馈模块以及检索按钮。

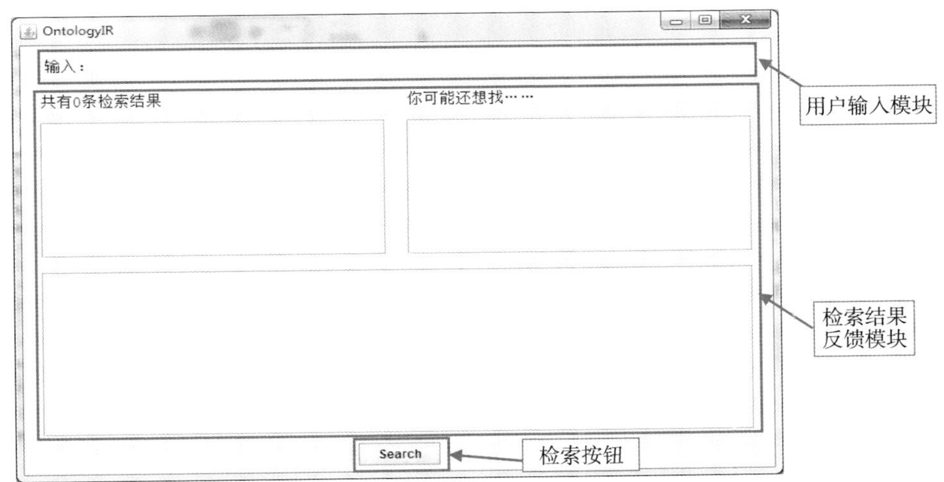

图 7-5　使用类 SearchGUI 创建的图形交互界面

用户输入模块由控件 JLabel inputlabel 和 JTextArea SearchWord 组成，其中通过 JTextArea SearchWord 的 getText（）方法获取用户输入的检索词。

① Eclipse［EB/OL］.［2016-07-22］. http://www. eclipse. org/windowbuilder/.

检索结果反馈模块由 3 组控件组成：a. JLabel ResultLabel、JList ResultList、JScrollPane Resultscroll，用于输出检索结果集的文件名，用户通过点击 JList ResultList 列表中的任一项，可以将对应文件名的文本显示在 JTextArea Article 中；b. JLabel ElseLabel、JList ElseList、JScrollPane Elsescroll，用于输出与用户输入的检索集相关的检索词，以供用户参考，当用户双击 JList ElseList 列表中的任一项，对应的检索词将作为参数传递给 search（）方法，进行相关查询；c. JTextArea Article、JScrollPane scroll，用于显示检索结果集对应文件的文本内容，默认显示第一项检索结果对应的文本内容。

由于返回的检索结果有时数量较多，此处引入 JScrollPane，以便为各个控件增设滚动条。检索按钮是模型的程序入口，通过点击检索按钮调用相关的方法进行检索。

7.3.4 检索性能测试

模型测试数据选自《数字出版概论》一书，全书共分 10 章，从分析出版环境的变迁入手，对数字出版及相关概念进行了界定，在此基础上较为系统地论述了数字出版技术、业务流程、产品开发与定价策略、产品分销、版权保护（主要集中于数字权利管理问题）、标准以及相关的教育和培训等内容。需要进行测试的功能包括分词、翻译、查询扩展，以下介绍 3 组测试。

（1）第 1 组测试：模型对单字词及纯数字进行处理的能力测试

检索式为“以爱思唯尔（Elsevier）等为代表的跨国科技出版集团在 10 余年间不断地培育图书馆和学术用户市场”，在 Eclipse 控制台输出的分词结果为“爱思唯尔 代表 跨国 科技 出版 集团 不断 培育 图书馆 学术 用户 市场 Elsevier”，相关选项为“［STM 出版，数字期刊，EBSCO，出版单位，Scopus，数字学术出版，ScienceDirect，EES，案例，LexisNexis，数字期刊出版，IFLA，Brill，Unicorn，Millennium，WorldShare，共享空间，Apollo，Sierra，MODS，ISBD，Symphony，Ingenta，Dspace，Library. Solution，Aleph，

Polaris，WorldCat，DC，NLM，OpenDLib，OCLC，CrossRef、Horizon，相关概念，DOI，Alma，DOAJ］”。图 7-6 为第 1 组测试的图形界面。

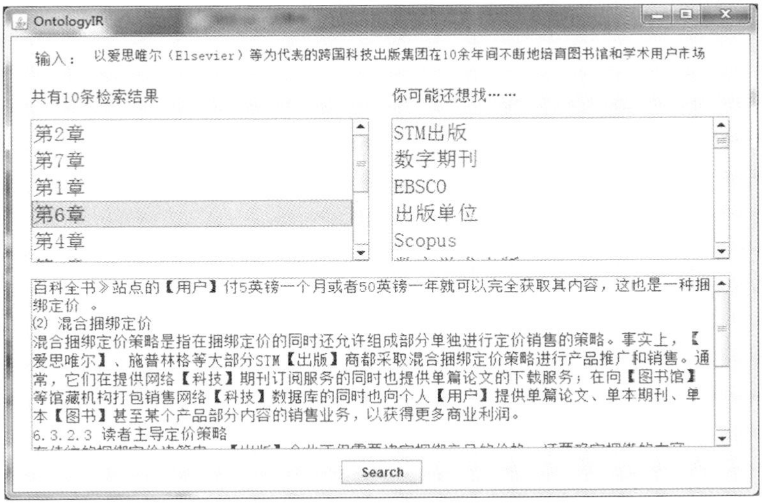

图 7-6 第 1 组测试

（2）第 2 组测试：跨语言信息检索功能测试

检索式为“Mobile phone publishing，online games and internet advertising are in the development stage”，在 Eclipse 控制台输出的分词结果为“手机出版 网络游戏 网络广告 发展 阶段 Mobile phone publishing 手机出版 online games 网络游戏 and internet advertising 网络广告 are in the development 发展 stage 阶段”，相关选项为“［彩铃，彩信，手机出版物，移动出版，网易游戏，网络游戏出版，网络出版物，网络广告产业］”。图 7-7 为第 2 组测试的图形界面。

（3）第 3 组测试：相关查询功能测试

检索式为“SGML 与 XML 是典型的描述性标记语言”，在 Eclipse 控制台输出的分词结果为“典型 描述性 标记语言 SGML XML”，相关选项为

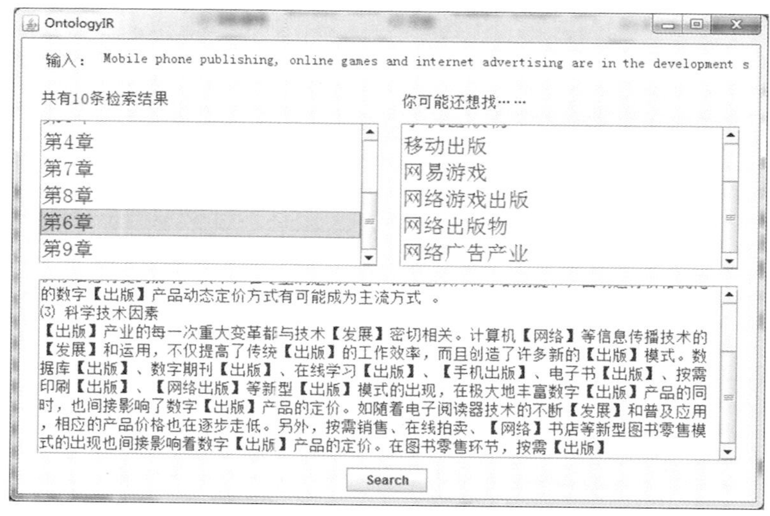

图 7-7　第 2 组测试

“［XML，HTML，内容加工，相关概念，DTD，RDF，ISO，格式标准，DocBook，XSL，复合出版，ECIP，S1000D，XPS，标记语言，XMLSchema，技术标准，DREL，信息组织，EPUB，NewsML，OFD，SGML，ODRL，W3C，语义网，ODF，DITA 工具，DITAworks，动态出版，DC，DITA，XHTML，CEBX，CNONIX，DITA Storm］”。图 7-8 为第 3 组测试的图形界面。

双击相关选项列表中的“DITA”，程序便以“DITA”为检索词进行第二次检索，在 Eclipse 控制台输出“DITA”的相关选项为“［DTD，元数据，全媒体出版，版式渲染，DITA 技术委员会，DITA 工具，XMLSchema，内容重组，XSL-FO，DocBook，URI，XSD，内容验证，内容加工，IBM，复合出版，Adobe，流程再造，XML，信息组织，XSL，技术标准，内容资源整合，OASIS，按需出版］”。测试结果如图 7-9 所示。

从以上 3 组测试的结果可以看出，我们实现的基于数字出版领域本体的跨语言信息检索模型基本满足了设计需求。其中，第 1 组测试表明模型能对单字词及纯数字进行一定的处理，第 2 组测试验证了模型使用英语进行检索

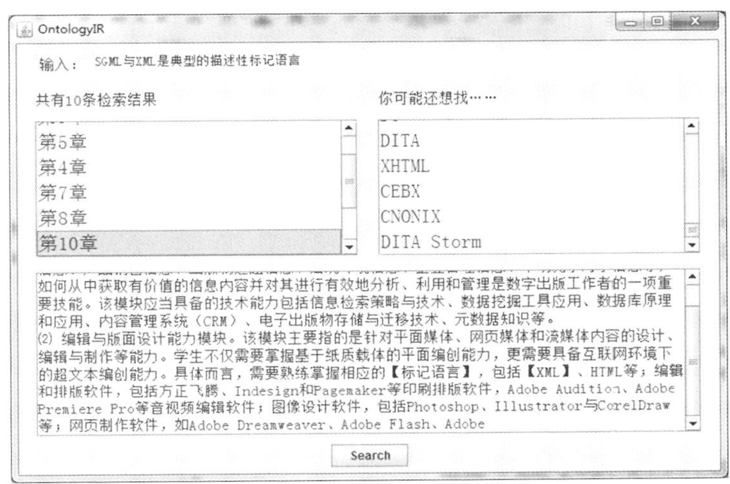

图 7-8　第 3 组测试

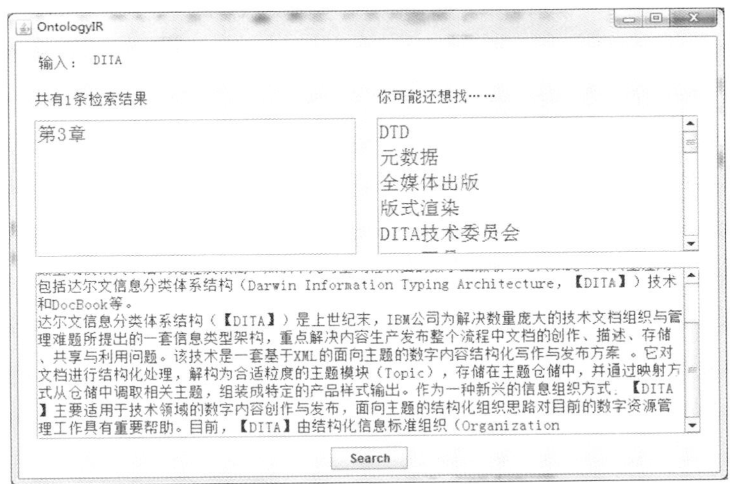

图 7-9　点击相关查询测试

时，反馈给用户中文结果的跨语言信息检索功能，第 3 组测试体现了模型为用户提供检索相关项并进行后续查询的功能。

本章以基于多语言领域本体的跨语言信息检索模型作为研究目标，旨在利用多语言领域本体明确、形式化、共享、概念化、结构清晰等特征，实现信息资源的语义表达，将多语言本体作为跨语言信息检索系统的语义层，对传统的多语言信息检索进行改进，提供查询扩展、语义关联等功能。主要研究了基于多语言领域本体的跨语言信息检索模型的设计与实现问题，并选取了数字出版领域进行本体的构建，选择 Java 语言、Lucene 全文检索引擎库和中国科学院开发的 NLPIR 汉语分词系统作为主要的技术依托。

在未来的研究中，还存在许多待改进的地方以及一些待探究的研究方向。①多语言领域本体的自动化或半自动化构建研究。根据其自动化程度，本体构建方法可划分为：手工构建方法和自动化或半自动化构建方法。目前，在多语言领域本体的构建方面，主要采取了手工构建的方法，而该方法有着构建周期长、构建成本高等缺点，需要耗费大量的人力物力以及时间，因此，多语言领域本体的自动化或半自动化构建研究迫在眉睫，这方面的研究可以加速多语言信息资源组织的发展。②中文分词的优化研究。我们直接借助了中国科学院开发的 ICTCLAS2013 系统实现检索模型的中文分词功能，该分词系统在中文分词的效果上已经是国际领先的水平，但是在分词的过程中有时还是会出现一些问题，因此，对中文分词的优化研究也是实现中文与其他语种之间进行跨语言信息检索必然要面对、解决的难题之一。

8 跨语言信息检索查询翻译消歧方法与技术

跨语言信息检索的目的是使用户仅使用熟悉的源语言就能检索出其他语种信息，其为用户提供了多语言信息获取的渠道。跨语言信息检索的一般过程是传统的计算机信息检索与语言转化的结合。[①] 目前最常用的语言转化方法为查询翻译，即将用源语言表示的查询词转换为目标语言后再进行检索。虽然查询翻译执行速度快，但由于查询语句较短，提供的上下文有限，语境信息少，存在大量翻译歧义性问题，语义排歧困难。[②③] 除了查询翻译本身存在的不足之处，非人工参与消歧环境下的歧义产生原因还包括：①词性兼类现象；②源语言一词多义现象；③源语言翻译成目标语言有多种含义。另外，词汇在多语言信息具体的上下文中通常只表示其中的一个含义，[④] 因此，在语言转化过程中存在着大量的翻译歧义现象，严重影响了检索的准确率。词义消歧是解决翻译歧义的主要方法，它是指在给定的上下文中，由计算机自动判断歧义词的正确词义的技术。[⑤] 词义消歧能够判断某个多义词在具体

---

① 刘伟成，孙吉红．跨语言信息检索进展研究［J］．中国图书馆学报，2008，34（1）：88-92.

② 吴丹．跨语言信息检索查询翻译消歧方法［J］．图书情报工作，2009（13）：81，120-123.

③ 高影繁，徐红姣．一种实用型跨语言检索查询翻译接口的设计与实现［J］．图书情报工作，2013（20）：123-126.

④ 王耀峰．词义消歧及其在跨语言信息检索中的应用研究［D］．上海：复旦大学，2007：1.

⑤ 陈俊鹏．词义消歧中若干关键技术研究［D］．武汉：武汉大学，2012：3.

上下文中的含义。借助翻译资源消歧是跨语言信息检索翻译消歧的重要方法之一，我们从借助翻译资源消歧的角度，研究查询翻译消歧的方法和技术。

8.1 基于不同翻译资源的消歧方法

该方法是利用翻译资源来确定上下文中歧义词的词义。以下分别从基于词典、语料库、泛众协作知识源、本体知识库4个方面探讨翻译消歧方法。

8.1.1 基于词典的词义消歧

(1) 基于词典的词义消歧方法

基于词典的词义消歧有4种方法：[①] ①选择词典中第一个词义。这种做法基于的假设是词典中词的第一个定义是最常用的。②选择词典中所有词义。将所有意义都翻译出来作为检索词。③任选N个意义。采用任选N个意义的方法以控制查询翻译的任意膨胀。④选择N个最贴切意义。利用语料库计算不同词义出现的频率，选择频率最高的N个作为检索用词。

(2) 解决源语言无法翻译问题的措施

基于词典的词义消歧方法在将源语言翻译为目标语言时，存在多义性、未登录词、短语/词汇单元无法翻译等问题，[②] 所以还需要解决源语言无法翻译的问题。可以考虑在分析系统用户需求的前提下，有针对性地扩充翻译词典规模，运用合适的查询翻译消歧算法，实现提高翻译结果的准确率和系统的运行效率的双重目标。[③] 建立包含惯用语和复合词的多语言词典或列表也

---

① 吴丹. 跨语言信息检索查询翻译消歧方法 [J]. 图书情报工作，2009 (13)：81，120-123.

② 闵金明，孙乐，张俊林. 重新审视跨语言信息检索 [J]. 中文信息学报，2006 (4)：33-40.

③ 徐红姣，高影繁. 实用型跨语言检索查询翻译接口性能改进研究 [J]. 图书情报工作，2014 (1)：124-129.

可提高翻译的准确率。[①] 在文档预处理后，可采用基于词典的最长短语识别和翻译方法，识别出文档中对应于词典的最长短语作为消歧算法的基础。[②]

8.1.2 基于语料库的词义消歧

语料库是指由大量经过整理的文本形成的具有既定格式与标记的文本集。[③] 语料库可分为平行语料库与比较语料库两种。平行语料是指源语言和目标语言对应的双语语料。比较语料库是由不同语言表达的相近内容的文档集。[④] 基于语料库的消歧方法是在借助语料库过滤查询翻译后产生的非正常翻译结果。当用户查询中出现的每一个单词或者词组在检索中出现多种翻译结果时，需要选出一个相对标准的翻译。在对应语料库中，当查询语种语料库与目标语种语料库中的相关单词或者词组所出现的概率相同时，就可以通过比较其出现的概率来协助确定一个最佳翻译。[⑤]

8.1.3 基于泛众协作知识源的词义消歧

泛众协作知识源指用户在线协同合作创建的知识源，这类知识源的特点是规模大、成本低、更新快。[⑥] 其类型包括维基百科（Wikipedia）和概念网络（ConceptNet）等。Wikipedia 文章间的超链接蕴含着丰富的语义关系，如同义词、相关词、上位词等。通过词组识别与调整过滤的预处理阶段发现歧义词，有机结合上下文语境、背景知识和语义信息三大特征，根据逻辑回归

---

① 孙鹏飞．跨语言信息检索翻译消歧技术发展研究［J］．医学信息学杂志，2009，30（7）：1-5.

② 高影繁，王惠临，徐红姣．基于跨语言文本分类的跨语言特征提取方法研究［J］．情报学报，2011，30（12）：1242-1248.

③ 张李义，张震云．一种新的跨语言商品信息检索方法在图书搜索中的应用［J］．现代图书情报技术，2010（1）：9-14.

④ 闵金明，孙乐，张俊林．重新审视跨语言信息检索［J］．中文信息学报，2006（4）：33-40.

⑤ 王进，陈恩红，张振亚，等．基于本体的跨语言信息检索模型［J］．中文信息学报，2004，18（3）：1-8，60.

⑥ 陈俊鹏．词义消歧中若干关键技术研究［D］．武汉：武汉大学，2012：9.

算法学习各特征的权重，在歧义词中找到最佳的选择词。[①] ConceptNet 是一个由网络用户协作，数万在线用户参与建设的半自动生成的在线常识知识库。对 ConceptNet 中的歧义概念消歧，将消歧后的 ConceptNet 作为一个新的消歧知识源与 WordNet 相结合，能够显著提升消歧系统的性能。[②]

8.1.4 基于本体知识库的词义消歧

(1) 利用 WordNet 与 HowNet

本体可以表示概念及概念与概念之间的关系，构建本体能实现概念之间的语义关联及检索。其中最常用的本体知识库是 WordNet、HowNet 等。WordNet 是大型的英语语义词典，按照单词词性（名词、动词、形容词和副词）对词分组，并提供单词在具体词性具体语义下所对应的同义词，组成同义词集。[③] HowNet 通过定义义原（HowNet 的最小语义单元，用以定义与描述概念的属性与概念间的相互关系）以及义原与义原之间的关系来构建语义关系。

(2) 基于本体的跨语言信息检索模型的应用

王进等提出了一种新的基于语义的跨语言信息检索模型 Onto-CLIR，[④] 该模型在传统信息检索技术的基础上，利用本体对不同语言中对应的领域知识进行描述，以解决从查询语言到检索语言的转换过程中出现的语义损失和曲解等问题，从而保证在检索过程中能够有效地遵循用户的查询意图，使其获得预期的检索信息。

---

① 史天艺，李明禄．基于维基百科的自动词义消歧方法［J］．计算机工程，2009，35（18）：62-66.

② 陈俊鹏．词义消歧中若干关键技术研究［D］．武汉：武汉大学，2012：56.

③ WordNet［EB/OL］．［2015-05-27］．http：//wordnet. princeton. edu/.

④ 王进，陈恩红，张振亚，等．基于本体的跨语言信息检索模型［J］．中文信息学报，2004，18（3）：1-8，60.

8.2 翻译消歧中采用的具体技术

8.2.1 词性标注与词法分析

对于机器翻译、查询转化中典型的引起歧义问题的词性兼类现象，可通过词性标注辅助消歧。①② 其基本思想是只选择那些与源语种查询式词汇有相同词性标注的翻译项。③

基于词法分析的词义消歧，对于英语、法语等西文来说，主要采用词根还原方法。④ 词根还原是一项融合汇聚相同概念词的技术。而对于中文、日文、韩文等词与词之间没有明显分隔符的语言来讲，主要采用词素解析与 N-gram 算法。词素分析是对文字序列按词典意义上的最小单位进行分解处理，分割后可根据有意义的单词进行检索，减少了检索干扰。N-gram 算法不考虑文字的意义，只按一定的长度单位 N 个字符来分割，将长度为 n 的窗口从文本的第一个字符处开始，自左向右连续移动，每次移动的步长为 1 个字符，窗口中出现的 n 个字符即为 n-gram。该方法不会出现漏检，但会增加检索干扰。

8.2.2 专有名词的音译与双向翻译

许多研究者提出采用机器音译的方法来处理未登录词的翻译问题。⑤ 音

---

① 吴丹．跨语言信息检索查询翻译消歧方法［J］．图书情报工作，2009（13）：81，120-123.

② 高影繁，徐红姣．一种实用型跨语言检索查询翻译接口的设计与实现［J］．图书情报工作，2013（20）：123-126.

③ 张李义，张震云．一种新的跨语言商品信息检索方法在图书搜索中的应用［J］．现代图书情报技术，2010（1）：9-14.

④ 吴丹．跨语言信息检索查询翻译消歧方法［J］．图书情报工作，2009（13）：81，120-123.

⑤ 吴丹．跨语言信息检索查询翻译消歧方法［J］．图书情报工作，2009（13）：81，120-123.

译的方法在处理人名翻译上具有优势。① 双向翻译技术是将源语言 A 翻译为目标语言 B，再将目标语言 B 译回目标语言 A'，若 A 与 A' 中有相同的词，那么在 B 中对应的词将作为首选译文。②

8.2.3 互信息模型的应用

互信息表征的是两个统计量相互关联的程度，关联程度越高，互信息越大，反之亦然。互信息模型也被称为词共现模型。③ 词的共现技术是指若提问源语由多个单词组成，则假如其对应的某个翻译或某些翻译词对在目标语料库中出现或出现频率较高，这些目标词组合即为准确的翻译。④ 该方法的优点是只需要利用单语言的语料库即可进行共现频率的比较；缺点是必须由多个词汇构成原始查询，否则无法进行共现频率的比较。⑤ 张李义与张震云采用基于词语对共现率和词语间距加权计算的方法，对查询式翻译进行消歧优化，在此基础上构建跨语言商品信息检索系统，并应用于图书商品搜索。⑥

8.2.4 利用虚拟语境消除多义性

词义消歧是在给定的上下文中，由计算机自动判断歧义词的正确词义的技术。词语的上下文是由自然语言表示的无结构文本，为了使其能够被用于词义消歧，必须将其转化为计算机可识别的某种表示形式。⑦ 利用源语言语

---

① 闵金明，孙乐，张俊林．重新审视跨语言信息检索［J］．中文信息学报，2006（4）：33-40.

② 张素芳．国外跨语言信息检索中的翻译歧义性问题研究综述［J］．图书馆学研究，2006（6）：72-75，78.

③ 吴丹．跨语言信息检索查询翻译消歧方法［J］．图书情报工作，2009（13）：81，120-123.

④ 陈景．跨语言专利文本分析技术研究［D］．杭州：浙江大学，2010：6.

⑤ 吴丹．跨语言信息检索查询翻译消歧方法［J］．图书情报工作，2009（13）：81，120-123.

⑥ 张李义，张震云．一种新的跨语言商品信息检索方法在图书搜索中的应用［J］．现代图书情报技术，2010（1）：9-14.

⑦ 陈俊鹏．词义消歧中若干关键技术研究［D］．武汉：武汉大学，2012：1.

境信息限制查询，便于找出用户所需的目标语言信息。然而语境的限制太多，会导致查全率降低，限制太少，则查准率不高。如何合理地使用语境信息，是需要深入研究的问题。

8.2.5 查询扩展技术

查询扩展是对用户提交的查询式进行语义扩展，利用词的同义、近义、上下位等关系确定词义，以缩小翻译项的语义范围，帮助系统排除干扰项的影响。① 查询扩展一般应用在查询翻译之前或者之后，从特定语料库中检索出与查询单词关联度较高的辅助单词作为查询扩展，帮助确定查询的主题，并且共同消除翻译所带来的模糊和歧义。②

查询扩展可有两种扩展方式，一种是增加源查询中单词的同义词，二是增加翻译候选的同义词。③ 查询扩展既可以包括同义词扩展，也可以包括关联词扩展。在跨语言查询扩展中，对源语言进行扩展之后，再将扩展后的词翻译为目标语言，在系统中检索。查询扩展技术要注重扩展词表的构建，如建立基于语义的机器可读词典，典型的机器可读词典有英汉双语的 HowNet 和英语的 WordNet。④

8.2.6 查询分类

查询分类是对用户查询意图的分析，可以作为降低跨语言检索系统查询翻译的歧义性的技术手段。⑤ 查询分类主要包括查询意图的分类和查询知识

---

① 张李义，张震云．一种新的跨语言商品信息检索方法在图书搜索中的应用［J］．现代图书情报技术，2010（1）：9-14.

② 王进，陈恩红，张振亚，等．基于本体的跨语言信息检索模型［J］．中文信息学报，2004，18（3）：1-8，60.

③ 袁松安．跨语言信息检索中消歧算法的研究［D］．上海：上海大学，2008：21.

④ 王耀峰．词义消歧及其在跨语言信息检索中的应用研究［D］．上海：复旦大学，2007：2.

⑤ 高影繁，王惠临，徐红姣．查询分类在跨语言检索中的应用研究［J］．情报学报，2011（4）：366-371.

类别两个层面。查询分类技术与查询翻译技术的结合可以在一定程度上降低查询翻译的歧义性，但前提是保证查询分类的正确性。

8.2.7 相关反馈

相关反馈有助于查询扩展，相关反馈包括人机交互式反馈和两步伪相关反馈法。例如，微软亚洲研究院提出了一种两步伪相关性反馈的中英文信息检索查询扩展方法：先使用翻译后的提问式检索出一系列文献信息，并对其进行相关性排序（共现技术）；再从结果文献排序前 n 篇文档中选取 m 个最高频率的词作为扩展提问式来扩展最初的查询。①

8.3 翻译消歧中多种方法技术的综合利用

在词义消歧的具体应用过程中往往不是单独使用一种方法技术，每种方法和技术都有自身的优势与弊端，将多种方法技术结合起来，有助于更好地达到消歧的目标。

8.3.1 词典与平行语料相结合

徐红姣和高影繁在实用型跨语言检索查询翻译接口性能改进研究中，采用基于词典的查询翻译消歧方法，所研究的查询翻译接口在结构上分为两个部分：查询翻译层和翻译资源层。查询翻译层由预处理模块和查询翻译消歧模块两部分组成。查询翻译消歧模块是整个接口的核心，包括基于最长短语识别的查询翻译消歧、基于查询分类的查询翻译消歧和基于翻译概率的查询翻译消歧 3 种方法。其接口选取的翻译资源是经加工过的带类别信息的英汉

---

① 王昊．跨语言信息检索实现方法与关键技术探讨［J］．情报杂志，2005（7）：46-49.

双语词典和从平行语料中获得的翻译概率词典。①

8.3.2 词典、共现技术、查询扩展技术及相关反馈相结合

跨语言图书商品信息检索系统采用机器可读词典和词语对共现率统计相结合的方法对查询式翻译进行消歧优化，根据充分考虑词语间联系的概率最大化算法来实现 CLIR。在用户提交查询式之后，系统利用查询扩展等技术提供一个翻译列表，包括系统无法自动过滤的所有可能的翻译形式供用户选择，或在此基础上让用户自行优化翻译结果。在这种用户辅助查询的方式下，系统可以更加直观地理解用户需求以提高查准率。②

8.3.3 本体、字典与用户反馈相结合

王进等在基于本体的跨语言信息检索模型中，采用了与用户交互的方式来获取更进一步的语义信息，通过用户对反馈的选择更深入地领会其查询意图，对查询条件进行修正并重新检索，直至用户满意为止。由于本体库覆盖的范围有限，仍然需要用字典对用户查询请求中未能识别的非语义核心单词进行辅助翻译。③

8.3.4 提问词再赋权技术

提问词再赋权技术是对若干技术的综合，此技术会涉及机读词典、用户反馈、词共现技术等。④ 提问词再赋权技术建立在两个原理基础上：①基于词语共现规则，在翻译准确率较高的情况下，查询词之间一定程度的联系反

---

① 徐红姣，高影繁．实用型跨语言检索查询翻译接口性能改进研究［J］．图书情报工作，2014（1）：124-129.

② 张李义，张震云．一种新的跨语言商品信息检索方法在图书搜索中的应用［J］．现代图书情报技术，2010（1）：9-14.

③ 王进，陈恩红，张振亚，等．基于本体的跨语言信息检索模型［J］．中文信息学报，2004，18（3）：1-8，60.

④ 孙鹏飞．跨语言信息检索翻译消歧技术发展研究［J］．医学信息学杂志，2009，30（7）：1-5.

映出查询目标文档集中对应的目标词语之间也应有联系，即查询源语和目标文档集中的词语共现；②基于排序反馈规则，在正确的翻译目标语上添加一定的权重调整后有利于提高相关度更高的文档的排序序号，使之更靠前，检索结果更精确。①

我们从翻译资源消歧的角度，探讨跨语言信息检索的查询翻译的消歧方法与技术。目前主要的消歧方法有基于词典、语料库、泛众协作知识源以及本体知识库等，消歧技术涉及词性标注与词法分析、专有名词的音译与双向翻译、互信息、虚拟语境消除目标查询的多义性、查询扩展技术、查询分类以及相关反馈等技术。跨语言信息检索消歧在实际应用中往往是几种方法与技术相结合，如词典与平行语料相结合，词典、共现技术、查询扩展技术及相关反馈相结合，本体、字典与用户反馈相结合，提问词再赋权技术。借助翻译资源来辅助消歧易于控制，但其局限是需要构建质量较高的词典、语料库、泛众协作知识源以及本体知识库。对于基于翻译资源的词义消歧方法，提高性能的途径有两个：一是研发性能更好的词义消歧算法；二是引入更丰富的消歧资源。②

① 陈景．跨语言专利文本分析技术研究［D］．杭州：浙江大学，2010：6.
② 陈俊鹏．词义消歧中若干关键技术研究［D］．武汉：武汉大学，2012：35.

9　基于语义的多语言信息组织模式分析

用户主要通过互联网获取多语言信息，因此对多语言信息的组织实质是对网络多语言信息的组织。黄如花依据网络信息组织的对象将网络信息组织的模式划分为 4 个层次：第一个层次为微观的组织模式，主要表现为文件、超媒体、数据库与网站等方式；第二个层次为中观的组织模式，主要包括编目与学科信息门户的方式；第三个层次为宏观的组织模式，主要指网络资源指南与搜索引擎；第四个层次为分布式组织模式，代表形式为数字图书馆。① 我们对多语言信息组织模式的划分与以上划分思路相近。

我们依据多语言信息组织的对象将多语言信息组织模式划分为以下 3 种模式：①以词语为组织对象的微观组织模式，代表形式是多语言语义词典与多语言叙词表，这些工具也有效应用于中观和宏观组织模式；②以特定学科领域信息为组织对象的中观组织模式，代表形式是多语言学科信息门户，其组织的信息是特定学科或专业领域的信息，且来源信息经过深层次的序化；③以复杂信息为组织对象的宏观组织模式，主要包括多语言搜索引擎和多语言数字图书馆，其组织的对象是复杂信息，资源类型十分多样。以上划分仅从信息组织对象角度出发，代表目前多语言信息组织工具的所属模式。

---

① 黄如花. 网络信息组织的模式［J］. 中国图书馆学报，2004，30（1）：27-31.

9.1 以词语为组织对象的微观组织模式

9.1.1 微观组织模式的组织对象、方法与特点

(1) 微观组织模式的组织对象

微观组织模式的组织对象是多语言词语，代表形式是多语言语义词典和多语言叙词表。词语的形式、词性、主题都可以不加限制，如多语言语义词典的词汇来源就是生活中的常用语，主要词性为名词，并不限制主题。也可以集中组织某一种主题的词汇，如多语言叙词表、多语言受控词表等，这些多语言信息组织工具的词语多为经过加工的某一主题的受控词汇。

(2) 微观组织模式的组织方法

由于其组织对象为词语，构成相对简单，所以微观组织模式所用的组织方法也较为单一。多语言语义词典的组织方法比较特殊，其组织形式是将表达同一概念或在句子中可以互相替代而不改变句子意思的词聚类为同义词集(Synsets)，再在这些同义词间建立关系，按词义进行组织，所以多语言语义词典也具有较强的语义结构。而多语言叙词表是利用叙词法进行划分，是主题法常用的组织工具。

(3) 微观组织模式的组织特点

微观组织模式是对词语这种基础性信息资源的组织，在其词典或词表内部便明确词间的语义关系，这一特征也使其成为构建中观及宏观模式内语义网络的重要资源保障。多语言叙词表也是中观和宏观组织工具进行元数据组织时的元素之一，多语言语义词典可用来解决多语言搜索引擎等信息组织形式在翻译过程中产生的词义消歧问题。

9.1.2 微观组织模式的层次结构

微观组织模式的层次结构如图 9-1 所示。

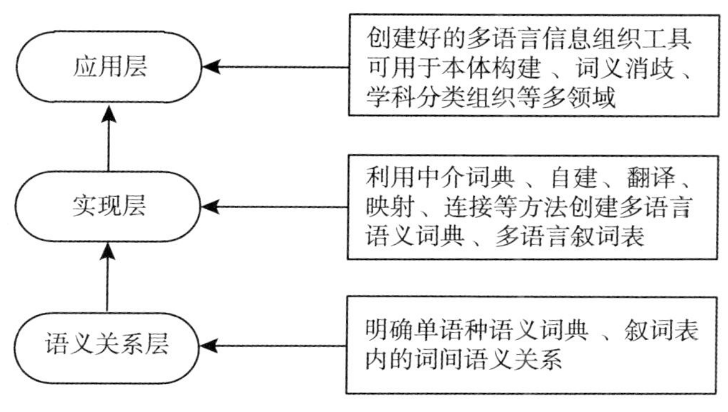

图 9-1 微观组织模式的层次结构

(1) 语义关系层

对于微观组织模式来说，收集多语言词语之后，就要对词间语义关系进行限定。词汇间语义关系得以明确，该词表或词典便已成为一种语义资源。单语种语义词典和单语种叙词表明确词间语义关系，对于多语言语义词典和多语言叙词表来说，只需要解决在翻译和映射等具体实现过程中的语义问题。不同组织工具的词间语义关系有所不同，多语言语义词典中，同义词集间主要有同义关系（Synonymy）、反义关系（Antonymy）、上下位关系（Hapernymy & Hyponymy）等。在多语言叙词表中，主要有等同关系（Equivalence Relationship）、等级关系（Hierarchical Relationship）和相关关系（Associative Relationship）。

(2) 实现层

确定词间语义关系，形成单语种语义词典或叙词表后，要运用各种方法实现多语言信息组织工具的创建。其具体实现方法包括：①可以利用中介索引（Inter-Lingual-Index，ILI）内的内部语言联系（Interlingual Links）进行词间关联，这样便将不同语言中表达相似含义的词汇联结在一起。②自建，可以新建单语种叙词表再添加其他语言，也可以直接构建新的多语言叙词表。③翻译，就是将叙词表或词典从一种语言翻译为另一种语言，同时也不改变其层次结构及含义。④映射，是对两个或多个叙词表的术语建立关系，实质是一种关系的集合。⑤连接，这种方式是为了改进检索，将概念不等但在语言学角度上较为密切的术语相关联的一种方式。在利用由这种方式形成的多语言信息组织工具查询时，与查询术语完全或部分相同的术语会被连接在一起，放置于一个临时列表中，展示到系统前台。这个临时列表相当于临时的中介索引，但具有不稳定性，且效率较低，所以这种方式也不常用。

（3）应用层

微观组织模式最大的特点就是其代表形式会作为多语言信息组织工具应用于信息组织之中。创建好的多语言信息组织工具，要将其用于相应领域。此模式内的信息组织工具可作为本体构建的基础资源，也可作为宏观组织模式内组织工具构建的语义数据资源，还可用于跨语言信息检索、机器翻译、词义消歧、信息标引、学科分类信息组织等。

9.1.3 实证分析——多语言语义词典

在电脑代替人脑完成大部分工作的网络时代，为了使电脑可以顺利工作，使其辨别多义词或同义词，词间语义关系的解释显得尤为必要。在这些趋势之下，产生了 WordNet——以词义而非词形作为组织词典依据的英语在线词典。

20 世纪 80 年代中期，普林斯顿大学的 Miller 带领心理词汇学家和语言学家开始 WordNet 的研发，目前已发展到 WordNet 3.0 版本，由计算机科学专业人员负责。WordNet 将表达同一概念或在句子中可以相互替代而不改变句子意思的词聚类为同义词集（Synsets），再在这些同义词集中建立语义关系，特殊的结构使其可应用于计算机语言学和自然语言处理领域。目前，公众可免费在线使用 WordNet，也可免费下载 WordNet 软件使用。

WordNet 具有开放性，目前已发展出近 50 种单语言或多语言版本的 WordNet。我们在此部分的研究对象均是基于 WordNet 的多语言语义词典。

(1) 多语言语义词典的产生及发展

最早产生的多语言语义词典是由荷兰阿姆斯特丹大学（University of Amsterdam）远程信息处理应用项目（Telematics Applications Programme）内的人类语言技术部（Human Language Technology）承担的 EuroWordNet 计划。该计划始于 1996 年 3 月，完成于 1999 年 6 月，涉及荷兰语、意大利语、西班牙语、德语、法语、捷克语和爱沙尼亚语，它开创了 WordNet 的多语言化，也推动了多语言语义词典的发展，但是目前已关闭。全球 WordNet 协会（Global WordNet Association，GWA）是一个免费、公开、非商业性的组织，它提供平台以供全世界所有语言的 WordNet 进行讨论、分享和联络。通过此平台，我们可以追踪世界范围内各个语言版本的 WordNet，包括多语言版本 WordNet 的发展现状。目前，GWA 在其网站列举的涉及多种语言的 WordNet 如表 9-1 所示。①

表 9-1　　**9 个基于 WordNet 的多语言语义词典**

资源名称	语种	开发者	在线使用	下载使用
Open Multilingual WordNet	阿拉伯语/英语/马来语/印尼语等 10 种语言	南洋理工大学语言学及多语言研究部（Linguistics and Multilingual Studies）		√

① WordNets in the world [EB/OL]. [2019-08-06]. http://globalwordnet.org/wordnets-in-the-world/.

续表

资源名称	语种	开发者	在线使用	下载使用
Asian WordNet	印地语/印尼语/日语/老挝语等 10 种亚洲语言	泰国国家电子计算机技术中心（National Electronics and Computer Technology Center） 泰国计算机语言学实验室（Thai Computational Linguistics Laboratory） 日本情报通信研究机构（National Institute of Information and Communications Technology，NICT，Kyoto，Japan）		✓
WordNet Bahasa	马来语/印尼语	南洋理工大学语言学及多语言研究部（Linguistics and Multilingual Studies）		✓
African WordNet	班图语支	南非大学（University of South Africa in Pretoria） 南非西北大学（North-West University，South Africa）		
Multilingual Central Repository 3.0	英语/西班牙语/加泰罗尼亚语/巴斯克语/意大利语	巴斯克大学（University of the Basque Country） 加泰罗尼亚理工大学软件系（Department of Software，Technical University of Catalonia）	✓	
BalkaNet	保加利亚语/捷克语/希腊语/罗马尼亚语/塞尔维亚语/土耳其语	派图拉斯大学计算机工程与资讯部数据库实验室（Database Laboratory，Computer Engineering & Informatics Department University of Patras）		

续表

资源名称	语种	开发者	在线使用	下载使用
MultiWordNet	意大利语/西班牙语/葡萄牙语/希伯来语/罗马尼亚语/拉丁语	欧洲 Fondazione Bruno Kessler 交流与信息技术研究中心人类语言技术研究组（Fondazione Bruno Kessler, Center for Communication and Information Technology, Human Language Technology Group）	√	√
Multi-Lingual Semantic Network Project	日语/汉语/德语	达伦·库克（Darren Cook）	√	√
IndoWordNet	印地语/阿萨姆语/孟加拉语/博多语等 18 种印度语言	印度理工学院印度语言技术研究中心（Center for Indian Language Technology, Indian Institute of Technology Bombay）	√	

由表 9-1 可知，这 9 个多语言语义词典中，除 African WordNet 词源是非洲班图语支（Bantu Languages）外，其余 8 个词典的词源均是欧洲或亚洲地区使用的语言。这也与开篇调查的数据——互联网用户中有 65%来自欧洲和亚洲相呼应。

资源名称和语种都反映了多语言语义词典发展的地域性。如 Asian WordNet、African WordNet、WordNet Bahasa、BalkaNet 和 IndoWordNet 这些名称就分别显示该词典的词源是亚洲、非洲、印尼、巴尔干半岛和印度地区所使用的语言。语种上也多选用来自同一语系的语言或在某地区使用的语言。如 Multilingual Central Repository 3.0、BalkaNet 和 MultiWordNet 三个词典的词源均是欧洲语言，除巴斯克语（Basque）、土耳其语（Turkish）和希伯来语（Hebrew）分别是语系归属未定、属阿尔泰语系和属闪含语系外，剩余 11 种语言均属印欧语系。

从开发者来看，有 6 个词典是由单独的研究机构开发，3 个是合作开发。6 个词典由高校承担研发工作，这些高校也都是各自国家内的顶级名校，其中，南洋理工大学和印度理工学院更是享誉世界的理工类高等学府。

从使用情况来看，尽管有 7 个词典提供在线使用，但只有 4 个可以正常浏览。图 9-2 是 IndoWordNet 最新的检索页面，可在语言下拉框内选择检索语言。5 个词典提供免费下载，但需提出申请，经过许可才能下载。综合看来，African WordNet 和 BalkaNet 无法使用，其余软件均可使用。WordNet 从开发之初一直供公众免费在线浏览和下载，① 但本地化和多语言化的 WordNet 还无法完全提供这两项服务。

图 9-2　IndoWordNet 检索页面

此外，在 GWA 官网相关计划（Related Projects）中，介绍了一个十分庞大的多语言百科词典和语义网络——BabelNet。BabelNet 已有超过 1.5 千万个条目（Entries），也称作巴别塔同义词集（Babel Synsets）。与 WordNet 相同，每个巴别塔同义词集只有一个含义，包含简短解释和各种语言内的同义词。BabelNet 已覆盖 284 种语言，实际是对 WordNet、Open Multilingual

① What is WordNet? [EB/OL]. [2019-08-06]. http://wordnet.princeton.edu/.

WordNet、Wikipedia 等在线词典的整合。

由以上内容可知，目前多语言语义词典的发展处于初步阶段，涉及的语言多是按地区聚类、按语系聚类或是使用人数较多的语言。

（2）多语言语义词典的实现

多语言语义词典的实现过程是：每种语言建立本语言的 WordNet，再通过中介索引内的内部语言联系进行词间关联，这样便将不同语言中表达相似含义的词汇联结在一起。

为实现上述过程，GWA 首先要建立一个适用于跨语言的标准化、通用的中介索引。目前所使用的中介索引是曾在 EuroWordNet 中使用的，需要进一步完善。在中介索引标准化之前，需要解决一些基础性问题，索引内的概念也都是在这些标准基础之上定义的，比如：

- 普遍性：某一概念会出现在多少种语言之中？
- 使用率：某一概念在跨语言情况下使用的频率是多少？
- 生产率：相似相关概念是否容易被推导形成新的概念？
- 跨语言形态句法标志性：词汇形态是否具有复杂结构？
- 索引记录的关系：索引记录可被视作专业化还是只是其他索引记录的普通扩展？
- 索引记录的本体化依据：某一概念能以最小重叠方式区别于其他词义的程度如何？

确定中介词典后，GWA 也会利用词义消歧（Word-Sense-Disambiguation）和自动文档分类（Automatic-Document-Classification）来测试所有内部语言通过中介索引产生的词义结构，并参加国际文本检索会议（Text Retrieval Conference，TREC）进行测试。以上所阐述的内容若实现，必将大大扩展目前中介索引的体系结构，中介索引的结构层次性也会更分明。①

---

① Background Document［EB/OL］.［2015-03-10］. http：//globalwordnet. org/about-gwa/background-document/.

(3) 多语言语义词典的词间语义关系

①同义关系。同义关系是 WordNet 中最重要的关系，如果两种表达方式在句子中可以互相代替而不改变句子的真值，那么这两种表达方式就具有同义关系。在汉语版的 WordNet，即 Chinese WordNet 中，若以“好”作为检索词，可得到 17 个不同的词义，如｛好，形容对特定对象的评价是正面的｝，在这个语义中，｛好，佳，良好，优｝即为同义词。若是｛好，形容关系亲近的｝这个语义中，｛好，密切｝即为同义词。

MultiWordNet 统计了检索频次排名前 20 位的检索词，其中，排名前 10 位的检索词如图 9-3 所示。目前用户检索的检索词都是结构简单的常用词，用户在用某种语言检索得到结果之后，点击左边的“▶”按钮，即可浏览本词典内其他语言中语义相同的词汇（如图 9-4 和图 9-5 所示）。MultiWordNet 将不同语言内语义相同的常用检索词语排列展示，方便用户查找。

n.	english	n.	italian	n.	spanish	n.	portuguese	n.	hebrew	n.	romanian	n.	latin
1	hello	1	casa	1	hola	1	lugar	1	שלום	1	mare	1	domus
2	love	2	cane	2	casa	2	teste	2	בית	2	copil	2	puella
3	dog	3	gatto	3	perro	3	casa	3	מעלה	3	salut	3	amor
4	hi	4	mangiare	4	coche	4	carro	4	אמבטיה	4	om	4	homo
5	house	5	andare	5	gato	5	amor	5	בַּית	5	carte	5	penis
6	cat	6	pesca	6	amor	6	eu	6	חלב	6	merge	6	casa
7	home	7	albero	7	lugar	7	cão	7	ילד	7	masa	7	bos
8	fuck	8	prova	8	conocimiento	8	objecto	8	משפחה	8	clasa	8	forma
9	good	9	cefalea	9	vida	9	banco	9	תרומה	9	test	9	vulva
10	flower	10	amore	10	persona	10	puta	10	איש	10	bun	10	furor

图 9-3　MultiWordNet 中排名前 10 位的检索词

②反义关系。WordNet 中的反义关系较难定义。反义关系是形容词间的基本语义关系，如干的/湿的、年轻的/年老的。WordNet 中形容词通常都形成形容词同义词簇，如 dry 与 parched、arid、dessicated、bone-dry 相似，wet 与 soggy、waterlogged 相似，那么这两对形容词簇之间具有反义关系，只不过 dry/wet 具有直接反义关系，arid/wet 具有间接反义关系。图 9-4 为 MultiWordNet 中“dry”一词作为形容词时的部分反义词。

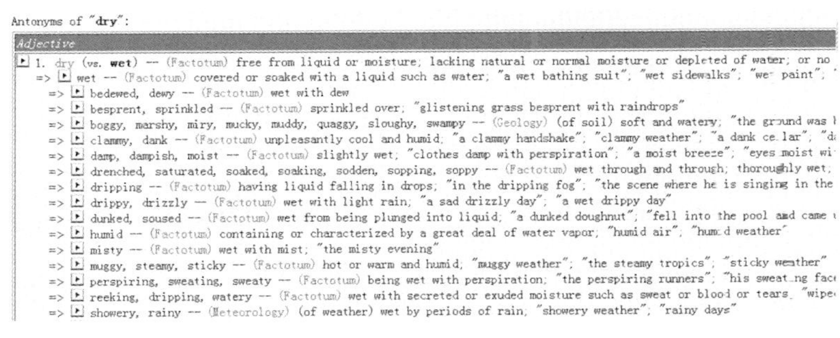

图 9-4　MultiWordNet 中"dry"一词作为形容词的部分反义词

③上下位关系。上下位关系多是名词间关系，如绵羊是羊的下位词，羊是动物的下位词。上下位关系是一种非对称关系，一个同义词集只有一个上位词，但可以有多个下位词。具有上下位关系的名词间具有继承关系，构成了层级结构（Hierarchies），如绵羊—羊—动物—生物。所有这些层级结构都具有同一根源，本质（Entity）相同。图 9-5 为 MultiWordNet 中"sheep"一词的主要下位词。

Hyponyms (brief) of "sheep":

Noun
1. sheep -- (Animals, Biology) woolly usually horned ruminant mammal related to the goat
=> ewe -- (Animals, Biology) female sheep
=> ram, tup -- (Animals, Biology) uncastrated adult male sheep: "a British term is `tup'"
=> wether -- (Animals, Biology) male sheep esp. a castrated one
=> black_sheep -- (Animals, Biology) sheep with a black coat
=> domestic_sheep, Ovis_aries -- (Animals, Biology) any of various breeds raised for wool or edible meat or skin

图 9-5　MultiWordNet 中"sheep"一词的主要下位词

(4) 多语言语义词典在信息组织中的应用

语义词典作为语言信息处理的基础，应用于机器翻译、自然语言接口、文献检索、信息自动提取、语音识别与合成、文字识别、中文输入、词义消歧、文本校对、语料库加工等多种处理领域。①

---

① 王惠，詹卫东，刘群．现代汉语语义词典的概要及设计［C］//1998 中文信息处理国际会议论文集．北京：清华大学出版社，1998：361-367.

多语言语义词典在实践中主要应用于机器翻译中的词义消歧和跨语言信息检索。可应用于宏观模式中的多语言搜索引擎，主要任务也是翻译中的语义消歧。EuroWordNet 建立的目的之一是为跨语言信息检索提供基础资源。Clough 和 Stevenson 提出了利用西班牙语查询测试集对 EuroWordNet 在实践中的有效性进行正式的评估。跨语言信息检索系统所使用的双语词典需要处理多语翻译问题，所以也应用了词义消歧（Word Sense Disambiguation，WSD）算法。实验表明这种算法与人工判断相比只能达到 50%，然而，检索性能可以达到人工消歧查询的 90%。① Navigli 等在 2012 年和 2013 年先后发文介绍 BabelNet 在多语言词义消歧中的应用，包括利用 BabelNet 进行多语言词义消歧数据集的标注，进行基于图表的跨语言语义消歧，设计 BabelNet API 以为词义消歧研究提供简单方便的语义分析工具，并推进此研究的发展。此外，Navigli 等还将 BabelNet 应用于确定语义关系和创建语义推理。② 多语言语义词典目前还处于初步发展阶段，相信发展至成熟阶段时，会在实践中应用于更多领域。

9.1.4 实证分析——多语言叙词表

叙词表，也称主题词表，是一种常用的词汇控制工具，为叙词的标引和检索提供依据。网络时代，叙词表也随之进行了改革，产生了适用于网络信息组织的工具——网络叙词表。网络叙词表是以传统叙词表构建原理和原则为准则，通过定义词汇的范围和含义，运用等同、等级、相关等关系揭示词汇之间的关系，并用超链接的方式予以显示，借助 Web 浏览器介质进行访问。③ 多语言叙词表多是网络叙词表，通过浏览器供用户浏览与检索。

---

① Clough P, Stevensen M. Cross-language information retrieval using EuroWordNet and word sense disambiguation [C] //Proceedings of 26th European Conference on Infromation Retrieval, April 05-07, 2004, Sunderland, Eegland. Berlin Heidelberg: Springer, 2004: 327-337.

② Publications [EB/OL]. [2015-04-14]. http://babelnet.org/papers.

③ 陈红艳，司莉. 网络叙词表构建的现状调查与分析 [J]. 图书馆理论与实践，2008 (5): 33-36.

（1）多语言叙词表的创建

国际图书馆协会联合会（International Federation of Library Associations and Institutions，IFLA）在 2009 年发布了“多语言叙词表构建指南”（Guidelines for Multilingual Thesauri），提出了常用的 3 种创建多语言叙词表的方式。①

①重新建立一个新的多语言叙词表。包括：a. 先构建单语言叙词表，再添加另一种或多种语言形成多语言叙词表。b. 直接用多种语言构建叙词表。HEREIN 计划中的 Herein 叙词表就是自建多语言叙词表，最初在英、法、西班牙语 3 种语言的文化遗产政策中提取词汇，确立词间关系，从而构建了 Herein 多语言叙词表，现已发展至 14 种欧洲语言。

②合并已有叙词表。包括：a. 将 2 个或更多个已有叙词表合并成 1 个新的多语言叙词表，用于索引和检索。b. 将已有叙词表和标题词表（Subject Heading List）进行映射。Merimee 是法国构建的文化遗产、艺术、建筑方面的多语言叙词表，是将法国建筑叙词表（Thesaurus of Architecture）、美国艺术与建筑叙词表（Art and Architecture Thesaurus，AAT）和英国文化遗产叙词表（English Heritage Thesaurus）进行映射所构建的多语言叙词表。

③将已有叙词表翻译成另一种或多种语言的叙词表。目前多数多语言叙词表是以这种方式构建的，如美国艺术与建筑叙词表已被完全翻译成西班牙语，部分术被语翻译为法语，也正在研发翻译为意大利语、汉语、荷兰语和德语版本中。

（2）多语言叙词表的发展现状

2010 年，司莉等对国外网络叙词表进行了调研，结果显示有 24 部多语

① Guidelines for Multilingual Thesauri [EB/OL]. [2015-2-27]. http://www.ifla.org/publications/ifla-professional-reports-115.

言叙词表。① 我们于 2015 年 4 月 12~13 日在 Taxonomy Warehouse② 中进行新的调查，结果显示有 41 部多语言叙词表。多语言叙词表的数量逐渐增多表明多语言化已成为叙词表发展的趋势。

在这 41 部多语言叙词表中，有 39 部多语言叙词表的编制语言中有英语（占 95%），29 部的编制语言中有法语（占 71%），34 部的编制语言均是来自欧洲（占 83%），这些数据也说明欧洲各国在多语言叙词表的编制中贡献了极大的力量。有 16 部双语叙词表，涉及 20 种语言以上的叙词表分别为：EuroVoc，是由欧盟出版局（Publications Office of the European Union）负责维护的一个多语言、多学科、综合性叙词表，目前共含 27 种欧洲语言，主要供欧洲议会、某些政府部门和欧洲组织使用；联合国粮农组织推荐农业领域使用的 AGROVOC 叙词表，目前全世界已有 21 种语言版本。这 41 部多语言叙词表中，13 部由国际组织或机构发布，14 部由国家组织或机构发布，8 部由高校发布，剩余词表由企业或个人发布和维护。

除以上在 Taxonomy Warehouse 网站内获取的多语言叙词表外，还有一些知识组织系统互操作项目是叙词表间或叙词表和标题词表间的互操作，形成了多语言叙词表，其具体情况如表 9-2 所示。

表 9-2 **国内外多语言叙词表互操作项目**

项目名称	叙词表	语种	研发国家/机构	主题领域	互操作方式
CAMed	补充和代替医学领域内的 4 个叙词表	英语/法语	哥伦比亚大学、肯特州立大学	医学	连接

① 司莉，柴源，周李梅，邓伊婷．国外网络叙词表的现状调查及发展趋势［J］．图书馆杂志，2011，30（7）：22-26.

② Taxonomy Warehouse［EB/OL］．［2015-04-13］．http：//www.taxonomywarehouse.com/.

续表

项目名称	叙词表	语种	研发国家/机构	主题领域	互操作方式
CAT/AGROVOC	中国农业叙词表/AGROVOC	汉语/英语	中国	农业	映射
HEREIN	Herein 叙词表	英语/法语/西班牙语等14 种语言	欧盟，主要为英国、法国、西班牙	文化遗产	自建
MACS	法国国家图书馆主题词表 RAMEAU/美国国会图书馆标题表 LCSH/德国 SWD 标题词表	英语/法语/德语	瑞士、法国、德国和英国国家图书馆	综合、图书馆目录	映射
Merimee	法国建筑叙词表/美国艺术与建筑叙词表/英国文化遗产叙词表	英语/法语	法国	文化遗产、艺术、建筑	映射

（3）多语言叙词表词间语义关系

以下将以 EuroVoc 和 AGROVOC 的词间关系作为叙词表词间语义关系示例进行介绍。

①等同关系。指正式叙词和非正式叙词之间的关系，是含义相同或相似但词形不同的叙词间的关系。在 EuroVoc 中，用缩写词“UF（Used for）”置于非正式叙词前，“USE”放置于正式叙词前，如：

technology park（科学园区） science park

UF science park USE technology park（6806）

在以上例子中，science park 是正式叙词，technology park 是非正式叙词。

②等级关系。也称属分关系、属种关系与族系关系，是概念间层级上包含和从属的关系。上级概念形成一个类（class），下级概念便是这类的一部分。在 EuroVoc 中，用缩写词“BT”（Broader Term or Generic Term）和

“NT”（Narrower Term or Specific Term）表示词间等级关系。BT 放置于下位词和上位词之间，并在 BT 后加上数字表示下位词和上位词间的层级关系，NT 放置于上位词和下位词之间，同样在 NT 后加上数字表示上位词和下位词间的层级关系。

AGROVOC 中最主要的叙词间关系是等级关系，是通过判断 skos：broader 和 skos：narrower 属性来表达的，skos：broader 和 skos：narrower 属性是组织概念的方法，相当于 EuroVoc 的 BT 和 NT。图 9-6 是 AGROVOC 概念间等级关系展示的部分图。①

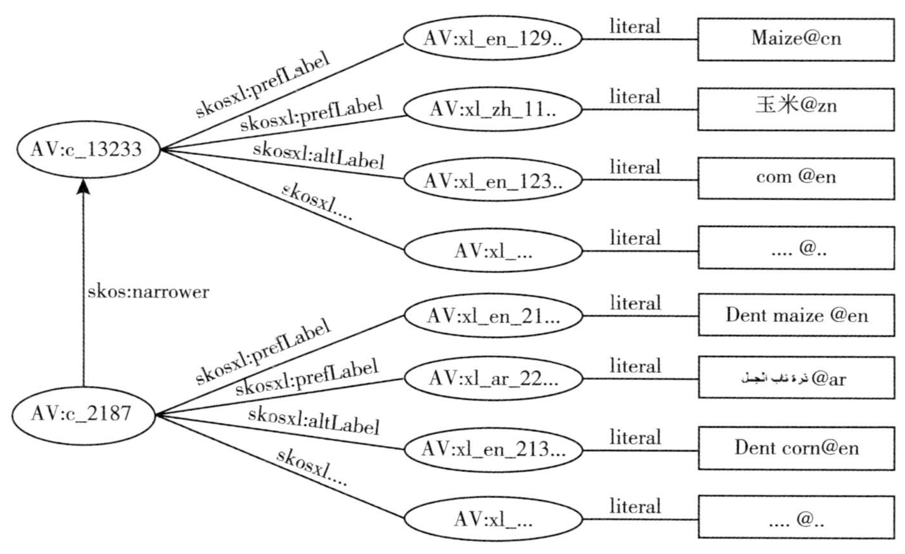

图 9-6　AGROVOC 概念间等级关系

图 9-6 中，椭圆形中是 AGROVOC 叙词对应的后台 URI 对象，长方形中是字面显示的叙词。AV 是 AGROVOC 的简称，c_数字代表叙词在系统内部的代码。en、zh、ar 分别代表英语、汉语、阿拉伯语。

① About AGROVOC Thesaurus [EB/OL]. [2015-02-28]. http://aims.fao.org/standards/agrovoc/concept-scheme.

Simple Knowledge Organization System（SKOS）是 W3C 标准，可定义 Concept 类、首选标签、可替换标签以及作为类属性的与其他概念之间的关系。但是 SKOS 不提供为特定标签指定元数据的方法，因此 W3C 发布了 SKOS Extension for Labels（SKOS-XL）说明，其中用于概念首选、可替换以及其他标签的值不是字符串，而是通过扩展说明所定义的新标签类的成员。作为类的实例，这些标签可具有所有想要为其指定的元数据，这为设计者提供了很大的灵活性。① 简单来说，SKOS 和 SKOS-XL 是两种定义标签或关系的标准模型。图 9-6 中 skosxl：prefLabel 表示定义右边椭圆形中的叙词为正式叙词，skosxl：altLabel 表示定义右边椭圆形中的叙词为可替换标签，即非正式叙词。

图 9-6 表示的等级关系为：以英语单词为例，AV：c_2187 代表的 Dent maize 是 AV：c_13233 代表的 Maize 的下位类。另外，字面显示（Literal）为英语中的 Maize 和汉语中的玉米是正式叙词，英语中的 corn 是非正式叙词，英语中的 Dent maize 和阿拉伯语中的دنت الذرة是正式叙词，英语中的 Dent corn 是非正式叙词。

③相关关系。指不属于同一层次结构内，却在语义或上下文情境内具有相似性的概念间的一种关系。EuroVoc 中，用缩写词“RT（Related Term）”表示两个叙词间的相关关系，如：

credit guarantee（信用担保）

RT financial solvency（财务偿付能力）

AGROVOC 的另一种常见关系是概念间的相关关系，用 skos：related 属性来表示，相当于 EuroVoc 中的 RT。

（4）多语言叙词表在信息组织中的应用

网络叙词表的主要应用领域包括信息标引与检索、学科分类导航、机器翻译、语义网络、语料库切词等方向。②

① 使用 W3C SKOS 标准提高分类管理效率［EB/OL］.［2015-02-28］. http：//www.ibm.com/developerworks/cn/xml/x-skostaxonomy/index.html.

② 曾建勋，常春 . 网络时代叙词表的编制与应用［J］. 图书情报工作，2009，53（8）：4-11，16.

多语言叙词表在多语言信息组织中最常见的应用是用于多语言信息标引，可应用于多语言学科信息门户和多语言数字图书馆元数据组织和描述。AGROVOC 应用于多个数字图书馆或数据仓储的文献标引，如泰国农业研究知识库（Thai Agriculture Research Repository）、拉托维亚图书馆联合目录（Union Catalog of Latvian Libraries）等机构和图书馆。① 加拿大文学叙词表（Canadian Library Thesaurus）用于标引各种文献，不论是纸质版、试听版还是电子版文件，都可用于组织阅读和书目数据。② 加拿大广播电视与通信委员会叙词表（CRTC Thesaurus）用于加拿大广播电视与通信委员会的文件标引。③

多语言叙词表还在学科分类信息组织和检索中发挥了重要作用。我们所调查的 41 个多语言叙词表和 5 个多语言叙词表互操作项目中，EuroVoc、美国国家农业叙词表（NAL Agricultural Thesaurus）、加拿大统计叙词表（Statistics Canada Thesaurus）、联合国书目资料系统叙词表（UNBIS Thesaurus）和 MACS 等可以检索所有学科和主题的术语，剩余的多语言叙词表涉及众多学科和主题，如农业、医药、环境、文化遗产等。多语言叙词表的专业性较强，对信息有序化组织起到了重要的作用。

9.2 以特定学科领域信息为组织对象的中观组织模式

9.2.1 中观组织模式的组织对象、方法与特点

（1）中观组织模式的组织对象

中观组织模式主要是对特定学科领域信息的组织。其组织的对象相较于微观组织模式来说丰富许多，通常是组织某个或多个学科或主题的相关多种

---

① Uses of AGROVOC [EB/OL]. [2015-04-12]. http://aims. fao. org/standards/agrovoc/uses-agrovoc.

② Home Page [EB/OL]. [2015-04-12]. http://thesaurusalpha. org/homeenglish. htm.

③ CRTC Thesaurus [EB/OL]. [2015-04-12]. http://www. crtc. gc. ca/thesaurus/10-01E/.

语言信息，信息类型多样，包括电子图书、电子期刊、论文、数据库、多媒体信息等形式。其信息组织的目的就是要做到专而全，收集的资源要专业，与所限定的学科或主题的相关性强，同时要全面，囊括本学科或主题内的所有资源。这一组织模式的代表形式是目前处于初步发展阶段的多语言学科信息门户。

(2) 中观组织模式的组织方法

中观组织模式通常采用集成组织法，即分类法和主题法相结合。中观组织模式组织的资源可按照学科或主题分类形成知识体系供用户浏览查询，或按字顺进行排列供用户使用，也可以提取主题词汇作为检索标识，供用户输入关键词检索资源。图 9-7 是多语言主题目录 The Open Directory Project (ODP)① 的网址静态快照，提供按学科/主题分类浏览和检索两种方式。

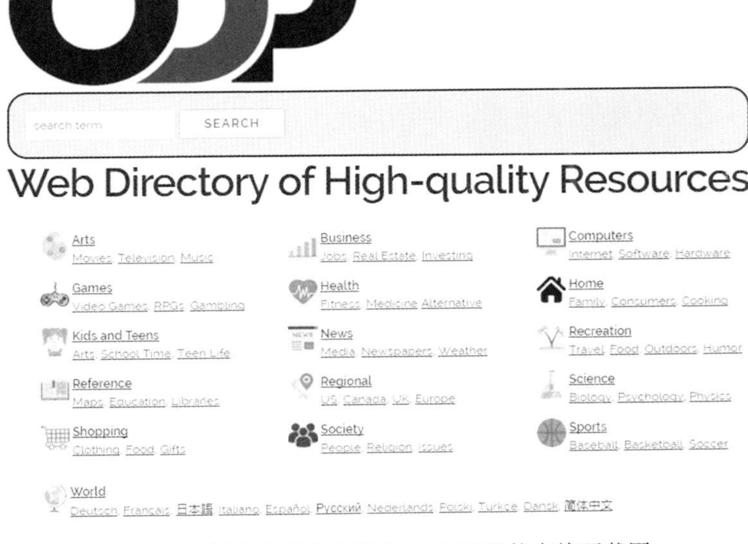

图 9-7　多语言学科信息门户 ODP 网址静态快照截图

① Open Directory Project. org [EB/OL]. [2019-07-24]. http://www. odp. org/.

(3) 中观组织模式的组织特点

①对特定学科领域多语言信息的深层次组织。中观组织模式组织信息不是单纯地将资源归类，而是深度揭示资源的所属学科或主题，主题细分至多个小类。以其代表形式多语言学科信息门户为例，这些门户的资源通常是由专业领域人士利用受控语言进行标引和组织，可更准确地揭示资源所属学科或主题。在资源呈现方式上，多语言学科信息门户可按信息所属的学科、主题或专业领域聚类信息，形成某学科的知识体系，方便用户浏览。在信息检索方面，也可以按照用户对学科信息的需求提供更为专深的信息检索服务。

②人工组织多语言信息资源。由人工来组织多语言信息资源成为中观组织模式的另一特点。这里的人工既包括创建者，也包括使用者。以多语言学科信息门户为例，其网站发起者将资源内容进行学科或主题的科学分类后，在资源的具体建设过程中，用户可在获取权限后自由参与。让用户参与到信息建设的过程中，可提高网站的使用率和知名度，丰富网站的资源，对于多语言信息资源的建设尤为重要。用户的多语言化带来其分享信息的多语言化。HON 的资源建设是由医学领域的专业人士进行审核，ODP 和 WWW Virtual Library（VL）是由世界范围内的志愿者进行维护的，ODP 拥有 80 多种语言资源（还在增长），VL 支持 4 种语言。

9.2.2 中观组织模式的层次结构

中观组织模式内形成的是对信息收集、整合、组织并提供检索的全过程的多语言信息组织工具，其层次结构如图 9-8 所示。

(1) 基础资源层

多语言信息资源收集是基础工作，中观组织模式的基础资源建设包括收集特定学科领域所有多语言信息。从目前多语言学科信息门户的发展来看，若组织的对象涉及所有学科或主题，则信息类型较为单一，但资源覆盖面

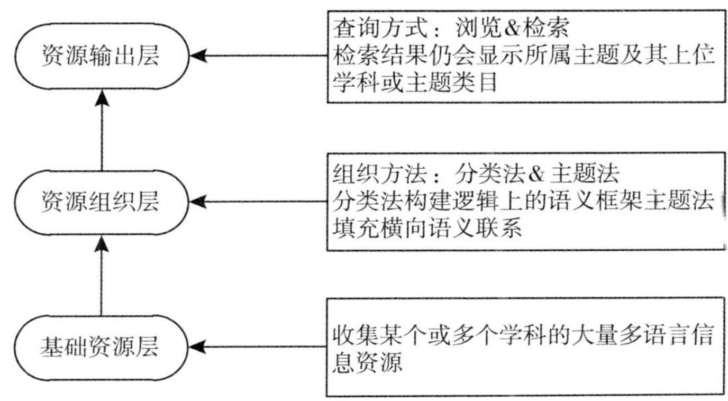

图 9-8　中观组织模式的层次结构

广。若组织的对象涉及特定学科或主题，则信息类型比较多样化，资源覆盖该学科所有方面。

（2）资源组织层

多语言信息收集后便要对信息进行组织。在这一层次内，首先通过分类法建立概念间的本质联系，按学科进行分类，对资源的初步整合形成逻辑关系上的一个语义框架。然后通过主题法提取信息的主题概念，以主题词的形式将这些概念分别归类至按分类法分好的学科体系类目中，形成概念节点。这些主题词与学科体系的类目在语义概念上要具有对应的关系，这一关系相当于微观组织模式之中的语义关系。由于主题所属学科并不唯一，所以同一个主题词可以出现在多个学科体系类目下。分类法提供了逻辑上的语义框架，而主题法填充了语义框架内的横向语义联系。因此，该模式是建立在概念间语义关系之上的组织模式。

（3）资源输出层

多语言信息组织的目的就是提供信息利用。用户可以直接浏览组织好的多语言信息，也可以通过检索获得相关性强的信息。在中观组织模式内的浏览查询，通常是按照学科或者主题进行浏览。而检索是对多语言信息的检索，其工作流程通常是，用户输入检索词，系统对用户输入的源语言进行识别，确定为某种语言后，进行检索式的词法和结构分析，再将分析后的检索式翻译为可支持语言的检索式。系统收到多种语言的检索式会在后台数据库中进行检索，最后输出结集。有些输出结果可以翻译成用户所选语言。机器翻译技术该模式输出结果的特点是，结果仍会显示所属学科或主题。

9.2.3 实证分析——多语言学科信息门户

中观组织模式的组织对象和特点决定了其发展的方向通常是专业资源组织，此模式的代表形式是多语言学科信息门户。

(1) 多语言学科信息门户的发展

学科信息门户（Subject Based Information Gateways，SBIGs）致力于将特定学科领域的信息资源、工具与服务集成到一个整体中，为用户提供一个方便的信息检索和服务入口。① 国内外有众多学科信息门户，涉及多地区多学科，其中具有代表性的学科信息门户如美国的 InfoMine，是世界上第一个由图书馆共同创建的学科信息门户，提供综合信息资源，主要是学术资源。② 澳大利亚的 WebLaw 是多家机构参与建设的法律信息门户，学科、主题细分至 33 个主题。③ 我国的国家科学数字图书馆（China Science Digital Library，CSDL）也建设了化学、资源环境等多个学科信息门户。经过调查，在众多学科信息门户网站中提供多种语言服务且可直接访问网站的学科信息门户如表 9-3 所示，调查时间为 2015 年 4 月 16~17 日。

---

① 张晓林．分布式学科信息门户中网络信息导航系统的规范建设［J］．大学图书馆学报，2002（5）：28-33，43.

② InfoMine［EB/OL］．［2015-04-16］．http：//www.infomine.com/.

③ WebLaw［EB/OL］．［2015-04-16］．http：//weblaw.ch/.

表 9-3 多语言学科信息门户列表

门户名称	学科	语种	建设者	门户网址
The Open Directory Project（ODP）	综合	英语/汉语/日语/法语/西班牙语等 80 多种语言	全世界志愿者	http：//www.odp.org/
Health on the Net（HON）	药学、医学	英语/法语/德语/西班牙语/汉语/波兰语/荷兰语	医学领域专业人员	http：//www.hon.ch/
World Wide Science	能源、环境等	英语/汉语/西班牙语/法语等 10 种语言	美国能源部科技信息局、大英图书馆等	http：//worldwidescience.org/
WWW Virtual Library（VL）	综合	英语/西班牙语/法语/汉语	Tim Berners-Lee 创建，志愿者维护	http：//vlib.org/index.en

如表 9-3 所示，多语言学科信息门户的建设还处于初步阶段，与数量庞大的学科信息门户相比，多语言学科信息门户的数量还很少，仅有 4 个。涉及的学科为药学、医学、能源、环境等学科及综合。4 个门户都支持的语言是英语、汉语、西班牙语和法语。ODP 和 VL 是由用户即志愿者进行更新和维护。HON 创建于瑞士，由医学领域专业人士进行资源组织与审核。World Wide Science 创建于美国，由美国能源部科技信息局和大英图书馆等多个专业信息机构参与维护。

(2) 多语言学科信息门户的信息组织

多语言学科信息门户建立于对特定学科或特定主题信息的组织之上，其组织的内容通常经过筛选、加工与整理，已形成对某学科或主题的知识组织。我们对 4 个多语言学科信息门户组织的资源类型、资源内容、浏览方式、检索方式进行了调查，结果如表 9-4 所示。

表 9-4 多语言学科信息门户的多语言信息资源及查询方式

门户名称	多语言信息资源		查询方式	
	资源类型	资源内容	浏览方式	检索方式
The Open Directory Project (ODP)	网络站点	80 多种语言的学术资源 & 生活资源	共分 16 个大类，可按主题-语言或按语言-主题	简单检索 高级检索
Health on the Net (HON)	网站、权威科技论文、新闻、图片、会议和音像等多媒体资源	医药卫生领域的会议数据库、33 000 个主题词、有关 300 个主题的新闻、6 800 个图片和视频数据库	按资源类型-字顺	简单检索
World Wide Science	网站、期刊、论文、报告、多媒体资源等	科学信息领域的 59 个英语数据库、22 个含 9 种语言的数据库、7 个多媒体数据库、12 个数据资源数据库	按资源语种和类型	简单检索 高级检索
WWW Virtual Library (VL)	网络站点	3 种语言的学术资源	共分 16 个大类，按主题	简单检索 高级检索

①多语言学科信息门户的信息资源。ODP 和 VL 都是收集所有学科资源信息，在资源类型方面集中于收集网络站点，形成分类目录。ODP 和 VL 也都是由志愿者进行更新和维护，这种只收录站点的方式也免去在资源格式、版权、耗时过多等方面的问题。志愿者们在上传站点时只需要专注于网站与所属学科具有强相关性，保证链接有效性即可。截至 2015 年 3 月底，ODP 已有 9 万多编辑者，收录了 400 万个站点，分为 100 万个目录，其成果直接被 Netscape、Google、HotBot 等上百个知名搜索引擎使用，作为网站的分类目录。① HON 和 WorldWideScience 都有相关学科专业机构进行维护，资源类

① Home [EB/OL]. [2015-04-18]. http://www.dmoz.org/.

型包括网站、论文、报告及多媒体资源等。

资源内容的质量是评价学科信息门户信息组织的重要指标。我们仅从语种方面简单评价 4 个多语言学科信息门户的资源内容。a. ODP 在大类“world”下可显示收录资源中各种语言的站点数量，数量排名前五位的语言分别为：英语（1 910 501）、德语（484 149）、法语（216 978）、日语（171 470）和意大利语（161 308）。在除“world”大类以外的其他大类下，还会链接有此大类资源的其他语言，这也说明并不是每个大类都有所有语言的站点。除英语站点外，其他语种的站点资源都不齐全。我们随机点击了不同语言的几个站点均是有效链接。b. Hon 虽在其主页有 7 种语言的选项，但资源内容方面只有 MeSH 叙词表浏览时有英语、法语、德语、西班牙语、葡萄牙语、意大利语和荷兰语版本，其余都是英语资源。c. WorldWideScience 在其“Advanced Search”页面列举了 22 个多语言数据库，“Data Sources”内也有 1 个日语数据库，均可使用，其信息资源来源如图 9-9 所示。d. VL 没有对各种语言站点数量的介绍，但我们通过简单检索，发现利用英语、法语、西班牙语检索均可以得到有效结果，只有汉语无法检索。

图 9-9 WorldWideScience 来源数据库

②多语言学科信息门户的信息组织方式。WorldWideScience 是对多个数据库资源进行整合，不需要对资源分类。除此以外，ODP 和 VL 是仿照传统

分类法，将资源按学科或者主题分类，都划分为 16 个大类，HON 按资源类型划分为 5 类。Hon 是医药学学科信息门户，应用医学领域专业主题词表 MeSH 标引资源。

值得一提的是，ODP 仿照传统分类法，除按主题将资源分为 15 个大类外，还形成了一个“world”类，其下按照不同语种归类站点，用户选择某种语言之后，该种语言的站点资源又按照 15 个大类分类显示，这种语言系统类似传统分类法中通用语种复分表。这种做法可以简化类目列表，提高分类体系容纳概念的能力。此外，ODP 在立类时，有些是按照主题立类，有些是按照学科立类，这样就会出现类的重复问题，针对此情况，ODP 也引入了重复反映符号@，这一做法不仅解决了重复立类的问题，也提供了不同的分类路径。

③多语言学科信息门户的信息查询方式。查询方式是信息组织的结果输出。ODP、HON 和 VL 资源浏览基本是按照分类的结果进行浏览。WorldWideScience 实际是对多个学科多语言数据库资源的整合，并未对资源重新按主题分类进行组织，所以其浏览方式就是按照原有数据库进行浏览。

除 Hon 外，其他三个门户都提供高级检索，但只有 WorldWideScience 可以限定语言选项。

(3) 多语言学科信息门户的跨语言检索效果

通过实际使用 4 个多语言学科信息门户，我们发现只有 WorldWideScience 实现了跨语言信息检索，可输入某种语言的关键词得到其他语言主题相关的结果。ODP 和 VL 都是输入语言同检索结果语言相同，Hon 仅可浏览 7 种语言版本的 MeSH 词表。

WorldWideScience 可以在检索前选择结果翻译语言，即在其首页简单检索框下方。检索结果相关性用星星表示，红色星星数量越多则表示相关性越强。结果可按资源类型（全文、多媒体、数据）显示，排列顺序可按相关性、日期、标题、作者，也可以限制资源来源数据库。在页面左侧，检索结果可按主题、地区、作者、出版商和出版日期进行分类。可进行二次检索。在进行检索时，检索语言和选择的结果翻译语言相同时，系统会返回非检索语言的检索结果。我们设定结果翻译语言为中文，输入的检索词为“大气污染"，其检索结果如图 9-10 所示。检索结果按相关性排列，包括与"大气污染"相关的多种语言全文，在页面右上角有"翻译结果"的选项，WorldWideScience 在其网站中介绍应用了微软的翻译技术，但是目前无法使用，也就是目前 WorldWideScience 可实现跨语言检索，但是无法翻译结果。检索结果无法按照语言分类，用户无法查看某种语言内关于大气污染的所有文献。

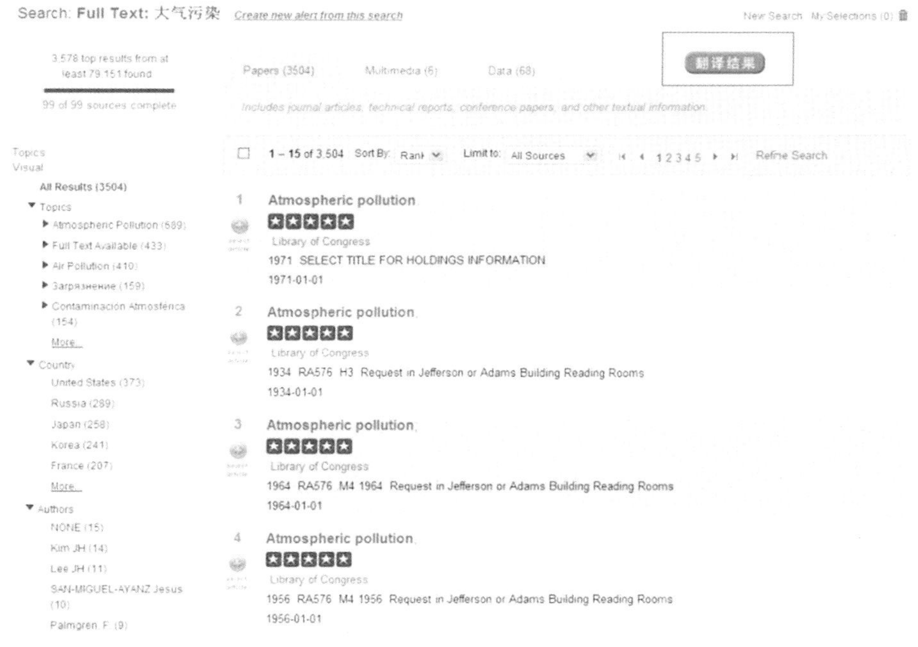

图 9-10　WorldWideScience 检索结果部分图

通过检索，我们认为收录的资源量对跨语言信息检索的效果影响很大，在 WorldWideScience 中，用"大气污染"作为检索词，得到其他语种结果3 277条，中文结果仅有不到 10 条。英文资源明显占优势，其他语种资源还需增加。

虽然以上 4 个提供多语言服务的学科信息门户在跨语言信息检索效果方面并不理想，但是提供页面显示语言多语言化，对特定学科多语言信息资源的收集与整合这些行动都已向多语言学科信息门户迈步。

9.3 以复杂信息为组织对象的宏观组织模式

9.3.1 宏观组织模式的组织对象、方法与特点

(1) 宏观组织模式的组织对象

宏观组织模式是对复杂的多语言信息的组织。复杂体现在以下两点，首先，其组织对象是海量信息，几乎囊括了网络上的所有信息，可以限定只收集某主题或某地区的多语言信息，也可以不加任何限定，收集所有领域多语言信息。其次，其组织信息的类型相比于中观组织模式的组织对象更多变，从常见的新闻、网站、论文、报告、图片、音视频、数据等类型到手稿、文物、地图、乐谱、口述史等类型，当然都是已经数字化的资源。这种模式的代表形式是处于初步发展阶段的多语言搜索引擎和多语言数字图书馆。

(2) 宏观组织模式的组织方法

宏观组织模式采用集成组织法，即分类法和主题法相结合的方式组织信息。由于其组织的信息资源数量过于庞大，通常将分类组织和主题组织混用，比如划分大类时，既可以按照学科划分，如设立哲学、社会学、医药卫生大类等，也可以按主题设立生活休闲、艺术、购物、新闻等类目，还可以按资源类型划分，如图片、词典、地图等。图 9-11 是多语言数字图书馆(Digital Library of the Caribbean，dLOC)的首页，提供多种分类浏览方式和检索方式。

(3) 宏观组织模式的组织特点

①信息搜寻的范围广，覆盖面广。对于宏观组织模式来说，其最大的特点就是信息搜寻的能力相比于前两种模式来说更强，所以信息搜寻的范围和覆盖面更广。多语言搜索引擎搜集的信息几乎涵盖网络上的所有信息，由于

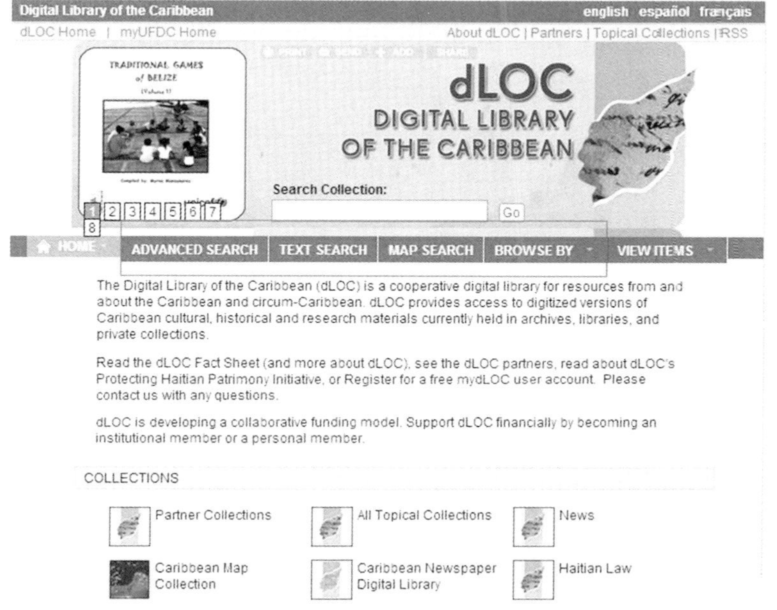

图 9-11 多语言数字图书馆 dLOC 首页

其建立的目的就是提供各领域各类型的检索服务，所以尽可能多地搜集信息是它的检索基础。多语言数字图书馆的合作建设伙伴通常是几十个机构，甚至上百上千个机构，机构越多，收录的多语言信息资源越丰富。

②提供信息检索服务，且对检索结果进行再组织。宏观组织模式搜寻海量信息并对其进行有序组织之后，目的就是提供检索服务以供用户使用。相比于中观组织模式的检索服务，宏观组织模式检索之后均会对检索结果进行再组织。通常，检索结果可以按照相关性、时间、学科、语种、资源类型、出版商等进行排列，有些还提供检索二次检索或翻译服务。对检索结果的再组织相当于资源的再检索，可以缩短用户查找目标信息的时间。

9.3.2 宏观组织模式的层次结构

宏观组织模式的层次结构同中观组织模式的层次结构大致相同。其层次结构如图 9-12 所示。

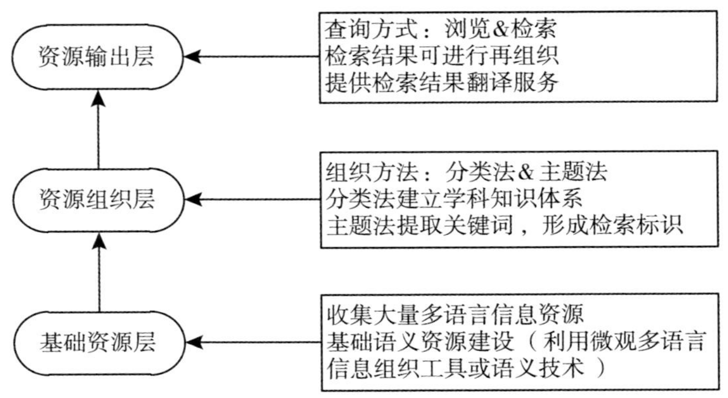

图 9-12 宏观组织模式的层次结构

（1）基础资源层

宏观组织模式的基础资源建设一方面是对大量多语言信息资源的收集，另一方面是对语义资源的建设。宏观组织模式的两种组织工具在语义资源的建设上有所不同。

多语言数字图书馆语义数据层的建设以微观组织工具为基础。用于标引多语言信息资源馆藏信息的单语种词表和权威文档等内部具有的基础语义关系，对这些馆藏所使用的词表进行映射，即可在基础语义关系上扩大至语义网络，形成多语言数字图书馆的语义数据层，用来进行基于概念的浏览和检索。

多语言搜索引擎的语义资源层更为复杂。多语言搜索引擎采集信息通常为机器采集，关注资源的关键词，所以在语义处理方面并不理想。但近年新兴从多方面评价资源，如 Google 利用资源间的超链接对资源进行相关性评价，这一做法也提高了多语言搜索引擎的语义理解功能。① 对于专业搜索引擎来说，如语义搜索引擎在资源处理阶段运用相关技术以实现语义资源的建设。如多语言语义搜索引擎 SenseBot 采用文本挖掘技术从语法上分析大量的

① 黄国才．跨语言综合搜索引擎设计［J］．现代图书情报技术，2001（4）：31-33，39.

网页，辨识其关键语义概念，执行内容的多文档摘要产生一个连贯的摘要。① 所以 SenseBot 的检索结果是为检索词提供一个摘要，而不是单纯的网页链接。用户通过阅读摘要可以较为全面地了解检索词，再决定深度阅读哪个链接。此外，已有多个语义搜索引擎在语义分析、语义标注、语义排序与匹配、知识库的建立、自然语言处理等方面进行了探索与实践，这都为语义搜索提供了有效的解决方案。②

（2）资源组织层

宏观组织模式的资源组织主要运用分类法和主题法。通过分类法建立学科分类体系，或按资源类型分类，形成分类目录。通过主题法提取各信息资源的主题概念作为关键词，形成检索标识。宏观组织模式的分类目录通常是按学科、主题、资源类型分类的共同结果。

（3）资源输出层

宏观组织模式资源输出的方式通常也包括查询浏览和输出检索结果两种方式。相比于中观组织模式，其查询浏览方式更多，可以按学科、主题、语言、出版者、字顺、资源类型等类别进行浏览。检索过程同中观组织模式的检索过程相同，不同点在于对检索结果的再组织方式更丰富，可以按资源类型、出版时间、相关性、学科、语种、出版商等类别进行再排列。一些组织工具也提供对输出结果的翻译服务。

9.3.3 实证分析——多语言搜索引擎

搜索引擎（Search Engine）的组织对象是网络上的所有信息，是一种宏观层面上的信息组织模式。搜索引擎的使用人数众多，可以说，全世界每一个网民都会应用一种或多种搜索引擎进行检索。据互联网市场数据供应商 Net Market Share 统计显示，2018 年全球搜索引擎市场占有率中，Chrome、

---

① About SenseBot [EB/OL]. [2015-03-07]. http://www.sensebot.net/about.htm.

② 郭卫宁，司莉．国外语义搜索引擎调查与分析［J］．图书情报工作，2013，57(23)：121-129.

Internet Explore 和 Firefox 的市场占有率超过了 80%，其中 Chrome 在全球的市场占有率达 64%。① 此数据足以说明美国在互联网领域的绝对优势。而对于美国这样一个移民国家，有占其总人口 20%的人在日常生活中使用 2 种以上的语言进行交流，多语言信息的重要性不言而喻。为满足用户对多语言信息的检索需求，对多语言搜索引擎的研究和应用便应运而生。

(1) 多语言搜索引擎的发展

多语言搜索引擎组织的信息是多于 2 种以上语言的信息，用户在使用多语言搜索引擎检索时，希望仅输入一个检索词或检索句子如“国家图书馆”，返回的检索结果可以包括“National Library”“国立図書館”等目标语言信息。

在“将跨语言信息检索技术应用于搜索引擎”成为热点研究问题之后，一些搜索引擎声称已成为“多语言搜索引擎”。2014 年下半年，谷歌发文称其检索 App 现在真正提供多语言检索了（Google's Search App is Now Truly Multilingual），用户在进行一次检索前可最多选定显示 5 种语言的检索结果，系统会自动识别用户所输入的是哪种语言。5 种语言已可以基本满足目前大部分用户的信息需求，但谷歌还在努力增加更多的语言。②

有研究者分别对多语言搜索引擎做过不同的调查和分析研究，③④ 根据这些信息，我们对发展良好的搜索引擎进行调查和使用，总结出目前提供多语言服务的搜索引擎共有 9 个，如表 9-5 所示。

---

① 2018 年搜索引擎市场份额总结［EB/OL］.［2019-06-27］. https：//netmarketshare. com/.

② Google's search app is now truly multilingual［EB/OL］.［2015-03-03］. http：//searchengineland. com/googles-search-app-now-truly-multilingual-201387.

③ Zhang J，Lin S Y. Multiple language supports in search engines［J］. Online Information Review，2007，31（4）：516-532.

④ 苏明明，宋文. 基于本体的语义搜索引擎解决方案研究新进展［J］. 现代图书情报技术，2008（11）：24-28.

表 9-5 **9 个多语言搜索引擎**

名称	所属公司	创建年份	搜索引擎类型	网址
Yahoo	Yahoo	1994 年	综合	https://www.yahoo.com/
Ask	IAC	1996 年	综合	http://www.ask.com/
Google	Google	1999 年	综合	http://www.google.com/
Bing	Microsoft	2009 年	综合	http://cn.bing.com/
Excite	IAC	1993 年	元数据	http://www.excite.com/
IxQuick	Ixquick	1998 年	元数据	https://www.ixquick.de/
IBoogie	CyberTavern	不详	元数据	http://www.iboogie.com/
Exalead	Dassault Systèmes	2000 年	语义	http://www.exalead.fr/search/
SenseBot	Semantic Engines	2007 年	语义	http://www.sensebot.net/

其中共包括 4 个综合搜索引擎，3 个元数据搜索引擎，2 个语义搜索引擎。元数据搜索引擎是“关于搜索引擎的搜索引擎”，整合多个搜索引擎的数据库，其目的是提高检准率和检全率。语义搜索引擎是语义网相关技术与标准最直接的应用，它通过对网络资源进行语义标注以及对用户查询请求进行语义处理，实现语义推理和精确、全面的检索。

在研究者以往的调查中，不止有 9 个搜索引擎提供了多语言服务，但是近年来多个搜索引擎先后被关闭、转卖或收购。如之前影响力较大的、可以和 Google 较量的 All the Web 和 Alta Vista，分别于 2011 年和 2013 年宣布关闭；WebCrawler 和 Dogpile 等，曾可在“高级检索”中选择检索语言，有多种语言选项，但现在均只提供简单检索。搜索引擎被关闭、收购或撤销多语言服务都说明多语言搜索引擎尚处于初步发展阶段，真正实现并普及还需要一段时间。

（2）多语言搜索引擎的信息组织

我们对 9 个多语言搜索引擎的信息组织进行了调查，主要调查信息的类型、检索方式和与语言相关的各项，结果如表 9-6 所示。

表 9-6 **9 个多语言搜索引擎检索和语言相关项**

名称	信息类型	检索方式			检索支持语言		页面显示支持语言		限定国家/地区
		简单检索	高级检索	语音检索	种类	语言选项页面所在层级	种类	语言选项页面所在层级	
Yahoo	网页、图片、视频、新闻、地图	✓	✓		32	三级	1	无	✓
Ask	网页、图片、视频、新闻、地图	✓	✓		6	三级	1	无	✓
Google	网页、地图、图片、视频、新闻、图书、应用	✓	✓	✓	46	二级	151	二级	✓
Bing	网页、图片、资讯、视频、地图、词典	✓	✓		42	二级	42	二级	
Excite	网页、图片、新闻、视频	✓			6	一级	6	一级	
IxQuick	网页、图片、视频	✓	✓		18	二级	18	一级/二级	
IBoogie	网页	✓	✓		49	二级	1	无	
Exalead	网页、图片、视频、维基词条	✓	✓		54	二级	2	二级	
SenseBot	网页、新闻	✓			4	一级	1	无	

①信息类型。9 个搜索引擎均包含的信息类型是网页，网页是互联网提供信息的最主要方式。图片、视频和新闻也是搜索引擎重要的信息类型。搜索引擎日益深入人们的日常生活中，其组织内容更多元化，来源更广泛，从最初的网页、新闻发展到图片、视频，现在又包括地图、词典和应用。

②检索方式。9 个搜索引擎都提供简单检索，其中有 7 个搜索引擎提供高级检索。用户可在高级检索内设置检索词、域名类型、文件格式、地区和语言限定中的一项或多项。除此之外，Google 还提供语音检索。语音检索对多语言搜索引擎的语义检索具有重要意义，它实现了自然语言与机器的直接对话，当用户不知如何拼写某些词语或如何正确用文字表达时，也不必烦恼，因为用户可以直接说话来进行检索。语音搜索代替手动输入检索，使搜索引擎的服务向更加人性化的方向发展。

③检索支持语言。9 个搜索引擎支持的检索语言种类从 4 种到 54 种不等。SenseBot 支持的语言最少，只有 4 种。Exalead 支持的语言最多，达 54 种。9 个搜索引擎均支持的语言是英语、法语、德语和西班牙语，8 个搜索引擎（除 SenseBot）还支持意大利语和荷兰语，可见欧洲语言在互联网语言中居优势地位。

语言选项所在页面层级方面，Excite 和 SenseBot 支持的语言较少，在其首页最下方即可选择语言。Yahoo 和 Ask 需要在检索首页进行一次检索，在检索结果页面右上方会出现“高级检索”选项，再点击进去才可选择语言，所以相当于语言选项页处于三级页面。剩余 5 个搜索引擎的语言选项所在页面都是二级页面。其中，Yahoo 和 Bing 的语言选择框是复选框，也就是可以选择多种语言。其余 7 个搜索引擎的语言选择框均是单选框，只能选择一种语言。图 9-13 是 Bing 的搜索语言选项页面，可以选择多种语言。

④页面显示支持语言。页面显示支持语言是指用户在进入检索页面时，可设置页面显示语言为自己熟悉的语言。比如在使用 Google 时，默认设置是英语，若修改为显示中文，则页面所有文字、布局、工具等都用中文显示，这无疑会方便中文用户的操作。9 个搜索引擎中有 5 个搜索引擎可支持除英

搜索语言

选择搜索结果的语言。

○ 搜索任何语言的网页

◉ 仅搜索以下语言的网页:

□ 阿尔巴尼亚语	□ 荷兰语	□ 塞尔维亚语(西里尔文)
□ 阿拉伯语	□ 加泰罗尼亚语	□ 斯洛伐克语
□ 爱沙尼亚语	□ 简体中文	□ 斯洛文尼亚语
□ 保加利亚语	□ 捷克语	□ 泰语
□ 冰岛语	□ 克罗埃西亚语	□ 土耳其语
□ 波兰语	□ 拉脱维亚语	□ 乌克兰语
□ 波斯语	□ 立陶宛语	□ 西班牙语
□ 丹麦语	□ 罗马尼亚语	□ 希伯来语
□ 德语	□ 马来语	□ 希腊语
□ 俄语	□ 挪威语	□ 匈牙利语
□ 法语	□ 葡萄牙语(巴西)	□ 意大利语
□ 繁体中文	□ 葡萄牙语(葡萄牙)	□ 印度尼西亚语
□ 芬兰语	□ 日语	□ 英语
□ 韩语	□ 瑞典语	□ 越南语

图 9-13　Bing 搜索语言选项页面

语以外的页面显示语言。Excite 可支持 6 种页面显示语言，在首页下方即可选择。IxQuick 首页右上方有“语言”选项，点击即可显示 18 种页面支持语言，也可以进入设置页面选择。剩余 3 个搜索引擎的页面支持语言选项页均在二级页面，其中 Exalead 仅支持英语和法语 2 种页面显示语言，Google 支持的页面显示语言最多，达 151 种。

⑤国家/地区限定。有些国家的官方语言或常用语言不止一种，如新加坡的官方语言有英语、马来语、汉语和泰米尔语四种。如果在检索前可以选定国家或地区，对该地感兴趣的用户不需要了解其官方语言即可检索到相关信息。Yahoo、Ask 和 Google 3 个搜索引擎可以支持此限定，分别可支持 94 个、21 个和 237 个国家/地区，选择页面均在高级检索设置内。

(3) 多语言搜索引擎的跨语言检索效果

为调查9个搜索引擎跨语言检索的实际效果，我们设置2种方式在9个搜索引擎中进行检索。由于英语网页数量过于庞大，为提高调查效率，我们没有选用英语，而是选用汉语、日语和法语词汇作为检索词。我们选用的检索词是"国家图书馆"，检索时间为2015年3月6日。在"检索语言与限定语言相同"设定情况中，我们选用9个搜索引擎都支持的法语中的"Bibliothèque Nationale"一词进行检索试验。在"检索语言与限定语言不同"的设定中，我们选用法语中的"Bibliothèque Nationale"、汉语中的"国家图书馆"和日语中的"国立図書館"进行检索试验。所谓的检索语言，就是用户输入检索词时使用的语言，限定语言就是用户限定的希望输出该种语言的结果。

根据检索结果显示，无论输入哪个检索词，IBoogie都无法进行检索。Excite只能利用英语检索，Ask、IxQuick和Exalead虽然可以限定语言，但是检索结果语言还是与检索语言相同。所以表9-7仅列出剩余4个可以初步实现跨语言检索的多语言搜索引擎。

表9-7　**4个多语言搜索引擎检索结果调查**

名称	检索语言与限定语言相同		检索语言与限定语言不同		翻译功能
	检索结果相关度	检索结果语言与检索语言对比	检索结果相关度	检索结果语言与限定语言对比	
Yahoo	强	相同+少量其他语言网页	较强	检索语言页面+限定语言页面	无
Google	强	相同	较强	检索语言页面+限定语言页面	有
Bing	强	相同+少量其他语言网页	一般	检索语言页面+限定语言页面	有
SenseBot	强	相同	较强	相同	无

首先检索的是将限定语言设置为法语，检索词为“Bibliothèque Nationale”，检索语言与限定语言相同。4个搜索引擎得到的结果相关度都很强，都是法国国家图书馆的官网或含有“Bibliothèque Nationale”一词的法语网页和少量英语或其他语言的国家图书馆网页。

之后检索的是将限定语言设定为法语或日语，输入的检索语言与限定语言不同。4个搜索引擎检索结果相关度较强，即都可以检索出相关的网页。Bing在检索相关度方面一般，仅有一些相关度强的网页，其余就是只包括“图书”或“国家”的结果页。Yahoo、Google和Bing检索后得到的结果中既有检索语言的相关页面，也有限定语言的相关页面，SenseBot检索后所得到的结果页面与限定语言是相同的，可以说，这4个搜索引擎实现了初步的跨语言检索。图9-14是在Yahoo中将限定语言设置为法语和日语，输入“national library”一词得到的结果部分图。

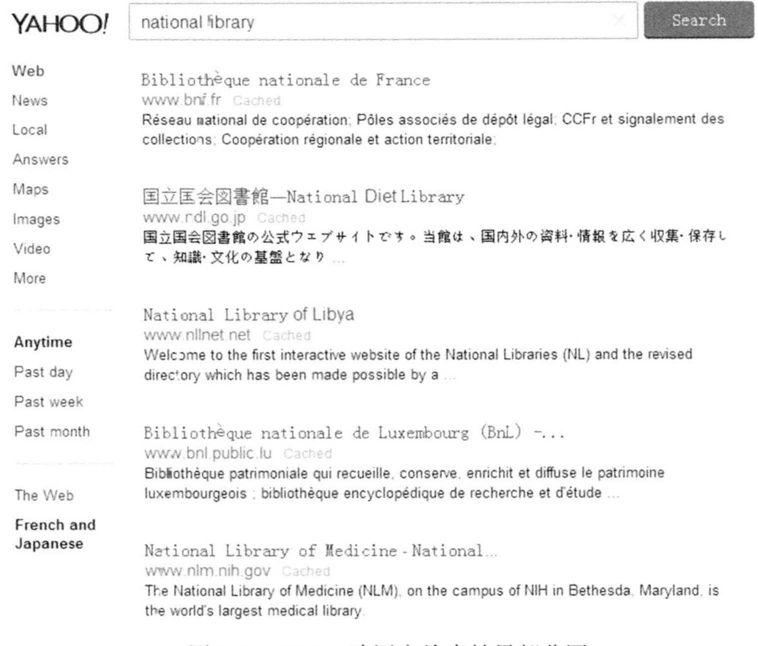

图 9-14　Yahoo 跨语言检索结果部分图

此外，Google 和 Bing 可将检索结果页面翻译成页面显示选定的语言，这是实现多语言检索较为直接的一种方式。Google 翻译在网页翻译中已成为佼佼者，Bing 虽然起步晚，但是有微软强大的技术支持，高速发展，前景可观。

通过以上体验和分析，从语言种类、检索信息类型、检索结果、普及度等方面总结来看，目前发展较好的多语言搜索引擎是 Yahoo、Google 和 Bing。Google 和 Bing 支持的语言种类较多，且初步实现了跨语言检索，也提供检索结果翻译服务。尽管剩余的搜索引擎并没有 Yahoo、Google 和 Bing 发展得如此迅速，但相比于其他仅支持单语言检索的搜索引擎，已朝多语言搜索引擎的方向迈出了一大步。

9.3.4 实证分析——多语言数字图书馆

数字图书馆是大量信息资源的存放之处，其中包括多种语言的信息资源。吴丹等对我国数字图书馆用户的多语言信息获取需求和期望进行了调查，其调查对象为武汉大学图书馆学、情报学、生物、能源、文学、外语等多个专业的学生、教师及图书馆员。调查结果显示用户期待获取自己不熟悉语言的信息资源，但是在获取时会存在困难，常会借助翻译工具，但并不满意翻译的效果。用户搜寻多语言信息资源常是用于科研学习，其获取的方式通常是先通过搜索引擎，其次是数字图书馆。总之，调查结果显示用户十分期待能通过数字图书馆获取多语言信息资源。① 以上调查反映出多语言数字图书馆的建设是势在必行，目前也有投入使用的多语言数字图书馆，我们将对其进行调查。

(1) 多语言数字图书馆的发展

我们调查了目前发展较成熟的 5 个多语言数字图书馆，其基本情况如表 9-8 所示，调查时间是 2015 年 4 月 21~22 日。

---

① 吴丹，古南辉，何大庆．数字图书馆用户的多语言信息需求调研［J］．图书情报工作，2011，55（2）：6-10.

表 9-8 **5 个多语言数字图书馆基本情况**

名称	创建年份	资助者	页面显示支持语言	网址
The European Library（TEL）	2001 年	欧洲国家图书馆馆长联盟（The Conference of European National Librarians, CENL）	英语/法语/德语/西班牙语等 36 种欧洲语言	http://www.theeuropeanlibrary.org/tel4/
International Children's Digital Library（ICDL）	2002 年	政府资助 & 社会捐赠 & 个人资助	英语/西班牙语/法语/蒙古语/俄语/韩语	http://en.childrenslibrary.org/
Digital Library of the Caribbean（dLOC）	2004 年	合作伙伴	英语/西班牙语/法语	http://ufdc.ufl.edu/dloc1/
Europeana	2008 年	欧委会（European Commission）& 会员国文化和教育部（Member States' Ministries of Culture and Education）	英语/德语/西班牙语/法语等 30 种欧洲语言	http://www.europeana.eu/portal/
World Digital Library（WDL）	2009 年	社会捐赠 & 个人资助	英语/法语/西班牙语/葡萄牙语/汉语/阿拉伯语/俄语	http://www.wdl.org/en/

多语言数字图书馆的建设始于 21 世纪，每个多语言数字图书馆的建设工程量都十分庞大，所以通常需要多方资助。由于欧洲多国家、多语种、多文化的背景，所以欧洲也十分重视多语言数字图书馆的建设。早在 2001 年，CENL 就资助开展 TEL 项目的建设。2008 年，Europeana 在欧委会与会员国文化和教育部的资助下也展开了建设，其资源来源之一就是 TEL 项目。ICDL 最初是由马里兰大学（University of Maryland）跨学科研究团队和互联

网档案（Internet Archive）合作的项目，目前其资助来自于NSF、美国博物馆与图书馆服务研究所（Institute of Museum and Library Services，IMLS）、微软公司、Adobe公司、社会各界捐赠以及个人资助。与ICDL相同，WDL的资助者也来自社会各界，主要有纽约卡耐基公司（Carnegie Corporation of New York）、谷歌公司、微软公司等多个机构、基金会以及个人的资助。dLOC在2004—2009年获得了美国教育部国外信息获取技术创新与合作项目（United States Department of Education's Technological Innovation and Cooperation for Foreign Information Access，TICFIA）的资助，之后一直是其合作伙伴进行资助。稳定且长时间的资金支持才能保证多语言信息收集、组织与跨语言信息技术的研发。

目前，各多语言数字图书馆所支持的页面显示语言从3个到36个不等。dLOC仅支持英语、西班牙语和法语界面，TEL支持36种欧洲语言界面。欧洲语言依旧是多语言数字图书馆主要支持的语言。

与多语言搜索引擎的信息组织相比，多语言数字图书馆搜集的多语言资源经过严格筛选、知识标引、知识聚类等过程，形成了严格意义上的知识组织。我们也对5个多语言数字图书馆的多语言信息资源和查询方式进行了调查，其结果如表9-9所示。

表9-9 **5个多语言数字图书馆的多语言信息资源和查询方式**

名称	多语言信息资源			查询方式	
	资源类型	资源内容	资源提供者	浏览方式	检索方式
The European Library（TEL）	数字化的图书、期刊、多媒体资源等	涵盖400多种语言2亿多全文内容及7 000多万数字资源	欧洲48个国家图书馆、19个研究型图书馆	按学科、语言、出版日期	简单检索、高级检索

续表

名称	多语言信息资源			查询方式	
	资源类型	资源内容	资源提供者	浏览方式	检索方式
International Children's Digital Library (ICDL)	数字化的图书、绘本	涵盖至少100种语言的上万本图书（建设目标）	国际多个图书馆、出版商、作家等	按书的主题、书的封面颜色、年龄等	简单检索、高级检索、地区检索、关键词检索
Digital Library of the Caribbean (dLOC)	数字化的档案、手稿、文件、报纸、数据、历史地图、口述史、乐谱、文物、照片、音视频等	英语、汉语、德语、法语等12种语言的加勒比海文化、历史和科研资料	加勒比海地区的39家机构，包括高校、图书馆、档案馆、博物馆等	按国家、创建者、出版社、标题	简单检索、文本检索、地图检索、高级检索
Europeana	数字化的图书、手稿、油画、影片、草稿、地图、档案、文物等	英语、德语、法语等多种欧洲语言的关于科学文化遗产的上千万条目	欧洲2 000多所机构，包括图书馆、档案馆、博物馆等	无	简单检索
World Digital Library (WDL)	数字化的图书、地图、手抄本、影片、照片等	涵盖124种语言、有关194个国家的上万条目	全球185个合作机构，包括高校、图书馆、博物馆等	按地点、时间、主题、条目类型、语言、典藏单位	简单检索、高级检索

①多语言数字图书馆的信息资源。从资源类型来看，除ICDL因其用户群体为3~13岁的儿童这一特殊性，所以资源类型只包括数字化的图书和绘

本即可以外，剩余 4 个图书馆的资源类型都很丰富。从资源内容来看，这 5 个图书馆所收录的多语言资源数量可观，涵盖了多种语言。从资源提供者来看，各图书馆均受到了合作伙伴的积极赞助。高校、图书馆、档案馆、博物馆是资源提供者的主力。由 dLOC、Europeana 和 WDL 的资源提供者可知，目前多语言数字图书馆是由图书馆、档案馆、博物馆三馆共同建设，所以其资源类型更具多样化，甚至涵盖珍贵的数字化油画作品、历史地图和文物等类型。比如 Europeana 中可以检索到已被数字化的闻名世界的画作《蒙娜丽莎》。

②多语言数字图书馆的查询方式。查询方式是信息组织的成果表现形式。浏览方式和检索方式是成果展示的主要方式。Europeana 是对各会员馆的元数据信息的整合，用户检索之后链接到的是该资源所在的原馆藏地，所以 Europeana 并未提供浏览方式。剩余 4 个图书馆均有自己特定的浏览方式。其中，WDL 可按主题浏览，其分类依据是 DDC。5 个图书馆都提供了简单检索，除 Europeana 以外的 4 个图书馆还提供了高级检索，TEL、ICDL 和 WDL 均可以在高级检索中设置检索语言。图 9-15 是 TEL 资源浏览页面，可按学科、语言、出版日期进行浏览。

图 9-15　多语言数字图书馆 TEL 资源浏览页面

(2) 多语言数字图书馆的跨语言检索效果

多个多语言数字图书馆对其元数据翻译进行了介绍，如 WDL 为保证元数据翻译的质量，还开发了一个支持元数据需求的新的编目应用程序，成员馆集中使用一个翻译记忆工具，避免翻译人员重复翻译同样的单词或短语。① ICDL 也是由人工共同翻译元数据记录。然而，我们在检索时，用某种语言进行检索，结果是翻译为该语言的各项条目，并不能实现跨语言检索。TEL 和 dLOC 也是检索语言与返回结果语言相同，目前并未实现跨语言信息检索。

Europeana 可以实现跨语言检索，在输入检索词得到检索结果后，可在页面左侧勾选"Translate search terms"，点击"Setup translation"，选择想要得到结果的语言。我们输入了"national library"一词，选择法语作为结果语言。其检索结果如图 9-16 所示。

图 9-16 Europeana 检索结果部分图

Europeana 是通过元数据翻译来实现多语言结果显示。通过元数据翻译的方法描述多语言馆藏资源，无需翻译整个文献资源，可以提高检索系统的效率。图 9-17 为 Europeana 中一条条目的元数据记录，其"Description"项

① 关于世界数字图书馆：背景［EB/OL］.［2015-04-23］. http：//www. wdl. org/zh/background/.

就是由英法两种语言描述。采集各资源的元数据信息，将其翻译为各种语言的元数据，在用户进行检索时，系统只需搜寻所有语言的元数据即可返回检索结果。

Bibliotecas - Biblioteca Nacional

Title:
Libraries - National Library

Description:
Bibliotecas - Biblioteca Nacional;

Libraries - National Library

Creator:
Manuel Moura

Geographic coverage:
Lisboa
Latitude: 39.0; Longitude: -9.13333
Latitude: 38.72422; Longitude: -9.1511

Date:
1991-11-06

Date of creation:
1991-11-06

Type:
photograph

图 9-17 Europeana 条目的元数据记录

尽管多数多语言数字图书馆未能实现跨语言信息检索，但以上多语言数字图书馆在多语言信息存储方面取得了很大的突破，包括资源收集的多语言化、页面显示的多语言化、元数据的多语言翻译。

9.4 基于语义的多语言信息组织模式存在的问题与改进建议

9.4.1 三种多语言信息组织模式评析

(1) 三种模式均有广阔的发展空间

从三种模式的发展现状来看，都处于初步发展的阶段。微观组织模式发展相对快一步，开发了少量的基于 WordNet 的多语言语义词典，多语言叙词表在数量上占绝对优势，已有 41 部。但是以词语为组织对象的多语言信息组织工具还有很多，比如分类表、人名表、地名表、权威文档等，这些信息组织工具的多语言化还较弱。而从应用上来看，只有 AGROVOC 用于构建农业领域本体，MACS 的成果应用于 Europeana 的语义数据层构建等一小部分实践成果。与多语言语义词典和多语言叙词表所有的成果数量相比，其实际应用还有很大的发展空间。

中观组织模式和宏观组织模式都处于起步阶段。多语言学科信息门户不论是在多语言信息收集、语义数据层的构建还是跨语言信息检索技术的应用都应有进一步的发展。多语言搜索引擎在多语言信息的语义理解、元数据描述等方面有待提高，以提高检准率。多语言数字图书馆在多语言信息资源收集方面已形成了较完善的体系，即通过增加成员馆、接受社会捐赠等方式，但还不能实现跨语言信息检索。

(2) 3 种模式多语言信息组织的侧重点不同

在多语言信息组织的过程中，3 种模式各有侧重点。微观组织模式注重组织词语间的语义关系。多语言学科信息门户和多语言数字图书馆侧重对多语言信息的收集与整合，强调多语言信息资源收集的覆盖面与高质量，这也与其分布式组织特点相呼应。而多语言搜索引擎则倾向于对跨语言信息检索技术的研究。

在相同模式中，不同的信息组织工具也存在信息组织上的不同点。多语言语义词典组织多种语言自然语言词汇，而多语言叙词表依据主题组织受控语言，并将这些受控词汇作为检索标识，规范性较强，时常会排斥一些自然语言词汇。

多语言搜索引擎注重收集海量的信息，但标引和描述工作都是由机器完成，也没有统一的标准，因此不能保证信息的质量，比如常出现死链接的现象。而多语言数字图书馆注重收集大量信息资源，大部分标引和描述工作，以及元数据翻译工作都是由人工完成，遵循统一的元数据标准，资源格式具有一致性，因此资源的质量都比较高。

(3) 合作共建是多语言信息组织工具建设的主要方式

通过以上调查可以发现，多语言信息组织工具建设通常都是采用合作建设的方式。3 个多语言语义词典是由高校之间或研究机构之间共同合作研发，多语言叙词表的互操作项目通常都是由多个国家的研究机构共同合作。除多语言搜索引擎通常是由科技企业完成研发外，多语言学科信息门户和多语言数字图书馆为保证多语言信息资源的来源，需要世界多国大量研究机构、图书馆、档案馆、博物馆的共同合作建设。此外，在完成翻译工作、信息维护等工作时，还经常需要多国志愿者的参与。多语言信息组织因其特殊的组织对象——多语言信息，本就需要具有不同文化和语言背景的组织人员或研发人员，世界各国共建共享成果是促进多语言文化交流的重要方式和必行之路。

(4) 翻译和映射是语义资源建设的主要方法

对于多语言信息组织，翻译法是语义资源建设的主要方法。翻译法常用于对词语或术语的翻译，可以直接从源语言术语翻译为目标语言术语，从而产生两种可对照的不同语种的具有相同结构和含义的知识组织系统。也可以设定一个核心语言，再将其他语言均翻译为核心语言的词表或词典。词典词语的翻译限制较小。对术语翻译来说，为保证翻译后目标语言术语与源语言术语在语义上的一致性，在翻译过程中必须要遵循以下要求：要基于概念进行翻译，目标语言选词要具有一致性，即实现目标语言术语与源语言术语一对一；要基于层次结构进行翻译，即要考虑到术语在源语言中的上下位关系和平行概念的关系。①

映射是词表间语义互操作的常用方法，W3C 的 SKOS 映射规范对词表的映射类型及概念组配方式进行了规定。2009 年更新的 SKOS 映射规范中提出映射类型共包括：①closeMatch（近似匹配），指等级关系中，同一类内，相

① 常春. 多语种叙词表汉语翻译和维护方法 [J]. 情报杂志，2008 (12)：68-70.

隔一级的上下位词也构成等级关系。②exactMatch（精确匹配），指两个概念含义完全相同。③broadMatch（向上匹配），指目标概念是源概念的上位词。④ narrowMatch（向下匹配），指目标概念是源概念的下位词。⑤relatedMatch（相关匹配），指两个概念含义全部或部分相似。[①] 这些规范对叙词表映射的一致性提供了指导。词表映射是构建语义数据层的主要方法，以 Europeana 词表的映射过程举例，Europeana 先选用人名表 VIAF、地名表 Geonames 和 WordNet 作为轴心表，然后对其他词表到轴心表间进行对齐和映射。此外，Europeana 还选用了 MACS 项目内已经建成的映射关系。在进行映射时，Europeana 借助 Amalgame 对齐工具，首先把词表转换成 SKOS/RDF 存储格式，通过主题词匹配、基于词表微观结构的匹配和基于实例的匹配三种方式实现词表自动对齐。在对齐后如果出现目标词表和源词表概念上形成“多对一”的情况，需要借助人工分析词语的结构层次关系来选择唯一值，以完成该词语的映射。[②] 概念映射的工作量非常大，为实现语义层面上的映射，还需要借助外部资料，如语义词典和语料库等工具计算术语间的概念相似度，从而实现映射。

9.4.2 基于语义的多语言信息组织模式存在的问题

通过对 3 种多语言信息组织模式的分析，可以看出目前 3 种模式都处于初步发展阶段，在信息组织方面还存在许多问题。其中，3 种模式存在的主要问题包括以下两点。

(1) 英语资源以外的多语言信息资源相对匮乏

互联网中，有超过一半的网页是英语网页，英语资源数量在多语言信息组织模式的多语言资源中占大多数。多语言语义词典 MultiWordNet 中，各种

① SKOS Simple Knowledge Organization System [EB/OL]. [2015-03-01]. http://www.w3.org/TR/skos-reference/#L4186.

② 杜慧平．数字图书馆的多语言信息存取——Europeana 项目进展与启示 [J]. 图书馆杂志，2012，31 (4)：20-23，32.

语言的同义词集数量如图 9-18 所示，① 英语词汇占所有同义词集数量的近一半。

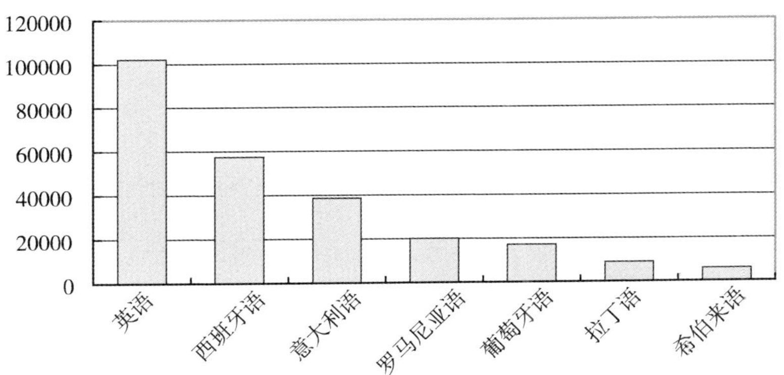

图 9-18 MultiWordNet 中各种语言同义词集数量柱状图

中观和宏观组织模式的多语言信息资源建设也以英语资源为主。我们在 ODP 中以“library”作为检索词，返回 29 373 条结果，以“图书馆”作为检索词，返回 258 条记录。World Wide Science 的 100 个来源数据库中，有近 80 个英文数据库，剩余 20 多个数据含 9 种语言。TEL 收录的资源中，英文资源占 400 种语言资源总数量的 30%以上。

多语言信息资源是多语言信息组织的对象，是实现跨语言信息检索的资源基础。只有在后台数据库中具备丰富的多语言信息资源，用户在检索时才能返回同检索语言相同的信息，研发者才能将该语言资源同其他语言含义相同的资源建立语义关联，从而实现跨语言信息检索。若没有资源，技术也无用武之地。Europeana 多语言信息存取过程如图 9-19 所示。② 从图中可以看

① Database Report [EB/OL]. [2015-05-03]. http://multiwordnet.fbk.eu/online/multiwordnet-report.php.

② 杜慧平. 数字图书馆的多语言信息存取——Europeana 项目进展与启示 [J]. 图书馆杂志，2012，31 (4)：20-23，32.

出，语言资源知识库是其完成查询的基础资源。

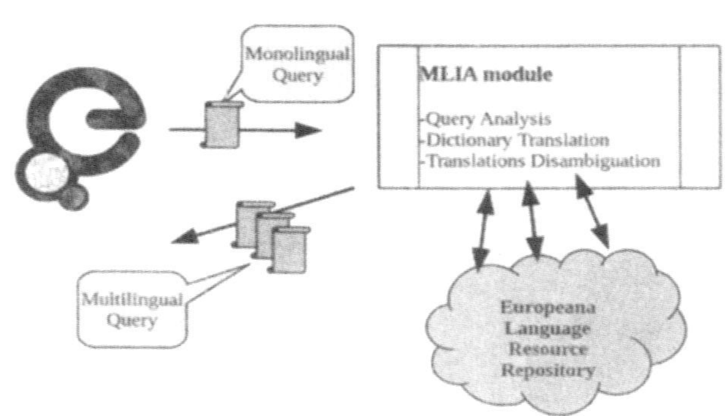

图 9-19 Europeana 的多语言信息存取

（2）跨语言信息检索效果不理想

通过以上对各多语言信息组织工具的使用分析，可知目前大部分多语言信息组织工具只是对多语言信息资源的整合，真正实现跨语言信息检索的工具还不多，只有多语言学科信息门户 WorldWideScience 基本实现了平台内的跨语言信息检索，多语言搜索引擎 Yahoo、Google 和 Bing，以及多语言数字图书馆 Europeana 初步实现了跨语言信息检索。虽然目前跨语言信息检索的性能可以达到普通信息检索性能基准的 90%，但受资金、技术等多方面原因影响，其实际应用并不多见。

对检索结果的翻译是实现跨语言信息检索的一种直接方式，WorldWideScience、Google 和 Bing 都支持对检索结果进行翻译，WorldWideScience 应用的是 Bing 翻译技术，但目前并不能进行结果翻译。Google 和 Bing 由于是机器翻译，实际翻译效果也并不理想。Europeana 是通过元数据翻译等方式进行多语言信息检索和多语言结果显示，元数据翻译通常由人工完成，质量高但效率较低，且通常元数据只能翻译为一种语言，这样多语言元数据数量较少，很难在检索时检索到所有元数据，也影响跨语言信息检索效果。跨语言信息检索的前提是信息资源语言相同，实现这一前提主要通过提问式翻译、文献翻译、中间语种转换和非翻译方法4种方式。①

9.4.3 对基于语义的多语言信息组织模式的改进建议

(1) 重视多语言基础信息资源的建设与应用

通过以上对三种模式的分析和总结，可以看出基础资源的建设和应用是多语言信息组织的基础工作。这里所讲的基础资源包括两个方面。一方面要重视对多语言信息资源的收集和整合。不论是对多语言词汇、特定学科领域的信息，还是海量复杂信息，都应针对具体情况做到全面收集各种语言相关信息。丰富的多语言信息是开展多语言信息组织的基础资源，只有拥有大量的基础资源，才能实现信息检索的目的。WDL在2009年刚刚推出上线时，其资源来自19个国家的26个机构，② 到2013年，其合作伙伴（包括提供资源的图书馆、档案馆等机构和提供技术或财政捐助的协会、基金会和个体公司等）共有172个，③ 到今天，其合作伙伴已发展至185个。④ 信息资源的收集是持续可发展的，前提是重视对这些基础资源的收集与整合。

另一方面要重视微观组织模式的建设。语义词典、叙词表、分类表、人名表、权威文档等知识组织系统作为实现中观和宏观组织模式建设的基础资源，是其语义数据层实现的资源保障，同时也是多语言本体构建的来源。目前微观的多语言信息组织工具建设还不够完善，并且开发力度不够。要加快建设各种微观的多语言信息组织工具，对于已具备内部语义关系的信息组织

① 牛亚萌．跨语言信息检索技术的研究与实现［D］．西安：西安电子科技大学，2011：7．

② 刘燕权，冯召辉，陈嘉勇．世界数字图书馆——多语种世界历史文化知识宝库［J］．数字图书馆论坛，2011（10）：66-73．

③ 李伟超．世界数字图书馆项目研究进展［J］．情报理论与实践，2014，37（7）：122，141-144．

④ 关于世界数字图书馆：合作伙伴［EB/OL］．［2015-04-25］．http：//www.wdl.org/zh/partners/．

工具，通过映射、翻译等方式，会形成更大范围的语义网络，从而形成中观、宏观组织工具的语义数据层，用来处理概念查询的逻辑问题，或实现按人物、地点、主题、时间、语种等不同方式的浏览和检索。可重新创建某一主题的多语言词表，也可以对已有的单语知识组织系统进行映射等互操作，在完成以上工作后，要将其实际应用于主题相关的中观、宏观组织工具的开发。

（2）多语言本体的开发与应用

本体是一种具有强结构、组织受控语言并且概念间具有关联性的知识组织系统，甚至超过语义网。本体是一项实用技术，不同种类的本体应用可以实现各知识组织系统向更优化的方向发展。在多语言语义词典实现的过程中，顶级本体用来比较语料库和语义译码，测试跨语言中的语义消歧。在未来，顶级本体可以实现的自动推理和不同数据库间的互操作，将应用于搜索引擎中的自然语言处理，帮助系统识别用户使用自然语言进行的提问。领域本体是指以某个特定领域为描述对象的本体，描述该特定领域的概念和概念之间的关系等。领域本体和叙词表有许多相似之处：都是描述某一特定领域的受控词汇的集合，都包括概念和概念间关系，都通过等级关系组织概念等，基于这些相似，在开发领域本体时，很多是以农业、航天、医学等某领域内已有的叙词表为基础进行开发的。叙词表中的核心词汇和词间语义关系可以转化到领域本体中，同时，领域本体还会通过添加如非等级关系（添加概念的特殊属性来连接两个不具有等级关系的概念，表示其非等级关系）等方式来丰富词间语义关系。此外，领域本体应用于搜索引擎可提高搜索引擎的检准率和识别语义的能力。

多语言本体是本体在不同语种中的表现形式，在多语言信息组织中，多语言本体的开发和应用更具有理论优势。多语言语义词典和多语言叙词表是多语言本体构建的基础，由于 WordNet 具有较强的语义结构，所以基于 WordNet 的多语言语义词典 EuroWordNet 已被视为一个本体。多语言本体的构建涉及图书情报学、计算语言学、术语学、机器学习等多个学科领域，运用自然语言处理技术、机器学习技术等技术，是十分复杂的研究，涉及平行语料的核心术语抽取、一体化术语抽取、术语对齐、基于多语术语聚类的概念层次体系和主题层次体系研究。[①] 因此，目前多语言本体的实际开发和应用并不多，国内对这方面的研究则更少。多语言本体可以应用于跨语言信息检索、机器翻译、词义消歧等领域。在跨语言信息检索中主要用于实现查询扩展、查询表达和检索对象的语义标注、基于概念的索引和查询翻译消歧。[②] 国外有一些多语言本体开发后得到了实际应用，如加州大学伯克利分校信息管理系统学院（University of California, Berkeley School of Information）的TIDES项目，利用领域资源进行双语词典的构建和多语查询式的映射，进行跨语言信息检测、抽取摘要。日本国立情报学研究所、日本国立传染病研究所、越南国立大学、泰国农业大学等多家研究机构共同合作的基于医学领域本体的BioCaster项目，使用文本挖掘技术，进行多国语言的信息发现与跟踪。新泽西理工学院计算机系（New Jersey Institute of Technology, Department of Computer Science）的M. O. R. E. 项目包含了一个多语言的商业领域本体，通过该多语言本体可以实现跨语言的垂直信息搜索。以上可以看出多语言本体若可以实际应用于跨语言信息检索中，必将提高系统的语义理解能力，从而提高检准率。所以应加强对多语言本体的开发和应用，该研究对多语言信息组织具有重要意义。

---

① 章成志．多语言领域本体学习研究［M］．南京：南京大学出版社，2012：1-2.

② 刘伟成，孙吉红．多语言本体构建及其在跨语言信息检索中的应用［J］．武汉科技大学学报（社会科学版），2008，10（4）：73-76，98.

10 基于多语言领域本体的知识挖掘研究

当前，网络信息资源的多语种化和网络用户分布国际化两大趋势日渐凸显。随着多语言信息资源数量剧增，用户获取多语言信息资源面临的语言壁垒问题以及用户对多语言语义信息资源的需求急需解决，多语言的信息组织与检索和知识挖掘将逐渐成为研究热点。

一方面，多语言信息检索至今仍停留在基于关键词匹配的文献检索阶段，且以文本检索为主。多语言检索系统的概念识别能力较弱，无法精确化地识别用户查询请求中的语义，无法准确分析目标对象与查询请求的语义相关性，检索结果冗余度高、相关性较低，效率和精度还不够理想，尚未实现细粒度、语义化的知识检索。另一方面，知识挖掘虽然已经形成了较完整的理论与技术体系，但如何将这些理论与技术运用于多语言领域，进行多语言、动态化、细粒度的知识抽取、组织，进而实现基于语义的挖掘，尚需进行深入的研究。

本体的概念结构明确，能对信息资源进行语义组织，并支持逻辑推理。多语言领域本体采用机器可理解的方式组织多语言信息资源，提供了机器间的语义互操作。得益于本体完备的语义信息组织机制，我们可以实现基于本体的语义信息组织、查询以及智能信息检索，将多语言领域本体技术与知识挖掘技术结合起来应用于多语言信息资源的组织、检索与挖掘中。因此，基于多语言领域本体的语义知识挖掘从多语言信息资源中抽取隐含的、细粒度和语义（关联）化的知识，克服了传统知识挖掘与多语言信息检索在隐含信息、语义关联信息的挖掘与检索等方面的不足。本部分研究的目的是构建一个基于多语言领域本体的知识挖掘框架，并在此基础上，选取和利用知识挖掘方法中合适的技术与方法，对设计的基于多语言领域本体的知识挖掘框架进行实现。

10.1 基于多语言领域本体的知识挖掘框架的构建

遵循系统设计的原则，提出了基于多语言领域本体的知识挖掘框架与内容，并阐述了实现该框架的关键技术。

10.1.1 多语言领域本体知识挖掘框架的构成

基于多语言领域本体的知识挖掘框架如图 10-1 所示，包括原始数据层、语义知识表示层、知识挖掘层、知识服务与应用层。

①原始数据层。该层主要存储了来自不同数据源的、不同语种的、不同学科的、不同类型的、异构的多语言信息资源。在进行知识挖掘时，需要对其中的数据进行抽取和预处理。

②语义知识表示层。数据层中的数据是非结构化的或半结构化的，数据缺乏明确的、形式化的语义表示，因此需要在其基础上构建某种机制，对其隐含的、潜在的概念、知识和语义进行规范化、形式化的表达和处理，这就是语义知识表示层的作用。语义知识表示层主要使用了语义网技术、自然语言处理技术、多语言领域本体、多语言领域本体规则库、专家经验本体、用户偏好本体及其他的本体和知识库，其主要的功能包括 4 个方面。第一，对多语言信息资源进行语义化表示，主要借助语义网技术以及自然语言处理技术等对多语言信息资源进行语义层面的初步分析和处理，并利用多语言本体进行语义标注，识别信息资源中有意义的、能够表达信息资源内容和特征的概念和实体及其之间的关系。第二，根据多语言领域本体和领域知识，建立

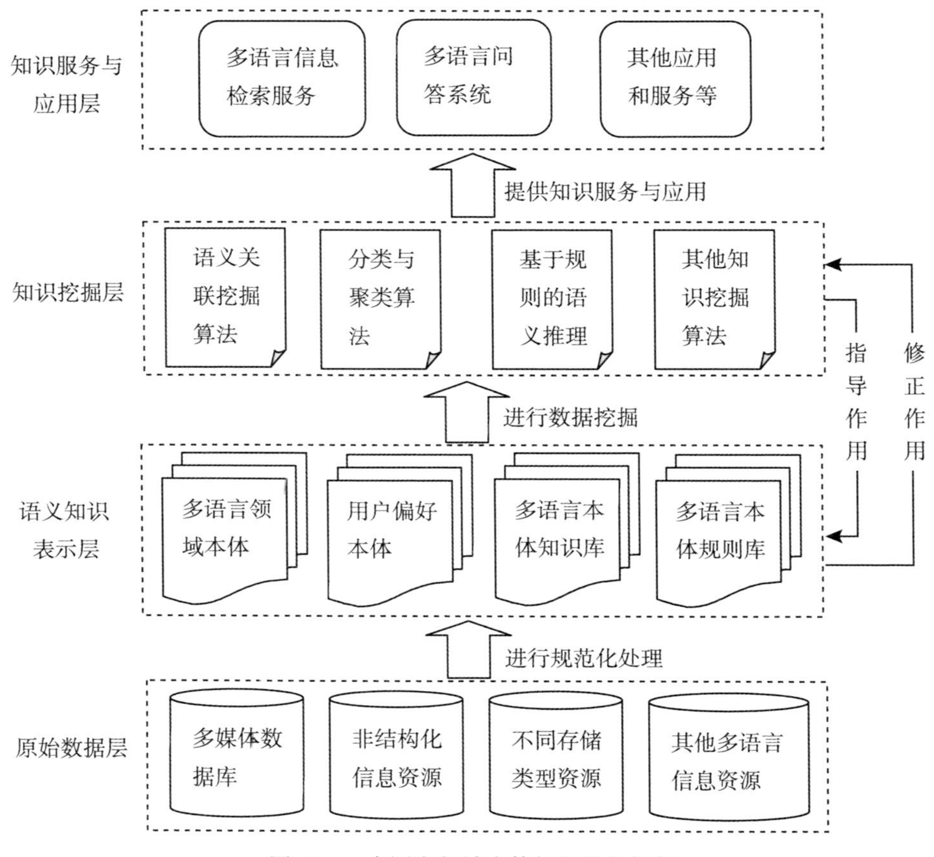

图 10-1　多语言领域本体知识挖掘框架

基于多语言领域本体的规则库。第三，为知识挖掘层提供语义数据，即利用多语言本体对不同类型的多语言信息资源进行知识表示和语义标注等，识别和抽取信息资源中概念及其关系，并以机器可理解（如资源描述框架 RDF）的形式编码后存储在信息资源语义元数据库中，实现对多语言信息资源内容的准确理解和表达，从而为知识挖掘提供良好的数据基础。第四，检验知识挖掘结果，即利用本体的推理功能对知识挖掘的结果进行语义推理，去掉无用或冗余的规则或知识。

③知识挖掘层。经过规范化处和形式化处理的多语言信息资源，虽然可以在一定程度上提高多语言信息检索结果的准确度和效率，但对资源间的深层次或隐含的相互关系以及细粒度的语义知识缺乏揭示，知识挖掘层所解决的就是这个问题。知识挖掘层的功能包括两个方面。第一，知识发现。知识挖掘技术能够充分利用多语言领域本体、用户偏好本体、规则库等提供的丰富的概念层次结构和领域先验知识，对其进行语义层面的深度知识挖掘，获得深层次或多维度的知识、规则。第二，不断更新语义知识表示层中的本体。利用知识挖掘层挖掘所得的语义关联知识、规则等，并结合专家经验知识指导多语言本体的动态构建和多语言本体学习。

④知识服务与应用层。该层的主要功能是利用知识挖掘层中获取的知识或规则，实现多种知识服务，如多语言知识挖掘、多语言信息检索、知识导航、个性化推荐服务等，以及各种应用，如多语言问答系统、多语言领域本体的学习和构建。其中，多语言信息检索服务不仅可以提供基于关键词的多语言检索，还可以进一步提供更为友好的多语言问答式检索。用户可采用任一种自然语言提问，利用多语言本体的术语服务机制中的查询词扩展与精炼功能，以及本体间的映射关系和推理功能，在语义层面上精确地表达自己的信息需求，并利用知识挖掘结果修正信息检索的范围和结果。这进一步提高了多语言信息检索服务的准确性和智能性。

10.1.2 基于多语言领域本体的知识挖掘特征

当前，许多知识挖掘系统或工具是数据驱动的，仅仅在数据内容层面上产生知识或规则，无法在语义层面上产生知识或规则，挖掘的精度不够理想。如何实现在语义层面上的知识挖掘是提高挖掘结果质量的关键问题，而语义网技术、本体的出现为解决这一问题提供了一种新的思路。基于多语言领域本体的知识挖掘具有以下新的特征。

(1) 信息资源的语义化表示

多语言领域本体主要提供学科领域内的核心概念和知识，以及概念间的关系，为语义分析和标注、知识挖掘、语义推理等提供可靠的先验知识。利用多语言领域本体可以实现对多语言信息资源的一致性解释和表示，表达信息资源内部隐含的语义知识及其关联关系，解决了多语言信息资源的异构问题。

(2) 挖掘准确度与共享性高

利用语义网、本体技术从语义层面对知识进行表示，通过导入多语言领域本体等提供的语义概念，实现了对信息资源进行语义层面的知识挖掘。利用知识挖掘技术与方法提供给用户高度相关的挖掘结果，提高了挖掘过程中知识抽取的可靠性，从而提高知识挖掘的准确性，同时，实现了知识的无障碍共享。多语言领域本体、用户偏好本体等为个人、组织以及机器间的相互理解和交流提供了共同的、规范的概念定义和关系描述，消除了人们对语义的概念或知识的表达差异，从而实现挖掘所得知识、规则的无障碍共享。另外，基于多语言领域本体、用户偏好本体的知识挖掘引入了约束机制，领域本体对信息资源的语义、结构等进行约束，用户偏好本体进行兴趣约束，使挖掘任务仅仅围绕用户的需求、兴趣来开展，挖掘结果更符合用户的需求。

(3) 用户参与度高

知识挖掘需要考虑知识使用者的兴趣和偏好，而我们建立的知识挖掘框架在挖掘过程中应用了多语言领域本体、用户偏好本体等。其中，用户偏好本体由高层次的抽象概念组成，全面真实地反映了用户的需求类信息如个性化定制服务，用户的行为类信息如信息检索记录，用户反馈类信息如用户服务评价信息等。与传统数据挖掘相比，提高了用户的参与度，使挖掘的结果更易符合用户的需求，减少了无意义或无效的结果。

10.1.3 实现多语言领域本体知识挖掘的关键技术

(1) 构建多语言领域本体技术

多语言本体的构建有 3 种途径：第一，从头开始构建新的语言本体；第二，合并两种或多种现有不同语言的本体成为一种新的多语言本体，即多语言本体间的映射；第三，将现有的一种语言的本体翻译成其他语言的本体从而构建多语言本体，即本体翻译或本地化。实验部分需要构建一个小型的实验本体，该部分主要采用手工方法构建中英双语本体。通过设置数据属性（Data Property）实现双语本体相同语义概念的映射，包括相同语言中同义概念间的映射以及不同语言中同义概念间的映射。

(2) 基于规则的推理技术

该技术是依靠推理工具或推理引擎，利用规则推理算法，从已有的领域知识库或本体库中推理出隐含的知识、关系的过程。首先在领域知识库或本体库的基础上，结合规则推理技术建立适用于领域知识的规则库，接着推理系统借助推理工具或推理引擎以及利用一定的推理算法完成知识库、规则库的加载、解析，最终在此基础上完成本体库或基于本体库的推理。规则库主要有两种来源：一是本体库中本体自身蕴含的规则；二是在本体库和知识库的基础上建立适用于领域的规则。在定义了领域规则后，需要采用合适的规则描述语言对所构建的规则进行形式化描述，比较知名和常用的规则描述语言有：ORL、JRL、RuleML、OWLRule+、SWRL 等。考虑到语言的权威性、表达能力和推理引擎的支持，我们选用 SWRL 作为实验部分的规则描述语言。

10.2 基于多语言领域本体知识挖掘的实现

10.2.1 实验环境

本实验的计算机操作系统是 Window 7，所需要的工具包括本体构建与编辑工具 Protégé、Java 集成开发环境与工具 Eclipse、基于 Java 的开源代码本体操作工具包 Jena 以及 Jena 自带的推理机。

Protégé 作为本体的编辑工具是一个免费和开源的工具，界面友好，用户不用掌握本体描述语言也可以直接对类、属性等进行检查、浏览、编辑和修改等操作，它支持 RDF、OWL 等多种本体描述语言。

Eclipse 是一个开放源代码的、基于 Java 可扩展的开发框架与平台，其本身是一个框架和一组服务。用户可以将 Eclipse 作为 Java 的集成开发环境（IDE）使用，还可以通过插件组件构建与 Eclipse 环境无缝集成的工具。

Jena 是由惠普实验室开发的 Java 开发工具包，它是开源的，主要用于语义网中应用程序的开发。Jena 框架功能主要包括：以 RDF/XML、三元组形式解析 RDF 文件；对 RDFS、OWL、DAML+OIL 等本体进行操作；利用数据库保存数据；提供查询模型；基于 Jena 推理引擎进行基于规则的推理等。

10.2.2 实验内容

本实验中知识挖掘对象包括两个方面，即构建的中英双语领域本体以及中英双语对照信息资源，使用基于规则的语义推理技术。

遵循本体构建的原则，利用上文中介绍的本体构建的技术体系，使用本体编辑工具 Protégé 构建一个中英双语本体，给定一段中英对照文本，对文本中存在的实体及其关系进行分析，利用本体对文本进行标注，并将标注的结果作为本体的实例添加在本体中并进行存储。分析文本中实体之间的关系，在此基础上建立实例的规则，并使用 SWRL 规则描述语言对其进行形式化，以形成规则库文件。在 Eclipse 环境下加载本体和相应的规则库文件，采用 Java 语言编程，利用规则进行本体的语义推理，从而实现中英双语本体的知识挖掘。

具体内容包括三个方面：①构建一个实验型的中英双语本体并添加实例；②分析实例之间的关系，定义实例的规则并对规则进行形式化处理；③利用 Eclipse 和 Jena 工具包实现基于规则的语义推理，完成对中英双语本体的知识挖掘。

10.2.3 实验过程

本实验的实现过程主要涉及中英双语本体的构建以及基于规则的语义推理的实现，具体步骤如下。

第一步是构建一个用于实验的中英双语本体，涉及本体概念及其层次关系的确定、类的各种属性设置以及语义化转存等。首先确定领域核心概念及关系，本实验构建一个用于实验的小型中英双语本体，以验证第三部分提出的框架是否具有可行性，所以重点在于建立实例之间的关系以进行知识挖掘。然后利用本体编辑工具 Protégé，并采用手工构建方法来实现多语言本体的构建。

第二步是建立中英双语本体规则库。给定用于实验的中英双语对照文本，分析其中的实体以及实体之间的关系，利用构建的中英双语本体对其进行语义标注，标注的结果作为实例添加到本体中，并添加实例之间的对象属性。在此基础上构建规则库，并利用 SWRL 语言对其进行形式化处理。

第三步是基于规则进行语义推理，实现基于中英双语本体的知识挖掘。利用一定的编程工具与环境和本体推理引擎，加载和解析所构建的本体文件和建立的规则库，在此基础上进行编程，实现基于规则的语义推理与知识挖掘，挖掘中英对照文本中隐含的知识与关系。对获得的推理结果进行处理和分析，可基于此进行中英双语本体的修正与补充。具体来说，采用 Jena 本体推理机解析本体和规则文件，利用 Eclipse 进行编程实现基于规则的语义推理，对文本中隐藏的知识和关系进行挖掘。

(1) 多语言领域本体的构建

本实验使用 Protégé 4.3.0 手工构建双语本体，步骤如下。

① 确定主要的概念，建立类及类的层次。

我们选取学校教育领域构建中英双语本体，该本体包括 1 个一级类为：大学教育；5 个二级类分别为：课程、教师、教师职称、学生、教育层次；6

个三级类，在课程类型下建立3个三级类分别为：本科课程、硕士课程、博士课程，在教育层次下建立3个三级类分别为：本科教育、硕士教育、博士教育。利用Protégé建立类以及类与类之间的等级结构，建立完成后选择“OWLViz”，本体的结构图如图10-2所示。

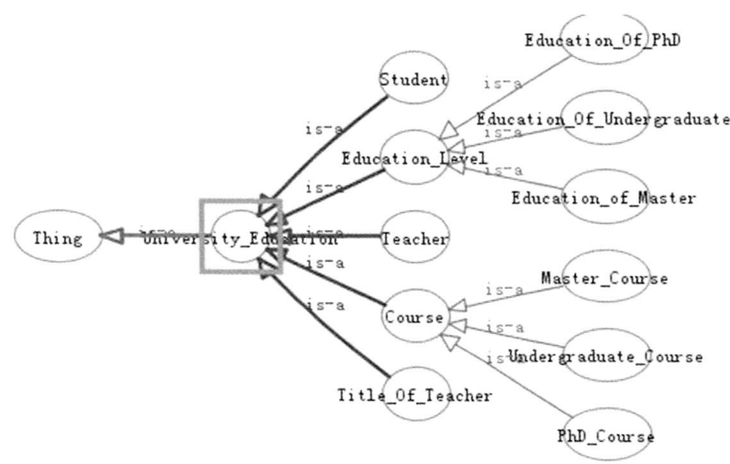

图10-2　学校教育本体的可视化结构图

我们通过设置数据属性（Data Property）实现双语本体相同语义概念的映射，包括相同语言中同义概念间的映射以及不同语言间同义概念间的映射，从而构建中英双语本体。具体而言，在数据属性Annotation Properties（注释属性）选项下建立数据属性hasName，利用hasName属性添加不同语言的同义概念。另外，利用hasName属性下建立的子属性hasSynonymous，可以添加每个类的同义中文和英文的概念或词汇。

在数据属性Annotation Properties（注释属性）选项下建立类的数据属性hasName属性，对所建立的本体中的每一个类分别添加hasName属性，输入属性值为相应的类的中文和英文名称，从而完成中英概念类的对照。以“课程”类为例，在Protégé中选择Annotation选项卡，选择属性“hasName”，在属性值 Value 中输入“Course”，在 Lang 中输入“en”以表示为英文类名，则完成了英文类名的添加（见图 10-3）。采用同样的方式添加类的中文名称，只需在 Lang 中输入“zh”以表示为中文即可，“课程”类所建立的中英文对照类名如图 10-4 所示。采用上述方式对所构建的大学本体中的每一个类添加相应的中英文类名，即完成了大学教育中英双语本体的构建。

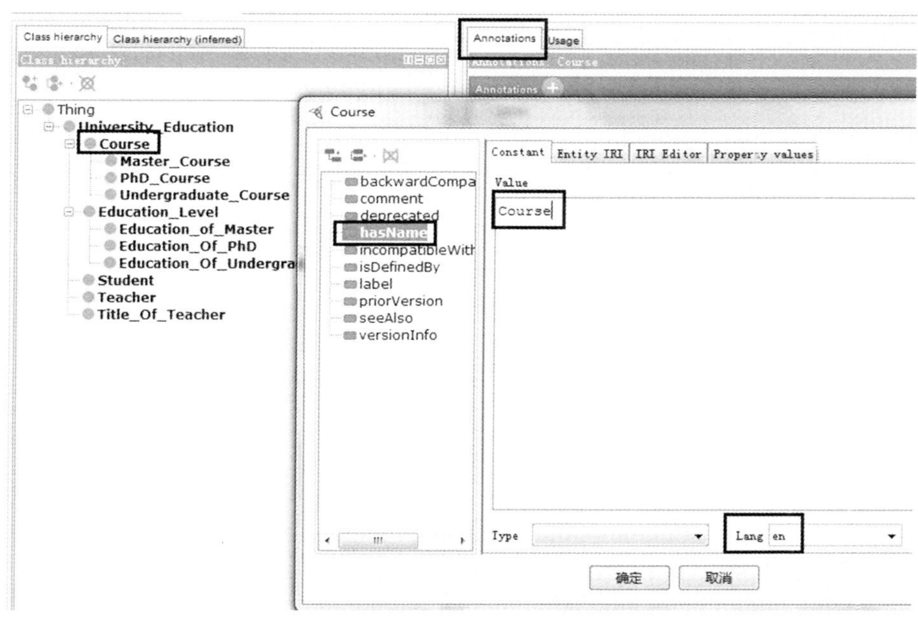

图 10-3 “课程”类的英文类名的添加过程图

② 建立属性及属性的约束。

在 OWL 本体中，属性关系可以分为对象属性（Object Property）和数据属性（Data Property），前者表示概念之间的关系，后者表示每个概念的基本信息。大学教育中英双语本体中各个概念之间的语义关系是通过设置对象的属性完成的，共建立了 30 个对象属性（见表 10-1），具有互逆关系的对象属性在 Protégé 中通过设置“Inverse Of”来实现。在 Protégé 中对相应的类分别设置其对象属性，对于具有属性约束的要设置相应的属性约束。

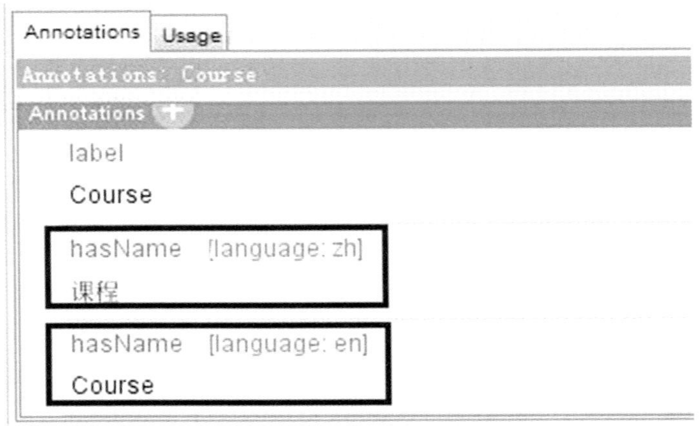

图 10-4 “课程”类所建立的中英文对照类名

表 10-1 **大学教育本体中设置的对象属性**

属性	子属性	说明
has_Education_Level	has_Undergraduate_Education	学生-教育层次之间关系
	has_Master_Education	
	has_PhD_Education	
has_Teach_Level	teach_Undergraduate_Level	教师-教育层次之间关系
	teach_Master_Level	
	teach_PhD_Level	
has_Course	has_Undergraduate_Course	与 is_Undergraduate_Course_Of 为互逆属性
	has_Master_Course	与 is_Postgraduate_Course_Of 为互逆属性
	has_PhD_Course	与 is_PhD_Course_Of 为互逆属性
is_Course_Of	is_Undergraduate_Course_Of	
	is_Master_Course_Of	
	is_PhD_Course_Of	

续表

属性	子属性	说明
teach		教师-学生之间关系
teached_By		与 teach 为互逆属性
attend_Course		学生-课程之间关系
attended_By		与 attend_Course 为互逆属性
has_Title_Of	has_Title_Of_Lecturer	
	has_Title_Of_Associate_Prefessor	
	has_Title_Of_ Prefessor	
teach_Course	teach_Undergraduate_Course	教师-课程之间关系
	teach_Master_Course	
	teach_PhD_Course	
has_Pioneer_Course		课程-课程之间关系
is_Pioneer_Course_Of	与上为互逆属性，传递属性	与 has_Pioneer_Course 为互逆属性

③本体存储。

对建立好的本体存储为 owl 文件，以便后面对其进行语义推理和挖掘。

(2) 语义标注与本体规则库的构建

给定如下中英双语对照文本（见图 10-5)，分析并提取文本中的实体以及实体之间的关系，利用上面构建的学校本体对其进行语义标注，标注的结果作为本体的实例添加在本体中。

我们共抽取了中英对照实体 18 对 36 个，分别在本体类本科课程下建立信息管理、图书馆学概论 2 个实例，在硕士课程下建立信息检索、信息资源建设 2 个实例，在博士课程下建立数据挖掘、信息服务 2 个实例，在教师下建立杨静、裴蓓和刘然 3 个实例，在学生下建立李静、李娜和萧涵 3 个实例，以同样的方法在相应的概念类中分别建立相应的英文实例。然后分别对

中文文本

信息管理学院学生设置本科生教育、硕士研究生教育、博士研究生教育三种教育层次，对应的设置了本科课程、硕士研究生课程、博士研究生课程，并且讲师只能教本科生，副教授可以教本科和硕士研究生，而教授可以教所有学生。另外，学院设置了本科课程包括信息管理、图书馆学概论等，硕士研究生课程信息检索、信息资源建设等，博士研究生课程数据挖掘、信息服务等。李静、李娜和萧涵分别为学院本科生、硕士研究生、博士研究生，杨静、裴蓓和刘然分别为学院讲师、副教授和教授。

英文文本

The School of Information Management has sets three kinds of education including education of graduate, education of master and education of PhD, the corresponding set of courses of undergraduate, , courses of doctoral. There is rule that lectures can only teach undergraduates, associate professor can teach undergraduate and graduate students, and professors can teach all students. In addition, it set up courses of undergraduate including information management and library introduction, courses of master including information retrieval and information resource construction, and PhD programs including data mining and information services. Jing Lee, Na Lee and Xiao Han are undergraduate, master, PhD. of the School of Information Management, Jing Yang, Bee Pei and Ran Liu are lecturer, associate professor and professor.

图 10-5　中英双语对照文本

每一个实例设置其对象属性和属性的约束，并保存为 owl 格式的文件，作为下面语义推理与挖掘的输入。由于实例以及实例之间的对象关系较多，文中不再一一赘述。

对所构建的学校教育双语本体中实例之间的关系进行分析，定义本体的推理规则。对分析的规则采用 SWRL 规则描述语言形式化描述，可以得到多语言本体实例的完整的规则库文件，其中包含了 64 条实例的对象属性推理规则。篇幅有限，我们仅给出部分形式化的 SWRL 规则（见图 10-6）。在此基础上，利用 Jena 包的推理引擎中绑定建立的规则库文件以及所建立的学校教育中英双语本体文件，然后进行多语言领域本体的基于规则推理的知识挖掘。

```
@prefix lx: <http://www.semanticweb.org/lixin/ontologies/2015/3/UniversityEducation#>.
@include <RDFS>.
@include <OWL>.
[rule11: (?a lx:has_Pioneer_Course ?b)->(?b lx:is_Pioneer_Course_Of ?a)]
[rule12: (?a lx:is_Pioneer_Course_Of ?b)->(?b lx:has_Pioneer_Course ?a)]
[rule13: (?a lx:has_Undergraduate_Education ?b)(?b lx:has_Undergraduate_Course ?c)->(?a lx:attend_
Course ?c)]
[rule14: (?a lx:has_Undergraduate_Education ?b)(?b lx:has_Undergraduate_Course ?c)(?d owl:sameA
s ?a)->(?d lx:attend_Course ?c)]
[rule15: (?a lx:has_Master_Education ?b)(?b lx:has_Master_Course ?c)->(?a lx:attend_Course ?c)]
[rule16: (?a lx:has_Master_Education ?b)(?b lx:has_Master_Course ?c)(?d owl:sameAs ?a)->(?d lx:at
tend_Course ?c)]
[rule17: (?a lx:has_PhD_Education ?b)(?b lx:has_PhD_Course ?c)->(?a lx:attend_Course ?c)]
[rule18: (?a lx:has_PhD_Education ?b)(?b lx:has_PhD_Course ?c)(?d owl:sameAs ?a)->(?d lx:attend
_Course ?c)]
[rule19: (?a lx:has_Undergraduate_Education ?b)(?b lx:teached_By ?c)(?d lx:has_Title_Of_Lecturer
?c)->(?a lx:teached_By ?d)]
[rule20: (?a lx:has_Undergraduate_Education ?b)(?b lx:teached_By ?c)(?d lx:has_Title_Of_Lecturer
?c)(?e owl:sameAs ?a)>(?e lx:teached_By ?d)]
[rule25: (?a lx:has_Master_Education ?b)(?b lx:teached_By ?c)(?d lx:has_Title_Of_Associate_Prefessor
?c)->(?a lx:teached_By ?d)]
```

图 10-6 本体的规则库（部分）

（3）基于语义推理的知识挖掘

本部分主要利用 Java 编程工具 Eclipse、Jena 工具包进行基于本体规则的语义推理，挖掘实例中隐含的知识和关系，从而实现知识的挖掘。在 Eclipse 中通过修改工程的 Java 创建路径的方法导入 Jena jar 文件，从而可以在 Eclipse 中调用 Jena API 完成本体知识库（文件）和规则库（文件）的加载、解析和处理。然后编写相应的程序对本体库和规则库进行处理，实现基于规则的语义推理，关键的代码如下：

```
public class JenaInf {
```

```
public void getInf() {
//加载规则文件
Model m = ModelFactory.createDefaultModel();
Resource configuration =m.createResource();
configuration.addProperty(ReasonerVocabulary.PROPruleMode, "hybrid");
configuration.addProperty(ReasonerVocabulary.PROPruleSet,"data/rules.rules");/
//创建推理机
Reasoner reasoner = GenericRuleReasonerFactory.theInstance().create(configuration);
//加载本体文件
Model data = FileManager.get().loadModel("file:data/UniversityEducation.owl");
//获取具有本体数据和规则的模型
InfModel infmodel = ModelFactory.createInfModel(reasoner, data);
//获取规则推理结果
StmtIterator i = infmodel.getDeductionsModel().listStatements();
while (i.hasNext()) {
    String st =PrintUtil.print(i.nextStatement());
    if(st.startsWith("(http://www.semanticweb.org/lixin")){
System.out.println(st.replaceAll("http://www.semanticweb.org/lixin/ontologies/2015/
      3/UniversityEducation#", ""));
      }
   }
}
public static void main(String[]args) {
    new JenaInf().getInf();
   }
}
```

10.2.4 实验结果与分析

运行该程序，可以得到基于规则的语义推理的部分结果，见图 10-7。

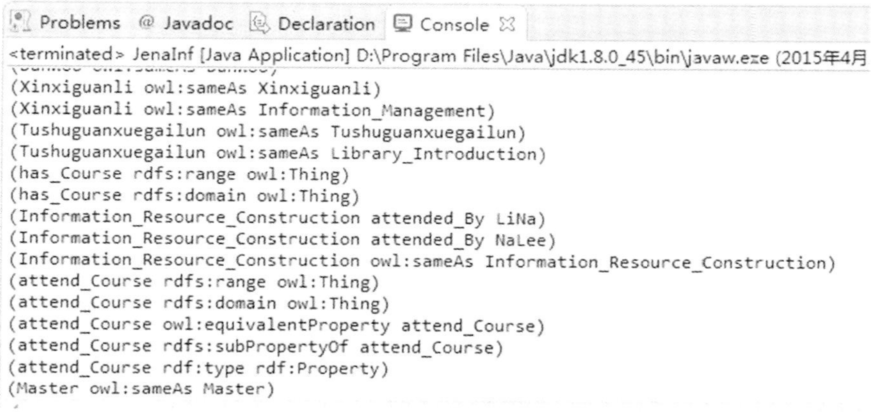

```
Problems  @ Javadoc  Declaration  Console
<terminated> JenaInf [Java Application] D:\Program Files\Java\jdk1.8.0_45\bin\javaw.exe (2015年4月
(Xinxiguanli owl:sameAs Xinxiguanli)
(Xinxiguanli owl:sameAs Information_Management)
(Tushuguanxuegailun owl:sameAs Tushuguanxuegailun)
(Tushuguanxuegailun owl:sameAs Library_Introduction)
(has_Course rdfs:range owl:Thing)
(has_Course rdfs:domain owl:Thing)
(Information_Resource_Construction attended_By LiNa)
(Information_Resource_Construction attended_By NaLee)
(Information_Resource_Construction owl:sameAs Information_Resource_Construction)
(attend_Course rdfs:range owl:Thing)
(attend_Course rdfs:domain owl:Thing)
(attend_Course owl:equivalentProperty attend_Course)
(attend_Course rdfs:subPropertyOf attend_Course)
(attend_Course rdf:type rdf:Property)
(Master owl:sameAs Master)
```

图 10-7 基于规则的语义推理程序的运行结果（部分）

由于 Eclipse 界面有限，无法展示全部的推理结果，并且推理结果中包含一些无用的结果，因此对所得到的结果进行整理并剔除部分无用结果，得到推理的结果如表 10-2 所示（篇幅有限，仅列出部分结果）。

表 10-2 **基于规则的部分推理结果**

实 体	关 系	实 体
李静	attend_Course	图书馆学概论
李静	attend_Course	Library_Introduction
Jing Lee	attend_Course	图书馆学概论
Jing Lee	attend_Course	Library_Introduction
萧涵	attend_Course	数据挖掘
萧涵	attend_Course	Data_Mining
Han Xiao	attend_Course	数据挖掘
Han Xiao	attend_Course	Data_Mining
信息管理	teached_By	裴蓓

续表

实　体	关　系	实　体
Information Management	teached_By	裴蓓
信息管理	teached_By	Bee Pei
Information Management	teached_By	Bee Pei
李静	teached_By	裴蓓
Jing Lee	teached_By	Bee Pei
数据挖掘	has_Pioneer_Course	图书馆学概论
数据挖掘	has_Pioneer_Course	Library Introduction
Data_Mining	has_Pioneer_Course	图书馆学概论
Data_Mining	has_Pioneer_Course	Library Introduction

由表10-2可知，基于觌则的语义推理挖掘出了李静（Jing Lee）可以上的课程有信息管理、Information Management、图书馆学概论、Library Introduction，副教授裴蓓（Bee Pei）可以教的课程有信息管理、Information Management、图书馆学概论、Library Introduction、信息资源建设、Information Construction、信息检索、Information Retrieval等实体之间隐含的知识与关系，实现了基于规则推理的中英双语本体的知识挖掘。

10.3 多语言领域本体知识挖掘的应用

10.3.1 知识服务

基于多语言领域本体的知识挖掘技术对多语言信息资源进行处理，以挖掘其隐含的、具有潜在价值的知识，分析知识内容之间的关联，从而提供基于语义的、面向内容的知识服务。这种深层次的知识服务依靠多语言领域本体进行语义特征的提取，利用知识挖掘技术进行分类、聚类分析等处理，从而挖掘出多语言信息资源中隐藏的知识及其之间的语义关联关系。图书馆可以利用基于多语言领域本体的知识挖掘结果开展学科知识服务，对用户的需求进行收集、分析、规范化处理和表达，采用多语言知识挖掘技术对图书馆数据库进行知识挖掘，获取隐藏的、深层次的学科知识以及知识之间的语义关联，将满足用户需求的知识挖掘结果提供给用户。

10.3.2 多语言信息检索

将知识挖掘技术应用于多语言信息检索，挖掘并分析用户需求与多语言信息资源之间主题的相关性，有助于实现用户需求和多语言信息资源之间的精确匹配，提高检索效率并优化检索结果。

①提高检索效率。利用基于多语言领域本体的知识挖掘技术可以对检索对象进行预处理，例如利用知识挖掘中的聚类分析技术将文档按照其语义聚类到特定的类别，在进行多语言信息检索时可以直接将检索目标定位到具体的类别，只需对该类别进行处理和检索，从而减少了检索所需的时间，提高了检索效率。

②优化多语言检索结果。多语言信息检索是用户需求与多语言信息资源的自动匹配过程，在匹配过程和检索结果中利用知识挖掘技术可以获取细粒度的语义知识，有助于优化检索结果。检索结果优化的过程可以抽象成对目标数据库进行知识挖掘的过程，即将检索结果的文档集看做目标数据库。多语言信息检索结果中符合用户需求的目标往往会频繁出现，可以利用基于本体的知识挖掘技术对结果进行挖掘，提取其中有价值的频繁模式或规则，并利用其对检索结果进行优化。

我们把基于多语言本体的知识挖掘作为研究目标，旨在利用知识挖掘技术从多语言信息资源挖掘出隐含的、未知的、有潜在应用价值的细粒度的语义知识，围绕着该主题进行了以下两个方面的研究：第一，构建了一个实验型的中英双语本体。利用 Protégé 构建了一个实验型的中英双语本体，实现了对多语言信息资源语义化、关联化的组织与揭示。第二，提出了一个基于多语言本体的知识挖掘框架，并对其进行实现。

我们提出了基于多语言领域本体知识挖掘的框架。选取和利用知识挖掘方法中基于规则的语义推理方法对文中设计的框架进行了实现。首先。构建了一个实验型的中英双语本体。其次，利用该中英双语本体对一段给定的中英对照文本进行语义标注，标注结果作为实例存储在本体中，并在此基础上构建了该中英双语本体的规则库。最后，选取 Eclipse 作为编程环境与工具，利用 Jena 本体推理机解析本体和规则文件，对文本中隐藏的知识和关系进行基于规则推理的知识挖掘。

此外，我们选取了基于规则的语义推理技术作为主要的实现技术，未来还可以探究其他传统的知识挖掘技术在多语言语义知识挖掘中的应用，具体内容包括基于内容的多语言关联挖掘研究，基于语义的概念挖掘研究，关联规则、决策树技术、神经网络技术、机器学习技术在基于内容的多语言知识挖掘中的应用研究。

附录一：用户多语言信息检索需求调查问卷

尊敬的老师/同学：

您好！为调查用户对于多语言信息检索的需求情况，我们诚挚邀请您填写此问卷。本调查是课题“基于内容的多语言信息组织与检索研究”的重要组成部分，您的答案对于我们的研究非常重要，恳请您根据自身情况在相对应的选项上打勾。我们承诺对您提供的信息只用于学术研究，并严格保密。非常感谢您的参与和帮助！

武汉大学信息管理学院

“基于内容的多语言信息组织与检索研究”课题组

一、背景信息调查

1. 您的性别是：

A. 男　　B. 女

2. 您的年龄是：

A. 18 岁以下　　B. 18~24 岁　　C. 25~34 岁

D. 35~44 岁　　E. 45 岁及以上

3. 您所在的院系是：________

4. 您研究的学科属于：

A. 社会科学　　B. 人文艺术科学　　C. 理工科

D. 农学　　E. 医学

5. 您的学历（或正在攻读）是：

A. 本科　　B. 硕士研究生　　C. 博士研究生

6. 您的职称为：（学生不填）

A. 助教　　B. 讲师　　C. 副教授　　D. 教授

7. 您的母语是：

A. 汉语　　B. 英语　　C. 法语　　D. 德语

E. 西班牙语　　F. 俄语　　G. 日语　　H. 阿拉伯语

I. 葡萄牙语　　J. 其他语种______

8. 是否能基本掌握一门外语？

A. 是　　B. 否

9. 是否能基本掌握两门或者两门以上的外语？

A. 是　　B. 否

10. 您能够基本掌握的外语是：（多选，如没有可不填）

A. 英语　　B. 法语　　C. 德语　　D. 西班牙语

E. 俄语　　F. 日语　　G. 阿拉伯语　　H. 葡萄牙语

I. 其他语种______

二、多语言信息需求动机

1. 您基于以下目的查询其他语言信息的频率是：

（以下题目中其他语言均指非母语语言）

频率 目的	非常频繁	频繁	偶尔	很少	从不
学习					
科研					
娱乐					
教学					

续表

目的＼频率	非常频繁	频繁	偶尔	很少	从不
购物					
获取新闻					

其他目的（请填写）：________________

2. 您通常会在什么情况下查找其他语言信息？

情况＼态度	非常赞同	赞同	一般	不赞同	非常不赞同
撰写文献综述时					
了解国外最新发展动态时					
进行科技查新时					
为完成课程作业时					
为教学备课时					
应他人要求时					

其他情况（请填写）：________________

三、用户偏好及多语言信息来源

1. 您获取学术信息的主要来源是：（多选题）

A. 搜索引擎（Google、百度、搜狗等）

B. 资源整合平台（Web of Science，ProQuest Research Library，EBSCO 等）

C. 网上数据库（CNKI、万方、维普、SCI、Springer 等）

D. 图书馆公共目录（本校的图书馆目录、国家图书馆目录、中国高等教育文献保障系统 CALIS 等）

E. 门户网站（人民网、新浪网、新华网、凤凰网等）

F. 网络百科（百度百科、维基百科等）

G. 社交网站（博客、微博、人人网、朋友圈等）

H. 其他________

2. 您使用以下平台查找其他语言信息的频率是：

频率 平台	总是使用	经常使用	一般	很少使用	从来没有
搜索引擎					
资源整合平台					
网上数据库					
图书馆公共目录					
门户网站					
网络百科					
社交网站					

3. 您对以下平台检索其他语言信息的结果是否满意？

满意程度 平台	非常满意	满意	一般	不太满意	很不满意	没有用过
搜索引擎						
资源整合平台						
网上数据库						
图书馆公共目录						
门户网站						
网络百科						
社交网站						

4. 您在浏览或检索其他语言信息时是否使用过翻译工具？

A. 总是使用　B. 经常使用　C. 一般　D. 很少使用

E. 从来没有

5. 您使用过哪些翻译工具？（多选，如没使用过，可不填）

A. 有道词典　B. 金山词霸　C. 灵格斯词霸　D. 爱词霸

E. 谷歌翻译　F. 微软必应词典　G. 百度翻译　H. CNKI 词典

I. 其他______

6. 您对所使用过的翻译工具的满意程度是：

A. 非常满意　B. 满意　C. 一般　D. 不太满意

E. 很不满意

四、多语言信息检索障碍

您在检索其他语言信息时遇到过哪些障碍？

态度 障碍	非常赞同	赞同	一般	不赞同	非常不赞同
不知道如何表达信息需求					
想不出合适的查询关键词					
不会翻译查询关键词					
检索结果排序不合理					
无法有效筛选出所需信息					
检索结果准确度不高					
无法读懂检索结果					

其他障碍（请填写）：________________

五、多语言信息检索与服务平台功能期待

1. 您对多语言信息检索与服务平台的功能有哪些期待？

态度 功能期待	非常赞同	赞同	一般	不赞同	非常不赞同
界面语种选择功能					
查询语种选择功能					
以一种语言检索出多语言结果的功能					
提供多语言目录信息					
自动翻译检索词					
查看或编辑翻译过的检索词					
相关检索词推荐功能					
相关术语服务功能					
自动全文翻译检索结果					
划词翻译功能					
取词翻译功能（随鼠标移动）					
能够同时显示原网页与翻译网页					

2. 您还希望多语言信息检索与服务平台具有哪些功能？

____

非常感谢您的支持与参与！谢谢！

Questionnaire on Users' Needs of Multilingual Information Retrieval（问卷英文版）

Dear Teachers/Schoolfellows,

In order to investigate users' needs of multilingual information retrieval, we sincerely invite you to fill in this questionnaire. As a part of "Content-based research of multilingual information organization and retrieval" project, your response is crucial to our research. Please check the relevant answer according to your own situation. We promise to keep your offered information confidentially and only use it for academic research. Sincere thanks to your participation and help!

Sincerely yours,

Research Group of "Content-based Research of multilingual information organization and retrieval"

School of Information Management

Wuhan University

Ⅰ General background of the users

1. Your gender is

   A. Male　　B. Female

2. Your age is

   A. <18　　B. 18~24　　C. 25~34　　D. 35~44

   E. >45

3. Your major belongs to

   A. Social Science　　B. Science and Engineering

   C. Arts and Humanities　　D. Agronomy

   E. Medical Science

4. Your department is ________________

5. Your degree is (Or you are studying for)

A. Bachelor　　B. Master　　C. Doctor

6. Your professional title is (students don't have to fill in)

A. Assistant　　B. Lecturer

C. Associate Professor　　D. Professor

7. Your native language is

A. English　　B. French　　C. German　　D. Spanish

E. Russian　　F. Japanese　　G. Arabic　　H. Portuguese

I. others ______

8. Can you master a foreign language basically?

A. Yes　　B. No

9. Can you master two or more foreign language basically?

A. Yes　　B. No

10. The foreign language you can master is (Multi-choice or not choose if don't have any)

A. Chinese　　B. French　　C. German　　D. Spanish

E. Russian　　F. Japanese　　G. Arabic　　H. Portuguese

I. others ______

Ⅱ　Motivations for the user's multilingual needs

1. How often do you retrieve foreign language information for the following purposes?

Frequency / Motivations	Always	Often	Sometimes	Seldom	Never
Study					
Scientific Research					

Continued

Frequency / Motivations	Always	Often	Sometimes	Seldom	Never
Entertainment					
Teaching					
Shopping					
Reading News					

Others (Please write down): ________________

2. In which circumstances do you usually retrieve foreign language information?

Attitude / Circumstances	Strongly agree	Agree	Neither agree nor disagree	Disagree	Strongly disagree
Writing a review paper					
Acquiring new foreign development trend					
Sci-tech novelty retrieval					
Working on course assignments					
Class preparation for teaching					
Helping others					

Others (Please write down): ________________

Ⅲ. The user's multilingual behavior and multilingual information resources

1. What's your main source of accessing academic information? (Multiple-choice)

A. Search Engine (Google, Baidu, Sogou etc.)

B. Information Resource Integration Platform

(Web of Science, ProQuest Research Library, EBSCO etc.)

C. Online Database (CNKI, Wanfang Data, CQVIP, SCI, Springer etc.)

D. Online Public Access Catalogue

(WHU Library Catalogue, National Library Catalogue, CALIS etc.)

E. Web Portal (peoples. com. cn, Sina. com etc.)

F. Internet Encyclopedia (Wikipedia, Baidu Baike etc.)

G. Social Network (Facebook, Twitter, Wechat, Blog etc.)

H. Others

2. How often do you use the following platforms to retrieve foreign information?

Frequency / Platforms	Always	Often	Sometimes	Seldom	Never
Search Engine					
Information Resource Integration Platform					
Online Database					
Online Public Access Catalogue					
Web Portal					
Online Encyclopedia					
Social Network					

3. Are you satisfied with the retrieval result in foreign languages offered by the following platforms?

Attitude / Platforms	Strongly Satisfied	Satisfied	Neither Satisfied nor Dissatisfied	Dissatisfied	Strongly Dissatisfied	Never Used
Search Engine						
Information Resource Integration Platform						

Continued

Attitude / Platforms	Strongly Satisfied	Satisfied	Neither Satisfied nor Dissatisfied	Dissatisfied	Strongly Dissatisfied	Never Used
Online Database						
Online Public Access Catalogue						
Web Portal						
Internet Encyclopedia						
Social Network						

4. Have you ever used translation tools while browsing or searching for information in foreign languages?

A. always　　B. usually　　C. sometime　　D. seldom

E. never

5. What kinds of translation tools have you ever used before? (Multiple-choice, you can skip this question if you haven't used any.)

A. Google Translation　　B. Microsoft's bing dictionary

C. Lingoes　　D. ICIBA

E. Youdao Dictionary　　F. Kingsoft Powerword

G. Baidu Translation　　H. CNKI Dictionary

I. Others ______

6. Are you satisfied with the translation tools you've ever used?

A. Strongly Satisfied　　B. Satisfied

C. Neither Satisfied nor Dissatisfied　　D. Dissatisfied

E. Strongly Dissatisfied

Ⅳ Obstacles to multilingual information retrieval

What obstacles have you ever met when you were retrieving foreign language information?

Attitude / Obstacles	Strongly agree	Agree	Neither agree nor disagree	Disagree	Strongly disagree
Do not know how to express your information demand					
Cannot find appropriate query terms					
Cannot translate the query terms					
The retrieval results are not reasonably sorting					
Unable to effectively screen out the required information					
The retrieval results are not of high accuracy					
Cannot understand the retrieval results					

Others (Please write down): ________________

V Desired functions for multilingual information retrieval and service

1. Which functions do you expect for multilingual information retrieval and service platform?

Attitude / Desired functions	Strongly agree	Agree	Neither agree nor disagree	Disagree	Strongly disagree
Choice for interface language					
Choice for retrieval language					
Using one language to retrieve other language					
Offer multilingual catalogue					

Continued

Attitude / Desired functions	Strongly agree	Agree	Neither agree nor disagree	Disagree	Strongly disagree
Translating search terms					
Check or edit the translated search terms					
Recommending relative search terms					
Recommending terminology lists					
Full content translation					
Translate selected text					
Cursor translation (Text capture translation)					
Simultaneous display the original page and the translation page					

2. What other functions do you expect for multilingual information retrieval and service platform?

____

Sincere thanks to your participation and help!

附录二：用户多语言信息检索行为调查问卷

尊敬的同学：

您好！为调查用户检索多语言信息时的行为，我们诚挚邀请您填写此问卷。本调查是课题“基于内容的多语言信息组织与检索研究”的重要组成部分，您的答案对于我们的研究非常重要，恳请您根据自身情况在相对应的选项上打勾。我们承诺对您提供的信息只用于学术研究，并严格保密。非常感谢您的参与和帮助！

武汉大学信息管理学院
“基于内容的多语言信息组织与检索研究”课题组

1. 您的性别是：

   A. 男　　B. 女

2. 您的年龄是：

   A. <18 岁　　B. 18~24 岁　　C. 25~34 岁

   D. 35~44 岁　　E. > 45 岁

3. 您所在院系是：________________

4. 您研究的学科属于：

   A. 社会科学　　B. 理工科学　　C. 人文艺术科学

   D. 农学　　E. 医学

5. 您的学历（或正在攻读）是：

   A. 本科　　B. 硕士研究生　　C. 博士研究生

6. 您的母语是：

A. 汉语　B. 英语　C. 法语　D. 德语

E. 西班牙语　F. 俄语　G. 日语　H. 阿拉伯语

I. 葡萄牙语　J. 其他______

7. 您能够基本掌握的外语有：（可多选；若没有，跳至第 9 题）

A. 英语　B. 法语　C. 德语　D. 西班牙语

E. 俄语　F. 日语　G. 阿拉伯语　H. 葡萄牙语

I. 其他______

8. 您的外语水平是：

（英语水平）

A. 四级　B. 六级

C. 专业____级　D. 其他（请填写）______

（其他外语水平）

A. 非常不熟练　B. 不熟练

C. 一般　D. 熟练

E. 非常熟练

9. 您的网络使用年限是：

A. 1 年及以下　B. 2 年到 4 年

C. 5 年到 7 年　D. 8 年到 10 年

E. 11 年以上

10. 您熟悉有声思维法吗？

A. 没听说过　B. 听说过但不了解

C. 一般　D. 比较了解

E. 组织或参加过

11. 您对多语言信息的需求程度如何？

A. 没有需求　B. 需求较少　C. 一般　D. 需求较多

E. 需求很多

12. 您是否使用过跨语言信息平台？（若没有，跳至第 14 题）

A. 从来没有　B. 使用较少　C. 一般　D. 使用较多
E. 经常使用

13. 您使用过的跨语言信息平台是：________________

14. 您是否熟悉 WorldWideScience 多语言信息检索系统？

A. 没听说过　B. 听说过但没使用过
C. 一般　D. 比较熟悉
E. 很熟悉

测试用系统 WorldWideScience 介绍

WorldWideScience. org 是美国能源部和英国图书馆联合推出的全球科学信息门户，旨在促进科学发现、加速科学知识的共享。WorldWideScience 目前可对 70 多个国家的 85 个数据库和信息门户进行一站式检索，涵盖的主要领域包括能源、医学、农学、环境、基础科学等，其中大多数资源可以免费获取。WorldWideScience. org 科学信息门户通过采用 Microsoft Translator 技术实现了跨语言搜索，支持阿拉伯语、汉语、英语、法语、德语、日语、韩语、葡萄牙语、西班牙语、俄语十种语言进行检索。

您需要完成的任务

1. 填写用户行为调查问卷。

2. 戴上耳机，点击“rec”按钮。

3. 完成 4 道检索题目（在第 3 页）。

4. 检索过程中把您的思考说出来（要求：声音不要太小、发音清晰易辨认）。

5. 如果您找到了检索题目的答案，请使用截屏工具对相关区域截屏，并按题号保存在桌面上指定的 word 文件内。

6. 填写实验后问卷。

检 索 任 务

请问您对检索主题是否熟悉？（在每个任务之后填写您选择的序号）

A. 完全不熟悉 B. 不熟悉 C. 一般 D. 熟悉

E. 很熟悉

1. 请查找有关转基因的文献，检索结果数是多少？哪个国家的研究成果最多（多少篇）？哪一年的检索结果最多（多少篇）？这个领域的研究处于上升期、稳定期还是衰减期（以年度文献数量变化为标准）？

2. 请查找欧洲自 2010 年以来题名中包括“云计算”的论文，数量排在前 3 位的国家是哪几个？

3. 请给出有关跨语言检索研究的主题分布（且截屏保存），并列举 3 篇不同语种且可获取全文的学术论文。

4. 以检索福岛核辐射相关文献为目的，给出研究的主题分布，可全文获取文献有多少？其中，日文与俄文论文分别有多少条？

实验后问卷

1. 您认为有声思维法干扰了您的检索吗？

A. 没有 B. 干扰较少 C. 一般 D. 干扰较多

E. 干扰很多

2. 请您以自身感受为标准，对检索任务难度和检索结果满意度打分（在空格内填写数字）。

提示：任务难度：

1 分为很简单，2 分为简单，3 分为一般，4 分为困难，5 分为很困难

检索结果满意度：

1 分为很不满意，2 分为不满意，3 分为一般，4 分为满意，5 分为很满意

题号	难度	检索结果满意度
1		
2		
3		
4		

3. 请问您对检索结果不满意的原因是什么？

____

4. 对于检索到的多语言文献，您希望如何解决语言障碍？

____

非常感谢您的支持和参与！谢谢！

参考文献

1. 英文文献

[1] Abu Shquier M, Al Nabhan M, Sembok T. Adopting new rules in rule-based machine translation [C] //Proceedings of the 12th International Conference on Computer Modelling and Simulation. Cambridge: Institute of Electrical and Electronics Engineers, 2010: 62-67.

[2] AGROVOC [EB/OL]. [2014-12-23]. http: //aims. fao. org/agrovoc.

[3] Ahmed F, Nurnberger A. Literature review of interactive cross language information retrieval tools [J]. The International Arab Journal of Information and Technology, 2012 (5): 479-486.

[4] Amine B, Mimoun M. WordNet based multilingual text categorization [C] //Proceedings of ACS/IEEE International Conference on Computer Systems and Applications. Amman: Arab Computing Society, 2007: 848-855.

[5] About Sense Bot [EB/OL]. [2015-03-07]. http: //www. sensebot. net/about. htm.

[6] About AGROVOC thesaurus [EB/OL]. [2015-02-28]. http: //aims. fao. org/standards/agrovoc/concept-scheme.

[7] Brodeala L, Martin-Bautista M, Gil R. Combining semantic and multilingual search to databases with recommender systems [C] //Proceedings of the 22nd International Workshop on Database and Expert Systems

Applications. Toulouse: Institute of Electrical and Electronics Engineers, 2011: 544-548.

[8] CRTC thesaurus [EB/OL]. [2015-04-12]. http://www.crtc.gc.ca/thesaurus/10-01E/.

[9] Chen J P, Ding R, Jiang S, et al. A preliminary evaluation of metadata records machine translation [J]. Electronic Library, 2012, 30 (2): 264-277.

[10] CLEF [EB/OL]. [2014-12-09]. http://clef.isti.cnr.it/.

[11] Caracciolo C, Stellato A, Rajbahndari S, et al. Thesaurus maintenance, alignment and publication as linked data: the AGROVOC use case [J]. International Journal of Metadata, Semantics and Ontologies, 2012 (1): 65-75.

[12] Clough P, Stevensen M. Cross-language information retrieval using EuroWordNet and word sense disambiguation [C] //Proceedings of 26th European Conference on Infromation Retrieval, April 05-07, 2004, Sunderland, Eegland. Berlin Heidelberg: Springer, 2004: 327-337.

[13] Country and language statistics [EB/OL]. [2014-12-31]. http://www.oclc.org/research/activities/wcp/stats/ intnl.html? urlm=159859.

[14] Chandra M, Sadanandam M, Raju K. Software metric framework for Multilingual Information Retrieval (MLIR) system performance assessment [J]. International Journal of Emerging Trends & Technology in Computer Science, 2013 (4): 38-46.

[15] Cobo Á, Rocha R. Identification of related multilingual documents using ant clustering algorithms [J]. Revista Chilena de Ingeniería, 2011 (3): 351-358.

[16] CARMEN. WP12: Cross concordances of classifications and thesauri [EB/OL]. [2015-04-27]. http://www.bibliothek.uni-regensburg.de/projects/carmen12/index.html.en.

[17] Cimiano P, Lopez V, Unger C, et al. Multilingual question answering over linked data (QALD-3): lab overview [EB/OL]. [2015-03-13]. http://pub.uni-bielefeld.de/luur/download? func = downloadFile&recordOId = 2685575 &fileOId=2698020.

[18] Chen Y L, Chiu Y T. Cross-language patent matching via an international patent classification-based concept bridge [J]. Journal of Information Science, 2013, 39 (6): 737-753.

[19] Deng Z H, Liu S. Discussion about automatically organizing network education resources with multilingual thesauri-ontology [C] //2009. IEEE International Symposium on IT in Medicine & Education. Jinan: 2009: 326-331.

[20] Dan Wu, Daqing He, Bo Luo. Multilingual needs and expectations in digital libraries [J]. The Electronic Library, 2012 (2): 182-197.

[21] Database Report [EB/OL]. [2015-05-03]. http://multiwordnet.fbk.eu/online/multiwordnet-report.php.

[22] Dragoni M, Francescomarino C, Ghidini C, et al. Guiding the evolution of a multilingual ontology in a concrete setting [C] //The Semantic Web: Semantics and Big Data. Berlin: Springer-Verlag, 2013: 608-622.

[23] Dolores M, Lobo O, Artacho J. Language resources used in multi-lingual question-answering systems [J]. Online Information Review, 2011 (4): 543-557.

[24] Ehrmann M, Cecconi F, Vannella D, et al. Representing multilingual data as linked data: the case of BabelNet 2.0 [C] //Proceedings of the Ninth International Conference on Language Resources and Evaluation. Reykjavik: The European Language Resources Association, 2014: 401-408.

[25] Ferrández S, Toral A, Ferrández Ó, et al. Exploiting Wikipedia and EuroWordNet to solve cross-lingual question answering [J]. Information Sciences, 2009 (20): 3473-3488.

[26] Ferro N. CLEF 15th birthday: past, present, and future [EB/OL]. [2015-03-21]. http://sigir.org/files/forum/2014D/p031.pdf.

[27] Fu B, Brennan R, O'Sullivan D. Cross-lingual ontology mapping -an investigation of the impact of machine translation [C] //The Semantic Web. Berlin: Springer-Verlag, 2009: 1-15.

[28] Ghorab M, Leveling J, Lawless S, et al. Multilingual adaptive search for digital libraries [C] //Research and Advanced Technology for Digital Libraries. Berlin: Springer-Verlag, 2011: 244-251.

[29] Gayo J, Kontokostas D, Auer S. Multilingual linked open data patterns [EB/OL]. [2015-03-08]. http://www.semantic-web-journal.net/system/files/swj406.pdf.

[30] Gliozzo A, Strapparava C. Cross language text categorization by acquiring multilingual domain models from comparable corpora [C] //Proceedings of the ACL Workshop on Building and Using Parallel Texts. Ann Arbor: Association for Computational Linguistics, 2005: 9-16.

[31] Ghorab M, Leveling J, Zhou D, et al. Identifying common user behaviour in multilingual search logs [C] //Multilingual Information Access Evaluation I: Text Retrieval Experiments. Berlin: Springer-Verlag, 2010: 518-525.

[32] Google's search App is now truly multilingual [EB/OL]. [2015-03-03]. http://searchengineland.com/googles-search-app-now-truly-multilingual-201387.

[33] Guidelines for multilingual thesauri [EB/OL]. [2015-02-27]. http://www.ifla.org/publications/ifla-professional-reports-115.

[34] Gao W, Niu C, Nie J Y, et al. Exploiting query logs for cross-lingual query suggestion [J]. Acm Transactions on Information Systems, 2010, 28 (2).

[35] Guyot J, Falquet G, Radhouani S, et al. UNIGE experiments on robust word sense disambiguation [EB/OL]. [2015-01-23]. http://clef.isti.cnr.it/2008/working_notes/guyot_paperCLEF2008.pdf.

[36] Gavel Y, Andersson P. Multilingual query expansion in the SveMed+ bibliographic database: a case study [J]. Journal of Information Science, 2014 (3): 269-280.

[37] Hong W. A descriptive user study of bilingual information seekers searching for online information to complete four tasks [D]. Pittsburgh: University of Pittsburgh, 2011.

[38] Hecking M, Wotzlaw A, Coote R. Multilingual content extraction extended with background knowledge for military intelligence [EB/OL]. [2015-02-02]. http://www.dodccrp.org/events/16th_iccrts_2011/papers/018.pdf.

[39] Huang S L, Tsai Y H. Designing a cross-language comparison-shopping agent [J]. Decision Support Systems, 2011, 50 (2): 428-438.

[40] HanburyA, Boyer C, Gschwandtner M, et al. KHRESMOI: towards a multilingual search and access system for biomedical information [EB/OL]. [2015-01-26]. http://publications.hevs.ch/index.php/ attachments/single/321.

[41] Internet World Stats. Top ten internet languages [EB/OL]. [2015-02-23]. http://www.internetworldstats.com/stats.htm.

[42] ISO 25964 (2013) information and documentation Thesauri and interoperability with other vocabularies-part2: interoperability with other vocabularies [EB/OL]. [2015-06-05]. http://www.iso.org/iso/iso_catalogue/catalogue_tc/catalogue_detail.htm? csnumber=5365.

[43] Internet World States [EB/OL]. [2014-10-02]. http://www.internetworldstats.com/stats.htm.

[44] InfoMine [EB/OL]. [2015-04-16]. http://www.infomine.com/.

[45] IEEE Standards Board. IEEE standard glossary of software engineering terminology [M]. New York: Institute of Electrical and Electronics Engineers, 1990: 42.

[46] Internet users in the world [EB/OL]. [2014-12-31]. http://

www. internetworldstats. com/stats. htm.

[47] Jnedie R. Query expansion seminar cross lingual and multilingual text retrieval [EB/OL]. [2014-12-24]. http://wwwiti. cs. uni-magdeburg. de/~fahmed/Paper_Example__Query%20 Expansion1. pdf.

[48] Jan E, Lin S, Chen B. Transliteration retrieval model for cross lingual information retrieval [C] //Information Retrieval Technology. Berlin: Springer-Verlag, 2010: 183-192.

[49] Ko J, Si L, Nyberg E, et al. Probabilistic models for answer-ranking in multilingual question-answering [J]. ACM Transactions on Information Systems, 2010 (3): 16: 1-37.

[50] Kiran K N, Santosh G S K, Vasudeva V. Multilingual document clustering using wikipedia as external knowledge [C] //Multidisciplinary Information Retrieval. Berlin: Springer-Verlag, 2011: 108-117.

[51] Klementiev A, Roth D. Named entity transliteration and discovery from multilingual comparable corpora [C] //Proceedings of the Human Language Technology Conference of the North American Chapter of the ACL. New York: Association for Computational Linguistics, 2006: 82-88.

[52] Kumaran A. Compositional machine transliteration [EB/OL]. [2015-01-24]. http://www. cse. iitb. ac. in/~ pb/papers/TALIP-CompositionalTransliteration-CRC. pdf.

[53] Larson R, Gey F. GeoCLEF text retrieval and manual expansion approaches [C] //Evaluation of Multilingual and Multi-modal Information Retrieval. Berlin: Springer-Verlag, 2007: 970-977.

[54] Levow G, Oard D, Resnik P. Dictionary-based techniques for cross-language information retrieval [J]. Information Processing and Management, 2005 (3): 523-547.

[55] Lefever E, Macken L, Hoste V. Language-independent bilingual terminology extraction from a multilingual parallel corpus [C] //Proceedings of the

12th Conference of the European Chapter of the ACL. Athens: Association for Computational Linguistics, 2009: 496-504.

[56] Lei Z M, Mai C L. Trends and issues in establishing interoperability among knowledge organization systems [J]. Journal of the American Society for Information Science & Technology, 2004, 55 (5): 377-395.

[57] Lilleng J, Tomassen S. Cross-lingual information retrieval by feature vectors [C] //Natural Language Processing and Information Systems. Berlin: Springer-Verlag, 2007: 229-239.

[58] Liu O, Ma J. A multilingual ontology framework for R&D project management systems [J]. Expert Systems with Applications, 2010, 37 (6): 4626-4631.

[59] Ma X, Carranza E, Wu C, et al. A SKOS-based multilingual thesaurus of geological time scale for interoperability of online geological maps [J]. Computers & Geosciences, 2011 (10): 1602-1615.

[60] Ménard E. Ordinary image retrieval in a multilingual context: a comparison of two indexing vocabularies [J]. Aslib Proceedings, 2010 (4/5): 428-437.

[61] Ma X G, Carranza E J M, Wu C L, et al. A SKOS-based multilingual thesaurus of geological time scale for interoperability of online geological maps [J]. Computers & Geosciences, 2011, 37 (10): 1602-1615.

[62] Nicholson D, McCulloch E. Investigating the feasibility of a distributed, mapping-based, approach to solving subject interoperability problems in a multi-scheme, cross-service, retrieval environment [EB/OL]. [2015-01-26]. https://pure.strath.ac.uk/portal/files/176991/ strathprints002875.pdf.

[63] NTCIR [EB/OL]. [2014-12-09]. http://ntcir.nii.ac.jp/.

[64] National Library of Medicine. UMLS Metathesaurus [EB/OL]. [2015-04-26]. http://www.nlm.nih.gov/pubs/factsheets/umlsmeta.html.

[65] Oard D W, Dorr B J. A survey of multilingual text retrieval [EB/OL].

[2014-12-29]. http://drum.lib.umd.edu/bitstream/1903/807/2/CS-TR-3615.pdf.

[66] Oard D W, He D, Wang J. User-assisted query translation for interactive cross-language information retrieval [J]. Information Processing and Management, 2008 (1): 181-211.

[67] Otero P, López I. Wikipedia as multilingual source of comparable corpora [C] //Proceedings of the 3rd Workshop on Building and Using Comparable Corpora. Malta: European Language Resources Association, 2010: 21-25.

[68] Olive J, Christianson C, McCary J. Handbook of natural language processing and machine translation [M]. Berlin: Springer-Verlag, 2011: 133.

[69] Petrelli D, Clough P. Analysing user's queries for cross-language image retrieval from digital library collections [J]. The Electronic Library, 2012 (2): 197-219.

[70] Potthast M, Stein B, Anderka M. A wikipedia-based multilingual retrieval model [C] //Advances in Information Retrieval. Berlin: Springer-Verlag, 2008: 522-530.

[71] Pérez A, Suero D, Ponsoda E, et al. Guidelines for multilingual linked data [EB/OL]. [2015-03-14]. http://oa.upm.es/ 29824/1/INVE_MEM_2013_167952.pdf.

[72] Peters C, Braschler M, Clough P. Multilingual information retrieval: from research to practice [M]. Berlin: Springer-Verlag, 2012: 5.

[73] Pinto D, Vilariño D, Balderas C, et al. A naive bayes approach to cross-lingual word sense disambiguation and lexical substitution [C] //Advances in pattern recognition. Berlin: Springer-Verlag, 2010: 352-361.

[74] Petrelli D. On the role of user-centred evaluation in the advancement of interactive information retrieval [J]. Information Processing & Management, 2008 (1): 22-38.

[75] Peruginelli G, Francesconi E. Multilingual access modalities to legal

resources based on semantic disambiguation [EB/OL]. [2014-12-17]. http://ceur-ws.org/Vol-465/paper9.pdf.

[76] Publications [EB/OL]. [2015-04-14]. http://babelnet.org/papers.

[77] Philipp Mayr, Vivien Petras. Cross-concordances: terminology mapping and its effectiveness for information retrieval [C]. World Library and Information Congress: 74th IFLA General Conference and Council, 2008.

[78] Qi H, Feng Q, Liang B, et al. Ontology-based mobile information service platform [C] //Zhang Y, Yu G, Bertino E, et al. Progress in WWW Research and Development. Shenyang: 2008: 239-250.

[79] Ruecker S, Shiri A, Fiorentino C. Interactive visualization for multilingual search [J]. Bulletin of the American Society for Information Science and Technology, 2012 (4): 36-40.

[80] Richman A, Schone P. Mining wiki resources for multilingual named entity recognition [C] //Proceedings of the 46th Annual Meeting of the Association for Computational Linguistics. Columbus: The Association for Computational Linguistics, 2008: 1-9.

[81] Ruiz M, Chin P. Users' image seeking behavior in a multilingual tag environment [C] //Multilingual Information Access Evaluation II: Multimedia Experiments. Berlin: Springer-Verlag, 2010: 37-44.

[82] Riesa J. Syntactic alignment models for large-scale statistical machine translation [D]. Los Angeles: University of South California, 2012.

[83] Stanković R, Krstev C, Obradović I, et al. A tool for enhanced search of multilingual digital libraries of e-journals [C] //Proceedings of the Eighth Conference on Language Resources and Evaluation. Istanbul: European Language Resources Association, 2012: 1710-1717.

[84] Sujatha P. A review on performance evaluation measures of multilingual information retrieval systems [J]. International Journal of Advanced Research in Computer Science and Software Engineering, 2012 (8): 440-

446.

[85] Shiri A, Ruecker S, Bouchard M, et al. User evaluation of searchling: a visual interface for bilingual digital libraries [J]. The Electronic Library, 2011 (1): 71-89.

[86] Swiss National Library. Multilingual access to subjects [EB/OL]. [2015-04-26]. http://www.nb.admin.ch/nb_professionnel/projektarbeit/00729/00733/index.html? lang=e.

[87] SKOS Simple Knowledge Organization System [EB/OL]. [2015-03-01]. http://www.w3.org/TR/skos-reference/#L4186.

[88] Salim J, Hashim S, Aris A. A framework for building multilingual ontologies for islamic portal [C] //Proceedings of 2010 International Symposium on Information Technology (Vol. 3) . New York: Institute of Electrical and Electronics Engineers, 2010: 1302-1307.

[89] Soria C, Tesconi M, Marchetti A, et al. Towards agent-based cross-lingual interoperability of distributed lexical resources [C] //Proceedings of the Workshop on Multilingual Language Resources and Interoperability. Sydney: Association for Computational Linguistics, 2006: 17-24.

[90] Trojahn C, Quaresma P, Vieira R. A framework for multilingual ontology mapping [C] //Proceedings of the International Conference on Language Resources and Evaluation. Paris: The European Language Resources Association, 2008: 1034-1037.

[91] Taxonomy Warehouse [EB/OL]. [2015-04-13].http://www.taxonomywarehouse.com/.

[92] Usage of content languages for websites [EB/OL]. [2014-12-31]. http://w3techs.com/technologies/overview/content_language/all.

[93] Tufis D. Finding translation examples for under-resourced language pairs or for narrow domains: the case for machine translation [J]. Computer Science Journal of Moldova, 2012 (2): 227-245.

[94] Talvensaari T, Laurikkala J, Järvelin K, et al. Creating and exploiting a comparable corpus in cross-language information retrieva [J]. ACM Transactions on Information Systems, 2007 (1): 1-47.

[95] Tsai M F, Chen H H, Wang Y T. Learning a merge model for multilingual information retrieval [J]. Information Processing & Management, 2011, 47 (5): 635-646.

[96] TREC [EB/OL]. [2014-12-09]. http://trec. nist. gov/.

[97] Thomas R. Gruber: a translation approach to portable ontology specifications [J]. Knowledge Acquisition, 1993, 5 (2): 199-220.

[98] Tungkasthan A, Intarasema S, Premchaisawadi W. A multi-language search scheme using a multithread processing for Yahoo image search [C] // Proceedings of the Eighth International Symposium on Natural Language Processing. Bangkok: Institute of Electrical and Electronics Engineers, 2009: 30-34.

[99] Vossen P, Letteren C C. EuroWordNet: a multilingual database for information retrieval [J]. Proceedings of the Delos Workshop on Cross Language Information Retrieval, 1997: 5-7.

[100] Valderrábanos A, Belskis A, Moreno L. Multilingual terminology extraction and validation [EB/OL]. [2014-12-27]. http://www. bitext. com/prensa/ART_EN_LREC_camera_readyf_Valderrabanos_Belskis_ Iraola_amended. pdf.

[101] Witt A, Heid U, Sasaki F, et al. Multilingual language resources and interoperability [J]. Language Resources and Evaluation, 2009 (1): 1-14.

[102] Wang J H, Teng J W, Lu W H, et al. Exploiting the web as the multilingual corpus for unknown query translation [J]. Journal of the American Society for Information Science and Technology, 2006, 57 (5): 660-670.

[103] Wei C P, Yang C C, M L C. A latent semantic indexing-based approach to multilingual document clustering [J]. Decision Support Systems, 2008, 45 (3): 606-620.

[104] WordNet [EB/OL]. [2015-05-27]. http: //wordnet. princeton. edu/.

[105] WebLaw [EB/OL]. [2015-04-16]. http: //weblaw. ch/.

[106] Wikipedia. Art & architecture thesaurus [EB/OL]. [2015-04-26]. http: //en. wikipedia. org/wiki/Art_%26_Architecture_Thesaurus.

[107] WorldWideScience . org [EB/OL]. [2015-05-13]. http: //worldwidescience. org/index. html.

[108] Wu D, He D Q. Exploring the further integration of machine translation in English-Chinese cross language information access [J]. Program-Electronic Library and Information Systems, 2012, 46 (4): 429-457.

[109] Yang C C, Li K W. Building parallel corpora by automatic title alignment using length-based and text-based approaches [J]. Information Processing & Management, 2004, 40 (6): 939-955.

[110] Yang C C, Li K W. An associate constraint network approach to extract multi-lingual information for crime analysis [J]. Decision Support Systems, 43 (4): 1348-1361.

[111] Zhou D, Liu J X, Zhang S R. Query generation techniques for patent prior-art search in multiple languages [C] //Zhou G, Li J, Zhao D, et al. Natural Language Processing and Chinese Computing. Chongqing: State Key Lab Digital Publishing, 2013: 310-321.

[112] Zhang J, Lin S Y. Multiple language supports in search engines [J]. Online Information Review, 2007, 31 (4): 516-532.

[113] Zazo A, Figuerola C, Berrocal J, et al. Use of free on-line machine translation for interactive cross-language question answering [C] // Accessing Multilingual Information Repositories. Berlin: Springer-Verlag, 2006: 263-272.

2. 中文文献

[1] 2018 年搜索引擎市场份额总结 [EB/OL]. [2019-06-27]. https://netmarketshare.com/.

[2] 常春. 多语种叙词表汉语翻译和维护方法 [J]. 情报杂志, 2008 (12): 68-70.

[3] 陈景. 跨语言专利文本分析技术研究 [D]. 杭州: 浙江大学, 2010.

[4] 陈俊鹏. 词义消歧中若干关键技术研究 [D]. 武汉: 武汉大学, 2012.

[5] 陈琴. 跨语言信息检索中双语词典的建立和翻译方法 [J]. 计算机应用与软件, 2010 (7): 107-109.

[6] 陈艳. 信息检索可视化技术 [J]. 情报理论与实践, 2006 (5): 566, 618-621.

[7] 戴剑波, 侯汉清. 图书分类法映射系统设计原理——以《中国图书馆分类法》和《杜威十进分类法》为例 [J]. 情报学报, 2005 (3): 299-303.

[8] 杜慧平, 李旭光. 多语言信息存取的潜在用户调研——以英国谢菲尔德大学留学生为例 [J]. 知识管理论坛, 2013 (6): 15-20.

[9] 杜慧平. 数字图书馆的多语言信息存取——Europeana 项目进展与启示 [J]. 图书馆杂志, 2012 (4): 20-23, 32.

[10] 高影繁, 王惠临, 徐红姣. 查询分类在跨语言信息检索中的应用研究 [J]. 情报学报, 2011 (4): 366-371.

[11] 高影繁, 王惠临, 徐红姣. 基于跨语言文本分类的跨语言特征提取方法研究 [J]. 情报学报, 2011 (12): 1242-1248.

[12] 高影繁, 徐红姣. 一种实用型跨语言检索查询翻译接口的设计与实现 [J]. 图书情报工作, 2013 (20): 123-126.

[13] 耿骞, 王洋. 跨语言信息检索中的词语转换方法 [J]. 图书情报工作, 2004 (10): 81-83.

[14] 关于世界数字图书馆: 背景 [EB/OL]. [2015-04-23]. http://

www. wdl. org/zh/background/.

[15] 关于世界数字图书馆：合作伙伴 [EB/OL]. [2015-04-25]. http://www. wdl. org/zh/partners/.

[16] 郭卫宁，司莉 . 国外语义搜索引擎调查与分析 [J]. 图书情报工作，2013 (23)：121-129.

[17] 郭宇锋，黄敏 . 跨语言信息检索理论与应用研究 [J]. 图书与情报，2006 (2)：79-81，84.

[18] 郝嘉树，王惠临，刘耀 . 基于本体的跨语言信息检索模型和关键技术研究 [J]. 情报科学，2009 (2)：271-275.

[19] 郝天侠 . 跨语言信息检索技术与应用研究 [J]. 情报杂志，2007 (12)：130-132.

[20] 何晓聪 . 跨语言信息检索初探 [J]. 情报科学，2005 (2)：274-277.

[21] 洪菀吟 . 多语言信息检索系统可视化初探 [J]. 图书情报工作，2011 (2)：25-28.

[22] 胡滨，吴雯娜 . 国内外知识组织系统互操作模式及方法研究 [J]. 情报科学，2012 (9)：1291-1297.

[23] 黄国斌，王明文，叶浩 . 一种新的基于中间语义的跨语言信息检索模型 [J]. 中文信息学报，2009 (2)：77-82.

[24] 黄国才 . 跨语言综合搜索引擎设计 [J]. 现代图书情报技术，2001 (4)：31-33，39.

[25] 黄新艳，姚文琳，徐建良 . 基于汉英双语语料库的汉英 Ontology 的建立与管理 [J]. 仪器仪表学报，2005 (S2)：529-532，540.

[26] 贾君枝，郝倩倩 . DDC 到《中图法》类目映射方法研究 [J]. 中国图书馆学报，2013，39 (1)：43-50.

[27] 赖茂生；侯艳飞 . 跨语言检索技术：策略与方法 [J]. 郑州大学学报（哲学社会科学版），2005 (4)：11-14.

[28] 李珂，宋文 . 分类法映射研究 [J]. 图书馆杂志，2014 (33)：49-68.

[29] 李培，武丽辉 . 网上信息的跨语言检索 [J]. 情报资料工作，2004

(2): 71-74.
[30] 李伟超. 世界数字图书馆项目研究进展 [J]. 情报理论与实践, 2014(7): 122, 141-144.
[31] 李育嫦. 分类法映射在学科信息门户交叉浏览中的应用——以Renardus为例 [J]. 图书馆学研究, 2006 (10): 64-67.
[32] 刘奇, 刘洋, 孙茂松. URL模式与HTML结构相结合的平行网页获取方法 [J]. 中文信息学报, 2013 (3): 91-99.
[33] 刘伟成, 孙吉红. 多语言本体构建及其在跨语言信息检索中的应用 [J]. 武汉科技大学学报 (社会科学版), 2008 (4): 73-76, 98.
[34] 刘伟成, 孙吉红. 跨语言信息检索进展研究 [J]. 中国图书馆学报, 2008 (1): 88-92.
[35] 刘伟成, 孙吉红. 跨语言信息检索模型应用研究 [J]. 情报杂志, 2007 (10): 55-57.
[36] 刘伟成. 基于查询翻译的跨语言信息检索研究 [D]. 武汉: 武汉大学, 2006.
[37] 刘燕权, 冯召辉, 陈嘉勇. 世界数字图书馆——多语种世界历史文化知识宝库 [J]. 数字图书馆论坛, 2011 (10): 66-73.
[38] 刘言. 基于OWL的双语领域本体构建方法研究 [D]. 呼和浩特: 内蒙古师范大学, 2014: 30.
[39] 罗阳, 季铎, 张桂平, 等. 面向单一双语网页的双语资源挖掘方法 [J]. 中文信息学报, 2011, 25 (1): 110-115.
[40] 罗远胜, 王明文, 勒中坚, 等. 跨语言信息检索中的双语主题相关模型 [J]. 小型微型计算机系统, 2013 (12): 2758-2763.
[41] 闵金明, 孙乐, 张俊林. 重新审视跨语言信息检索 [J]. 中文信息学报, 2006 (4): 33-40.
[42] 牛亚萌. 跨语言信息检索技术的研究与实现 [D]. 西安: 西安电子科技大学, 2011.
[43] 欧石燕. 基于SOA架构的术语注册和服务系统设计与应用 [J]. 中国

图书馆学报，2011（5）：13-25.

［44］庞观松，张黎莎，蒋盛益．个性化跨语言学术搜索技术研究［J］．情报学报，2011（8）：870-874.

［45］庞观松，张黎莎，蒋盛益．跨语言智能学术搜索系统设计与实现［J］．山东大学学报（工学版），2011（5）：63-68.

［46］任成梅，李春英．汉英跨语言信息检索探讨［J］．图书馆理论与实践，2006（6）：51-53.

［47］史天艺，李明禄．基于维基百科的自动词义消歧方法［J］．计算机工程，2009（18）：62-66.

［48］使用 W3C SKOS 标准提高分类管理效率［EB/OL］．［2015-02-28］．http：//www. ibm. com/developerworks/cn/xml/x-skostaxonomy/index. html.

［49］司莉，柴源，周李梅，邓伊婷．国外网络叙词表的现状调查及发展趋势［J］．图书馆杂志，2011（7）：22-26.

［50］司莉．知识组织系统的互操作及其实现［J］．现代图书情报技术，2007（3）：29-34.

［51］苏明明，宋文．基于本体的语义搜索引擎解决方案研究新进展［J］．现代图书情报技术，2008（11）：24-28.

［52］苏绥，林原，林鸿飞．语言模型在信息检索中的应用［J］．情报学报，2011（7）：704-713.

［53］孙鹏飞．跨语言信息检索翻译消歧技术发展研究［J］．医学信息学杂志，2009（7）：1-5.

［54］孙坦，周静怡．近几年来国外信息检索模型研究进展［J］．图书馆建设，2008（3）：82-85.

［55］索传军．网络信息资源组织研究的新视角［J］．图书情报工作，2013（7）：5-12.

［56］唐国瑜，夏云庆，张民，等．基于跨语言广义向量空间模型的跨语言文档聚类方法［J］．中文信息学报，2012（2）：116-120.

[57] 王昊．基于跨语言信息检索的数字图书馆系统模型［J］．情报科学，2005（10）：135-140.

[58] 王昊．跨语言信息检索实现方法与关键技术探讨［J］．情报杂志，2005（7）：46-49.

[59] 王惠，詹卫东，刘群．现代汉语语义词典的概要及设计［C］//1998中文信息处理国际会议论文集．北京：清华大学出版社，1998：361-367.

[60] 王进，陈恩红，张振亚，等．基于本体的跨语言信息检索模型［J］．中文信息学报，2004（3）：1-8，60.

[61] 王进．基于本体的语义信息检索研究［D］．合肥：中国科学技术大学，2006.

[62] 王景侠．知识组织的工具及其语义互操作方法体系［J］．数字图书馆论坛，2013（5）：41-47.

[63] 王妙娅，赖茂生．跨语言信息检索中的询问翻译方法及其研究进展［J］．现代图书情报技术，2005（4）：9，37-41.

[64] 王耀峰．词义消歧及其在跨语言信息检索中的应用研究［D］．上海：复旦大学，2007.

[65] 吴丹，古南辉，何大庆．数字图书馆用户的多语言信息需求调研［J］．图书情报工作，2011（2）：6-10.

[66] 吴丹，何大庆，王惠临．基于伪相关反馈的跨语言查询扩展［J］．情报学报，2010（2）：232-239.

[67] 吴丹，李瑞芬．跨语言信息检索技术应用与进展研究［J］．情报科学，2006（9）：1435-1440.

[68] 吴丹，王惠临．本体在跨语言信息检索中的应用机制研究［J］．图书情报工作，2006（9）：10-13.

[69] 吴丹．本体驱动的跨语言信息检索研究［J］．现代图书情报技术，2006（5）：22-26，85.

[70] 吴丹．多语言网络学术信息挖掘与检索［M］．北京：科学出版社，

2014.
[71] 吴丹. 交互式跨语言信息检索中用户行为研究 [J]. 中国图书馆学报, 2012 (3): 78-90.
[72] 吴丹. 英汉交互式跨语言检索系统设计与实现 [J]. 现代图书情报技术, 2009 (2): 89-95.
[73] 吴琳. 面向科技文献的跨语言信息检索系统模型研究 [J]. 情报理论与实践, 2008 (6): 924-927.
[74] 徐红姣, 高影繁, 张均胜, 等. 多语叙词表构建方法研究与实践 [J]. 图书情报工作, 2014, 58 (19): 7-12, 24.
[75] 徐红姣, 高影繁. 实用型跨语言检索查询翻译接口性能改进研究 [J]. 图书情报工作, 2014 (1): 124-129, 135.
[76] 徐红姣, 王惠临, 章成志. 跨语言信息检索查询翻译词典自动构建研究 [J]. 情报理论与实践, 2010 (3): 105-109.
[77] 杨辉, 张玥杰, 张涛. 基于词典的英汉双向跨语言信息检索方法 [J]. 计算机工程, 2009 (16): 273-274, 277.
[78] 袁松安. 跨语言信息检索中消歧算法的研究 [D]. 上海: 上海大学, 2008.
[79] 曾建勋, 常春. 网络时代叙词表的编制与应用 [J]. 图书情报工作, 2009 (8): 4-11, 16.
[80] 张会平, 周宁, 陈立孚. 跨语言信息检索可视化研究 [J]. 情报科学, 2007 (1): 134-138.
[81] 张俊林, 曲为民, 杜林, 等. 跨语言信息检索研究进展 [J]. 计算机科学, 2004 (7): 16-19.
[82] 张李义, 张震云. 一种新的跨语言商品信息检索方法在图书搜索中的应用 [J]. 现代图书情报技术, 2010 (1): 9-14.
[83] 张素芳. 国外跨语言信息检索中的翻译歧义性问题研究综述 [J]. 图书馆学研究, 2006 (6): 72-75, 78.
[84] 张晓林. 分布式学科信息门户中网络信息导航系统的规范建设 [J].

大学图书馆学报，2002（5）：28-33，43.

[85] 张秀梅．论跨语言信息检索［J］．情报资料工作，2006（2）：51-54.

[86] 张玥杰，郭依昆，连理，等．基于英汉机译实现跨语言信息检索［J］．小型微型计算机系统，2004（7）：1135-1140.

[87] 章成志，王惠临．面向数字图书馆应用的多语言领域本体学习研究［J］．图书情报工作，2011（2）：11-15，94.

[88] 章成志．多语言领域本体学习研究［M］．南京：南京大学出版社，2012.

[89] 赵捷，司莉，周李梅，等．国外叙词表的应用与发展趋势探讨［J］．图书馆建设，2012（3）：58-62.

[90] 赵铁军，曹海龙．以机器翻译技术为核心的多语信息处理研究［J］．中文信息学报，2011（6）：81-89，110.

[91] 赵小兵，邱莉榕，赵铁军．多民族语言本体知识库构建技术［J］．中文信息学报，2011（4）：71-74.

[92] 郑德权，李生，赵铁军，等．结合本体论和统计方法的跨语言信息检索模型［J］．哈尔滨工业大学学报，2008，40（1）：77-80.

[93] 周宁，程红莉，吴佳鑫．信息可视化的发展趋势研究［J］．图书情报工作，2008，52（8）：35-38.

[94] 周宁，吴佳鑫．信息组织［M］．武汉：武汉大学出版社，2010.

[95] 周倩．基于User-Ontology的图书馆用户数据挖掘研究［J］．图书馆杂志，2006（10）：58-63.

[96] 邹小芳，王明文，左家莉，等．新的基于中间语义的多语言信息检索模型［J］．小型微型计算机系统，2010（4）：696-701.